Rolf Burmann: Die Männer sind alle Verbrecher

CIP-Titelaufnahme der Deutschen Bibliothek
Burmann, Rolf:
Die Männer sind alle Verbrecher: Drei Schauspiele
Rolf Burmann. — Berlin: Frieling, 1989
(Theater bei Frieling)
ISBN 3-89009-078-8

© Verlag Frieling & Partner GmbH Berlin
1. Auflage 1989
Sämtliche Rechte vorbehalten
Printed in Germany — Druckerei Boxberger, Marsberg

Rolf Burmann

Die Männer sind alle Verbrecher

Drei Schauspiele

FRIELING

Inhalt

	Seite
Das Theater findet nicht statt	3
Die Männer sind alle Verbrecher	99
Die dritte Sintflut	189

ISBN 3—89009—078—8

DAS THEATER FINDET NICHT STATT

„Wie gut, daß ich nicht heute zum Theater gehen muß. Wenn ich mir vorstelle, ich müßte all die Wege eines regieführenden Neurotikers mitgehen, weil ich sonst mein Engagement verlöre, also ich weiß nicht, wie ich da meine Entwicklung auf legitime und natürliche Weise vollziehen könnte."

Will Quadflig (dpa), 16. August 1988

Die Personen:

Da fast alle Schauspieler mehrere Rollen spielen, sind die zweiten und dritten Rollen mit ,,Anführungszeichen'' versehen

Marcus Lehmann, ein INTENDANT		,,Teufel''	
Theo DURROK, ein Kriminaler			
Maria M. Schulze, DRAMATURGIN		,,Sokrates''	,,Des Teufels Großmutter''
Hermann SCHULZE	,,Romanov''	,,Kreon''	,,Nero''
Walter Grabowski, KULTUSMINISTER			,,Grabbe''
CHRISTINE Klopstok, Politikerin	,,Irre''-Ersatz		
CONSTANZE Ahlers	,,Nicole''	,,Antigone''	,,Naturhistorikerin''
Frank Kuhling, INSPIZIENT		,,Polineikes''	
ANNEGRET Küfer	,,Madeleine''	,,Ismene''	,,Naturhistorikerin''
EBERHARD Schmieling, Zeitungsverkäufer	,,Jean''	,,Eteokles''	,,Schulmeister''
KURT Borkenbach, Konsul	,,Poussin''	,,Pattakos''	,,Rattengift''
PETER Kohl	,,Francheville''	,,Pausanias''	,,Mollfels''
PAULINE Mayr	,,Irre''-Echte		,,Naturhistorikerin''

und eine STIMME von der Beleuchterbühne, genannt ,,Franz''

Zeit: Gegenwart — Ort: wo ein Theater ist

1. Akt

Vor dem geschlossenen Vorhang hängt ein Transparent mit der Ankündigung für den heutigen Abend:

Die KOLPORTAGE-BÜHNE spielt

als U r a u f f ü h r u n g

I N D I R A H

Eine Tragödie von Frank Mayers

Titelrolle: Katharina Lehmann — Regie: Bert Schimmerlos

Die Dramaturgin der Bühne tritt vor den Vorhang:

DRAMATURGIN: Guten Abend, verehrte Zuschauer. Ich bin Maria Magdalena Schulze, Dramaturgin dieser Bühne und Mitglied des Direktorates. Die Uraufführung der „Indirah"-Tragödie – *sie zeigt auf das Transparent hinter sich* – kann leider nicht stattfinden infolge eines tragischen Unfalles bei der heutigen Generalprobe.

Weil wir Sie jedoch nicht einfach nach Hause fahren lassen möchten, – manche von Ihnen sind weit hergekommen – hatten wir eine Ersatz-Aufführung vorbereitet, nämlich das beliebte Schauspiel von Irina Leclerc „Die Irre von Sanssouci". Indessen, ein Unglück kommt selten allein. Unsere Hauptdarstellerin Pauline Mayr, die sofort von Fernsehproben in X. hierhereilte, ist in einem Autostau bei Y. steckengeblieben. Und leider waren unsere Freunde von der Polizei, der Feuerwehr und der Luftverkehrswacht mit ihrem netten Hubschrauber bisher nicht in der Lage, sie aus dem kilometerlangen Stau herauszuholen. Man ist aber noch immer bemüht, unser Pech zu mildern.

Wenn Sie, bitte haben Sie Verständnis für unsere Lage, nichts dagegen einzuwenden haben, werden wir Sie bis zum Eintreffen von Frau Mayr mit dem Einakter „Der Heiratsantrag" von Anton Tschechow unterhalten.

WEIBLICHE STIMME IN DER ERSTEN REIHE: Darf man erfahren, was das für ein tragischer Unfall auf der Generalprobe war?

DRAMATURGIN: Unsere Hauptdarstellerin der „Indirah", Frau Katharina Lehmann, brach zusammen und starb auf dem Weg ins Krankenhaus.

WEIBLICHE STIMME (dito) CHRISTINE KLOPSTOK *steht auf und tritt auf den Gang:* Frau Schulze, ich bin Christine Klopstok. Sie kennen mich von früher. Ich möchte, wenn das Publikum nichts dagegen einzuwenden hat, einen Vorschlag machen.

Einiges Publikum klatscht Beifall.

CHRISTINE KLOPSTOK: Danke. Ich bin nicht nur die Oppositionsführerin im Landtag, ich war früher einmal eine bekannte Schauspielerin in W. Und habe die Rolle der Faustine in der „Irren von Sanssouci" gespielt. Was halten Sie davon, da ich den Text noch gut kann, wenn ich bis zum Eintreffen meiner Freundin Pauline Mayr die Rolle der Großfürstin Faustine spiele?

Erneut ein wenig Beifall.

MÄNNLICHE STIMME IN DER ERSTEN REIHE: Eigentlich möchte ich am Abend Kunst genießen.

CHRISTINE *schaut hin:* Ah, guten Abend Herr Kultusminister Grabowski. Ja, also wie können Sie Kunst genießen wollen am Abend, wenn Sie dieser Bühne am Mittag mit einem Sparbrief den Garaus machen?

DER MANN IN DER ERSTEN REIHE *steht auch auf und tritt zu Christine Klopstok:* Frau Klopstok, ich grüße Sie sehr herzlich. Dennoch, Frau Kollegin, darf ich Sie daran erinnern, daß die Entscheidung zur Sparsamkeit gegenüber der Bühne erstens mehrheitlich vom Landtag beschlossen wurde, und das auf Grund einer Vorlage des Kulturausschusses, dessen Vorsitzende Sie sind, und daß zweitens der Beschluß einer Sperrfrist unterliegt. Auch dem Termin haben Sie gestern zugestimmt.

CHRISTINE: Was sind Sperrfristen, Herr Kultusminister, wenn erst die Hauptdarstellerin stirbt und dann die Kunst? Dieses Ensemble hat sich in den letzten Jahren alle Mühe gegeben, bedeutendes deutsches Theater zu spielen. Heute sind sie in die Notlage gekommen, da muß man doch helfen. *Zur Dramaturgin:* Wie ist es, soll ich raufkommen?

Die Dramaturgin macht eine einladende Handbewegung zu Frau Klopstok. Da geht – unbeabsichtigt – der Vorhang auf und dann wieder halb zu. Die Dekoration: Ein französisches Straßencafé in Luxemburg mit dem Namen „Sanssouci". Unter einer blau-weißroten Markise stehen drei runde Tische mit je drei Stühlen. Die Tür in der großen Glaswand zum Inneren des Cafés steht auf. Die Darsteller Schulze/Romanov, Constanze/Nicole und Kohl/Francheville stehen herum und plaudern. Mit Gesten zur Seite – zum Inspizienten – versucht die Dramaturgin, daß der Vorhang wieder geschlossen wird.

STIMME DES INSPIZIENTEN: Verdammt! Der Vorhang klemmt!

Die drei Darsteller verschwinden sofort in das Innere des Cafés, doch Constanze/Nicole kommt wieder heraus und tritt zur Dramaturgin. Vom Saal aus ist Christine nun auch bei der Dramaturgin angelangt.

CONSTANZE/NICOLE: Ich bin Constanze Ahlers, Sprecherin der Darsteller dieses Hauses, und ich spiele die Rolle der Nicole in der „Irren von Sanssouci". Hinter den Kulissen konnte man hören, Frau Klopstok, daß Sie die Ersatz-Irre spielen wollen. Im Einvernehmen mit den Darstellern und Technikern sind wir mit dem freundlichen Angebot einverstanden.

STIMME DES INSPIZIENTEN: Ok, dann soll sich die Irre beeilen und runter in die Maske schießen.

DRAMATURGIN *vorwurfsvoll:* Herr Inspizient! Ich muß doch sehr bitten.

Jetzt kommt der Inspizient selber auf die Bühne.

INSPIZIENT: Entschuldigung. Der Vorhang klemmt, alles geht durcheinander. *Zur Dramaturgin:* Schick sie runter in die Maske, so kann die Irre doch nicht spielen.

DRAMATURGIN: Frank, diese nette Frau hilft uns aus einer Verlegenheit. Sie ist keine Irre.

INSPIZIENT: Tut mir leid. Ich habe das „die" verschluckt. Ich meinte natürlich: So kann sie die Irre doch nicht spielen. Versteht sich von selbst. Keine Partei würde eine echte Irre im Landtag die Opposition machen lassen.

CONSTANZE/NICOLE: Laß die dummen Bemerkungen, Frank.

INSPIZIENT *zum Publikum:* Wir sind total durcheinander, meine Damen und Herren. Ich entschuldige mich für die Technik. Nicht nur, weil der Vorhang klemmt, sondern auch für das Versehen von heute Nachmittag, wo die Intendantin erschossen wurde. Auf der Generalprobe, und so. Da geht ja immer alles daneben.

Allgemeine Unruhe, auf der Bühne und im Publikum.

DRAMATURGIN: Frank! Das solltest gerade Du nicht von der Bühne posaunen.

KULTUSMINISTER: Erschossen?! Ich denke, sie brach zusammen.

INSPIZIENT: Ja, sie brach zusammen, das ist vor dem Tod so üblich. Es war nämlich so –

CHRISTINE *unterbricht:* Ist denn hier ein Mord passiert?

DRAMATURGIN: Nein nein, ein Unfall, ein tragisches Mißverständnis. Die Polizei hat sich eingeschaltet. Bitte, Frau Klopstok, der Inspizient wird Sie in die Garderobe begleiten.

KULTUSMINISTER: Moment bitte! Als der politisch verantwortliche Minister dieses Hauses verlange ich, daß mich der Intendant sofort darüber unterrichtet, was hier vorgefallen ist. Ein Mord auf der Kolportage-Bühne?

DRAMATURGIN: Der Intendant Mark Lehmann steht unter einem Doppelschock, Herr Kultusminister. Der eine Schock ist der Brief von Ihnen heute Mittag, der andere Schock ist der Tod seiner Frau. Ich schlage daher vor, daß Sie auf die Bühne kommen und dem Premierenpublikum erklären, was Sie und der Landtag bewogen hat, unsere Bühne – die zu den besten der Bundesrepublik gehört – mit dem Subventionsentzug zu ruinieren.

Der Kultusminister kommt auf die Bühne, reicht der Dramaturgin die Hand.

KULTUSMINISTER: Das ist eine sehr diffizile Angelegenheit, Frau Schulze. Ich denke vielmehr, das Publikum interessiert, was heute nachmittag hier vorgefallen ist, wenn die Frau des Intendanten dabei ermordet wurde.

CHRISTINE: Doch nicht ermordet! Herr Grabowski, Sie reden und denken ja schon wie die BILD-Zeitung. „Mord auf der Bühne!" lese ich schon die Schlagzeile.

KULTUSMINISTER: Sie lesen die BILD-Zeitung?

CHRISTINE *geht nicht darauf ein:* „Wer erschoß Katharina Lehmann?" – „BILD sprach als erster mit der Ermordeten", „Mein Mann hat mich umgebracht!" und so weiter, wie?

KULTUSMINISTER: Sprechen Sie schon als „Irre von Sanssouci" oder noch als Oppositionsführerin im Landtag?

INSPIZIENT: Gibt es da einen Unterschied?

DRAMATURGIN: Frank! Sei nicht so frech!

CONSTANZE/NICOLE: Kommen Sie bitte, Frau Klopstok. *Beide treten ab.*

KULTUSMINISTER *zum Inspizienten:* Was haben Sie für eine Vorstellung vom Landtag, wenn Sie uns in die Nähe der Irrationalität drängen?

INSPIZIENT: Wenn die Bühne dicht gemacht wird, bleibt mir nur die Erkenntnis, daß in diesem unserem Lande die Rechte nicht weiß, was die Linke tut. Und das dürfte nicht einem Irrenhaus ähnlich sein?

DRAMATURGIN: Junge, du redest dich um deine Existenz. Du bist noch nicht so lange hier, daß du unkündbar bist. Außerdem finde ich, wir sollten dem Herrn Kultusminister die Gelegenheit geben, seine Entscheidung zu begründen, bis Frau Klopstok bühnenreif ist. Wir müssen hier Theater spielen und nicht eine Landtagsdebatte inszenieren.

KULTUSMINISTER: Danke, Frau Schulze. *Zum Publikum:* Meine Damen und Herren! Dem von uns allen hochgeschätzten Herrn Theaterintendanten wurde heute ein Sparbeschluß der Landesregierung zugestellt, der von allen Fraktionen mit Mehrheit beschlossen war. Infolge einer wirtschaftlichen Strukturveränderung unseres Landes und der dadurch bedingten viel zu hohen Arbeitslosigkeit ist die Haushaltslage derart defizitär, daß es nicht mehr zu verantworten ist, die Sozialfälle den Kommunen zu überlassen. Das heißt: Die Kunst- und Kulturzuweisungen können nicht mehr zu Lasten der Sozialfürsorge aufgestockt werden. Die Mitteilung an den Intendanten erhielt die Absage nach zusätzlichen Subventionen, genauer: daß sich die Landesregierung außerstande

sieht, zwei zusätzlich geplante und bereits begonnene Inszenierungen der Kolportage-Bühne zu finanzieren.
Constanze/Nicole ist zurückgekommen.
DRAMATURGIN: Es handelt sich um die Uraufführung des deutschen Schauspiels „Wanderer kommst du nach Sparta" von Heinrich Schmidt und der Erstaufführung des französischen Lustspiels „Hoch klingt das Lied vom braven Mann". Wir haben die beiden Schauspiele wegen ihrer Aktualität kurzfristig in das Programm aufgenommen.
CONSTANZE: Wir können anfangen, Frau Klopstok ist fertig.
KULTUSMINISTER: Ich hätte zwar noch was zu sagen, aber ich lasse meiner Oppositionsführerin gern den Vortritt.
CONSTANZE: Darf ich die Gelegenheit nutzen, Herr Kultusminister, und etwas zu Ihren Ausführungen sagen? Ich bin seit meiner Jugend politisch engagiert gewesen und kann nur aus Berufs- und Zeitgründen keine politische Rolle mehr spielen. Sie wissen, Familie und so weiter.
KULTUSMINISTER: Wenn es für das Publikum interessant ist?
CONSTANZE: Da bin ich sicher. Wenn nun die beiden Inszenierungen wirklich gestrichen werden, bin ich über die Theaterferien hinaus weitere Monate arbeitslos, und ein Teil des Ensembles dieser Bühne auch. Wir kleinen Schauspieler haben nur Stückverträge, wir sind keine Darstellungsbeamten. Unsere Arbeitslosigkeit bedeutet für die Tankstellen und Tabakläden dieser Stadt, für die Budiken, Cafés, Parfümerien, Juweliere und Supermärkte, daß wir erheblich weniger Geld ausgeben können, womit sowohl die Gewerbe- als auch die anderen Steuern sinken. Und auch die Beiträge zur Rentenversicherung müssen zusätzlich vom Staat bezahlt werden. Meine Frage nun: Ist Ihre heutige Einsparung nicht letztendlich nur eine Vergrößerung des Defizites von morgen?
Christine Klopstok tritt als Irre „Faustine" auf die Bühne, begleitet von den Darstellern Schulze/Romanov und Kohl/Francheville.
SCHULZE/ROMANOV *hat Constanze/Nicole noch gehört:* Sehr richtig! Ich könnte von mir genau dasselbe sagen.
DRAMATURGIN *zum Publikum:* Ich sehe Frau Klopstok in ihrer Rolle, also laßt uns beginnen.
Die Dramaturgin beginnt zu klatschen, die anderen Schauspieler tun es ihr nach. Der Kultusminister geht

zurück in die erste Reihe. Bis auf Constanze/Nicole gehen alle von der Bühne.
Nicole stellt sich in die offene Tür, als Schulze/ Romanov und Kohl/Francheville auftreten. Von der anderen Seite schlendert „Madeleine" heran.

ROMANOV: Setzen wir uns, Monsieur Francheville. Wenn gleich die Sonne kommt, wird es wunderschön sein. – Nicole! Einen Espresso. Was trinken Sie, Monsieur?

FRANCHEVILLE: Einen Sherry bitte, Monsieur Romanov.

ROMANOV: Und einen Sherry, Nicole. *Zu Madeleine, die sich Francheville anbietet:* Nicht hier, ich habe eine sehr geschäftliche Unterredung.

MADELEINE *stört die Abweisung nicht:* Monsieur, regt Sie die Frühlingsluft auch an? Der Winter dauerte dieses Jahr viel zu lange, meinen Sie nicht auch?

FRANCHEVILLE: Sie haben recht, Madame.

ROMANOV: Wieso hast du dein Revier hierher verlegt?

MADELEINE: Auf der Avenue Rousseau wird doch gebaut. Europa breitet sich aus. Eigentlich solltest du das wissen.

ROMANOV: Und? Sind auf der Avenue Rousseau nicht auch Ingenieure, Bauunternehmer, Architekten?

MADELEINE: Schon angesprochen. Solche Leute haben alle was in ihren heimlichen Appartements, die brauchen unsereins nicht. Und wenn schon mal, dann nehmen die die billigen Mädchen. *Sie geht weiter.*

NICOLE *bringt den Sherry für Francheville:* Ein schöner Tag heute, nicht wahr? Da kommen die Beamten aus den Europabüros gern auf einen Sprung. Aber heute waren nur zwei Herren mit ihren Sekretärinnen hier. Das Geschäft läuft nur langsam an. *Nicole geht wieder ins Café zurück.*

FRANCHEVILLE: Sie scheinen sich hier gut auszukennen, Monsieur Romanov. Sind Sie öfter hier? Regt die Straßenatmosphäre Ihren Geschäftssinn an?

ROMANOV: Das Café gehört mir, und die beiden Damen sind meine Töchter.

FRANCHEVILLE: Ah ja? Und – eh – *er deutet auf Madeleine* – könnte vielleicht ganz nett sein. Aber wenn man weiß, wer ihr Vater ist? Da sind noch so Relikte der Moral, Sie verstehen mich?

ROMANOV *macht eine wegwerfende Handbewegung:* Wenn wir zu zu einem guten Abschluß kommen, Monsieur Francheville, kriegen Sie ein halbes Schäferstündchen gratis. Madeleine wird Sie die Relikte vergessen machen, als wären Sie mein Schwiegersohn. Sie ist nicht primitiv. Madeleine versteht ihre Arbeit als notwendiger Teil einer morbiden Gesellschaft, die auf das Naturell der Männer und vor allem der jungen Leute nur mit Phrasen einwirkt und mit der Hölle droht.

FRANCHEVILLE: Weiß die Großfürstin davon?

ROMANOV: Sie war mal genau so, daher kenne ich sie. Als wir Spaß, Freude und Glück miteinander hatten, brach der Krieg aus. Von einem Tag zu anderen waren die Männer weg. Wir waren beide arbeitslos. Da haben wir aus der Not eine Tugend gemacht und geheiratet. Das ging wunderbar, fast bis auf den heutigen Tag. Sind meine beiden Töchter nicht reizend? Nicole hat sogar einen Hang zum Intellektuellen. Nur gelegentlich wird sie dann politisch – –

Nicole kommt und serviert Romanov den Espresso.
Sie bleibt hinter Romanov stehen und hört zu.

ROMANOV *fortfahrend:* – – und gefährlich. Sie hat dann solche Ideen von Liberalität und Recht, vielleicht weil – *er lacht* – unsere Nebenstraße Avenue Rousseau heißt.

NICOLE: Liberté, Egalité, Fraternité. Dafür lohnt es sich doch zu kämpfen, für eine bessere Welt. Oder nicht?

FRANCHEVILLE: Ist die heutige Welt nicht gut?

NICOLE: Nein, überhaupt nicht. Das ganze Drum und Dran hier ist nur eine Vorstufe des Fegefeuers auf der Erde. Die Ausbeutung des Menschen mit lediglich sanfteren Mitteln als der früheren Sklaverei. *Zu Romanov:* Und du beteiligst dich auch noch daran.

ROMANOV: Wir müssen an unsere Zukunft denken, Nicole, und die Zukunft heißt Geld. *Nicole geht zurück.* Monsieur Francheville, hatten Sie dem Konsul auch dieses Café genannt?

FRANCHEVILLE: Ja. Er kommt direkt vom Flugplatz. Sicher ist er mit einem Taxi in einen Autostau geraten.

Der Zeitungsverkäufer Jean kommt vorbei und ruft aus:

JEAN: „Motkarl wird Europapräsident" – „Ein Deutscher kommt nach Luxemburg" – *Er bleibt vor den Herren stehen.* „Stagnation bei den Verhandlungen der Elektro-Union".

ROMANOV: Gib eine Zeitung her, Junge.

JEAN: Guten Morgen, Herr Romanov. Ihr Roman ist immer noch nicht erschienen. *Verkauft eine Zeitung.* Ich brenne darauf, „Don Juan in Luxemburg" zu lesen. Und außerdem läßt es sich mit Vergnügen ausrufen, wenn er drin steht.

ROMANOV: Sei nicht so frech. Und laß Madeleine in Ruhe, die kannst du nicht bezahlen. *Jean geht weiter.*

FRANCHEVILLE: Habe ich richtig gehört, Sie schreiben auch Zeitungsromane?

ROMANOV: Eine Übersetzung, Monsieur. Der Junge verwechselt Roman mit Romanov. Übrigens ist es ein Nebenprodukt des Projektes, sozusagen ein Stimulanz für die Männer.

FRANCHEVILLE: Und was ist das für ein Projekt?

NICOLE *kommt und serviert Keks:* Ein Eros-Center, Monsieur. Mit dem bedeutungsvollen Namen „Don Juan". Ursprünglich wollte Papa das Haus „Casanova" nennen. Und der Roman, von dem der Zeitungsjunge sprach, ist ein deutsches Erzeugnis aus dem vorigen Jahrhundert.

ROMANOV: „Don Juan und Faust" von einem fast Unbekannten. So, Nicole, jetzt weiß Monsieur Francheville es, und den interessiert das überhaupt nicht. *Nicole geht zurück.*

FRANCHEVILLE: Sie packen Ihr Projekt sehr vielseitig an. Setzen Sie darauf, daß die Europa-Beamten, wenn sie sich bald so stark vermehren, gelegentlich auch mal – –, na, Sie wissen schon, wie ich das meine.

ROMANOV: Nicht nur gelegentlich. Da würde sich die geplante hohe Investition nicht lohnen. Aber anders als bisher. Räumlich, meine ich das zunächst. Und dann die Qualität der Damen. Die Europakerle sind überwiegend Akademiker und wollen Edelnutten oder ihresgleichen, und keine proletarischen Anschafferinnen nach Feierabend.

FRANCHEVILLE: Gibt es denn genügend entsprechendes weibliches Personal?

ROMANOV: Das macht die Großfürstin. Sie sieht mit einem Blick die leerlaufenden Kapazitäten aus der Begleitung der aus Deutschland, England, Frankreich und Italien zuziehenden Bevölkerung. – Ah, da kommt unser Konsul.

Konsul Poussin tritt elegant auf, die beiden Herren erheben sich, begrüßen ihn und nehmen wieder Platz.

ROMANOV: Espresso, Mister Konsul? Oder einen Sherry?

POUSSIN: Espresso, wenn ich bitten darf.

ROMANOV *ruft ins Café:* Nicole! Einen Espresso. – So, verehrter Konsul, wir sind gespannt auf Ihren Erfolg.

POUSSIN: Matarand ist im Prinzip einverstanden, drückt aber den Preis erheblich. Er meint, er kann einen angemessenen Titel auch von einem Engländer haben. Der Earl of Oldsfield von Essex bietet ihm obendrein sein Schloß an.

ROMANOV: Verdammt! Dann bleibt nichts mehr zu verdienen.

FRANCHEVILLE: Und wenn die Spielbank etwas kleiner wird?

ROMANOV: Gehen Sie mit Ihrer Summe dann auch runter?

FRANCHEVILLE: Das geht nicht, Monsieur Romanov. Ich habe neben dem Risiko auch noch erhebliche Auslagen. Und mein Chef, Monsieur Descartes, wird auf keinen Fall darauf verzichten. Wir stehen unter politischem Druck.

POUSSIN: Diese Luxemburger sind kleinkariert und mentalitätslos. Wenn ich meine Unternehmen mit der Engstirnigkeit des Landes gemacht hätte, säße ich nicht hier, sondern irgendwo in Südamerika im Gefängnis.

ROMANOV: A propos Südamerika. Wie wäre es, für Matarand noch einen gutklingenden Honorarkonsul zu beschaffen?

FRANCHEVILLE: Warum nicht. Und das kostet?

POUSSIN: Alles in allem eine viertel Million.

ROMANOV: Ausgeschlossen. Die habe ich nicht übrig.

POUSSIN: Und wenn Ihr Roman erst erscheint?

ROMANOV *zeigt ihm die Zeitung:* Immer noch nicht. Dabei habe ich dem Redakteur fünftausend gegeben.

FRANCHEVILLE: Könnte sich die Großfürstin denn beteiligen?

ROMANOV: Sprechen Sie mit ihr. *Zu Poussin:* Bieten Sie ihr einen noch echteren Titel an als „Großfürstin". *Zu Francheville:* Sehen Sie, Monsieur, kaum begonnen, laufen wir schon auf eine Krise zu. Fast so wie in der Europa-Politik. *Er seufzt:* Können Sie die Heiratsurkunde wirklich nicht beschaffen? Dann brauchen wir uns nicht um die Finanzierung zu sorgen.

FRANCHEVILLE: Wenn es rauskommt, gibt es einen Skandal und ich werde eingesperrt.

ROMANOV: Na und? Sie kommen auch wieder frei. Der Direktor des Kasinos erhält das Zehnfache Ihres Salairs. Und die Stelle ist noch frei.

MADELEINE *kommt heran:* Messieurs, die Großfürstin kommt.

NICOLE *bringt den Espresso für Poussin:* Guten Tag, Mister Konsul. Hatten Sie einen angenehmen Flug? Wie war das Wetter in New York?

ROMANOV *zu Nicole:* Wir müssen wahrscheinlich Mister Matarand abschreiben.

NICOLE: Und wenn uns Monsieur Francheville die Heiratsurkunde beschaffen würde?

FRANCHEVILLE: Sie bringen mich in große Verlegenheit, Demoiselle.

MADELEINE: Wie üblich, Papa hat wieder zu hoch gepokert. Genau wie mit Danon. Du bist zu despotisch, Papa.

ROMANOV: Und du zu naiv. Geht ihr beide lieber rein, ich habe mit der Großfürstin allein zu sprechen.

NICOLE: Ich bin sicher, Monsieur Francheville wird sich das durch den Kopf gehen lassen, wenn er hört, daß er meinen Anteil an dem Dobrudschavermögen haben kann.

FRANCHEVILLE: Demoiselle, die Urkunde einer umstrittenen Person, die es vermutlich nie gegeben hat, ist keine Urkunde, sondern der sichere Weg ins Gefängnis.

Die Großfürstin Faustine (alias Christine Klopstok) kommt behenden Schrittes angerauscht.

FAUSTINE: Ah, die ganze Familie beisammen. Bon jour, ihr beiden Lieben. *Je ein Küßchen für Madeleine und Nicole.* Und mein Monsieur Bankier hat Gäste? Bon jour, Monsieur Francheville. Ist das nicht ein herrlicher Tag? – Und Mister Poussin ist wieder im Lande?

ROMANOV: Du kennst den Konsul Poussin, Faustine?

FAUSTINE: Und ob! Bon jour, Mister. Es zieht den Weltreisenden doch immer wieder nach Luxemburg zurück. Wen haben Sie besucht?

POUSSIN: Den amerikanischen Präsidenten, Großfürstin.

FAUSTINE: Großartig. Wenn er zur konstituierenden Versammlung hierher kommt, muß ich ihn unbedingt sprechen. Vermitteln Sie mir das, Mister Poussin?

FRANCHEVILLE: Ich werde das besorgen, Großfürstin.

FAUSTINE: Danke. Wie geht es Monsieur Descartes?

FRANCHEVILLE: Monsieur läßt Sie grüßen.

FAUSTINE: Er hatte zuletzt keine gute Presse. Claude Herot hat ihn wegen der hohen Auslandsverschuldung sogar arg beschimpft. Ach, der Ärmste. Das Geld, das Geld. Würden die Menschen es doch nur vernünftig ausgeben. Ich hätte da viel bessere Ideen. Wenn die Deutschen mir das Erbe auszahlen, dann wird es eine große Überraschung geben.

FRANCHEVILLE: Das glaube ich sicher, Großfürstin.

FAUSTINE: Kannten Sie denn Mister Matarand?

Es entsteht ungewollt eine kurze Pause, denn die Frage gehört nicht an die Stelle.

POUSSIN *extemporiert:* Meinen Sie den Gouverneur von Madagaskar, Madame?

FAUSTINE: Als er noch in Luxemburg war, ist er oft unser Gast gewesen. *Zu Romanov:* Du mußt ihn mal wieder einladen, Victor.

Faustine/Christine „schwimmt", sie hat den Text nicht mehr. So wendet sie sich zum Souffleurkasten.

ROMANOV *versucht zu retten:* Ich werde es tun, Faustine.

FAUSTINE *zum Souffleurkasten:* Sssstt! Sssstt! – Ist denn mein Jean schon dagewesen?

ROMANOV *nach kurzer Pause:* Ah, du meinst die Zeitung. Gibt sie ihr. Motkarl wird Europa-Präsident.

Sie spielen alles durcheinander. Der Zeitungsjunge Jean kommt und rennt gleich wieder weg. Dabei sagt er:

JEAN: Vorhang! Vorhang! Sie schwimmt ja total!

FAUSTINE *versucht es noch einmal:* Was ist denn schon ein halbes Jahr. Ein Atemzug in der Weltgeschichte.

Romanov nimmt Nicole am Arm und tritt in den Vordergrund. Mit Blicken verständigen sie sich.

ROMANOV: Nicole, das ist unerhört von dem Kerl. Er ist ein Kommunist. Was findet Madeleine bloß an dem?

NICOLE: Papa, du bist sonst so für das Natürliche im Menschen. Madeleine ist doch in erster Linie eine Frau, meine Schwester, deine Tochter. Sie hat Gefühle.

ROMANOV: Sie läßt den Zeitungsjungen ran aus lauter Liebe?

Jetzt geht der Vorhang halb zu und dann wieder auf.

DRAMATURGIN *im Hintergrund:* Vorhang zu! Zu! Nicht auf!

NICOLE *rennt entnervt von der Bühne:* Unmöglich! Die Frau springt ja von einer Szene in die andere.

FRANCHEVILLE *will retten:* Großfürstin haben denselben Weg? Ich werde Sie begleiten, wenn es recht ist.
Francheville/Kohl nimmt Faustine/Christine am Arm und geht mit ihr ab. Verlegenheit bei Madeleine und Romanov/Schulze. Dann betritt die Dramaturgin die Bühne, geht an die Rampe.

DRAMATURGIN *versucht zu lächeln, sagt:* Verehrte Zuschauer, es ist wie auf den Generalproben: nichts klappt, nicht einmal der Vorhang. Aber wir haben Glück im Unglück. Ich habe die Ehre, Ihnen Pauline Mayr anzusagen, die echte „Irre von Sanssouci". Sie ist mit Hilfe der Feuerwehr soeben eingetroffen und wird gerade geschminkt.

KULTUSMINISTER *in der ersten Reihe:* Es lebe die Feuerwehr!

CHRISTINE/FAUSTINE *kommt unerwartet wieder:* Wo ist denn die Souffleuse? Ich bin nur ein wenig hängengeblieben. Da im Kasten ist niemand. Es kann doch mal vorkommen, daß man den Text nicht mehr hat.

DRAMATURGIN: In der Politik macht das vielleicht nichts aus. Aber hier bringen Sie leider alles durcheinander.

CONSTANZE/NICOLE *tritt hinzu und bemerkt boshaft:* Das Theater ist in erster Linie ein Ordnungsfaktor.

SCHULZE/ROMANOV: Ja, Frau Kollegin, Sie sind mehrmals ruckartig in andere Szenen gesprungen. Das hält keine Bühne aus.

CHRISTINE: Verstehe, der Mohr hat seine Schuldigkeit getan, Christine Klopstok kann wieder Zuschauerin werden.

DRAMATURGIN: Aber nicht doch, Frau Klopstock. Ich bin überzeugt, daß es dem Publikum gefallen hat.
Und der Kultusminister in der ersten Reihe beginnt Beifall zu klatschen, und die Schauspieler tun es auch.

DRAMATURGIN: Ich schlage vor, Frau Klopstok, Sie bleiben auf der Bühne und stellen das bunte Volk dar, daß in der nächsten Szene dieses Straßencafé umgibt. Und wenn Sie extemporieren wollen, aus dem reichen Erfahrungsschatz politischer Diskussionen, ist uns das sehr recht.

CHRISTINE: Na gut, ich bleibe noch ein wenig. Was für eine Rolle spiele ich?

NICOLE/CONSTANZE: Eine Putzfrau kommt vorbei, sie hat nur den Text: „Bon jour, Großfürstin!" Soviel kann man doch ohne Souffleuse behalten.

CHRISTINE *sarkastisch:* Oh ja, liebe alte Kollegen. Von der Politik zu einer alten Irren, von der alten Irren zu einem weiblichen Müllologen. Kolossale Karriere. *Zum Kultusminister in der ersten Reihe:* Nicht wahr, Kollege Grabowski, was tut man heutzutage nicht alles zur Rettung des deutschen Theaters!

KULTUSMINISTER: Ich werde noch heute abend veranlassen, daß Ihre mutige Ersatzhandlung morgen in allen Zeitungen steht.

Jetzt tritt Pauline Mayr als echte „Irre" auf.

SCHULZE/ROMANOV *verbeugt sich vor Pauline:* Spät kommt ihr, doch Ihr kommt. Der Autostau, Großfürstin, entschuldigt euer Säumen.

PAULINE/FAUSTINE *zischt halblaut:* Ich dachte, hier wird die „Irre von Sanssouci" gespielt.

KOHL/FRANCHEVILLE: Wird sie auch. Das war nur eine schillernde Überleitung unseres Kollegen Schulze.

DRAMATURGIN: Also, dann geht es jetzt richtig los.

Pauline/Faustine setzt sich auf einen der Stühle, die anderen Schauspieler nehmen Aufstellung. Die Dramaturgin verläßt die Bühne.

FAUSTINE/PAULINE: Was erreicht ihr denn anders mit eurem Gehabe als Gewalt und Unfreiheit? *Zu Poussin:* Sie haben das Talent, die Eitelkeit derer auszunutzen, die auf oft fragwürdige Weise zu Geld gekommen sind.

POUSSIN: Nur ein Ausgleich, Großfürstin.

NICOLE: Und man lebt nicht schlecht dabei.

FAUSTINE: Aber wo bleibt die großartige Idee Europa? Es gibt doch überhaupt keine fähigen Politiker für das großartige Werk. Manager verlagern ihr Feld in die Europa-Union, nachdem sie daheim die schlimmsten Fehlentscheidungen getroffen haben. Abgewrackte Schauspieler werden Präsidenten, geistliche Gurus rufen Republiken aus und zetteln höchst überflüssige Kriege an. Untaugliche Offiziere nennen sich Revolutionsrat und basteln heimlich an Atombomben und Giftgasen herum. Krakehler ohne Schlips und Kragen werden Minister. Und ihr hier? Händler für die miefige Luft des Augenblicks, Projektemacher ohne Geist und Verstand. Leuteschinder, weil man für die Ausübung der korrumpierten Macht keine besseren gefunden hat. Phantasielose Egoisten, die ihre Kinder auf die Straße schicken zur Prostitution.

FRANCHEVILLE: Großfürstin übertreiben ein wenig. Ich habe Politik studiert, meine Lektionen gelernt, meine Zeit gearbeitet und Verantwortung getragen.

FAUSTINE: Ach nein! Und wenn Charles de Gaulle nun älter wird, als Sie es sich ausgerechnet haben, wann werden Sie dann endlich der Präsident des Rechnungshofes sein? Bei dem Karrieredenken sind Sie es vielleicht mit Hundert. *Zu Romanov:* Und du russischer Kulak, du Casanova-Imitation aus Woronesch! Weil du zwei Töchter und einen Sohn mit mir gezeugt hast, läßt du dich von mir aushalten wie ein Zuhälter, kannst du hier im Luxemburg ein Parasitenleben führen.

MADELEINE *tritt vor und stellt sich auf zu einem herzzerreißenden Monolog:* Und ich werde erniedrigt. Die Liebe wird zum Geschäft auf Zeit. Die Lust der Männer degradiert mein Vater zum Objekt. Bordelle mit elektronischer Abrechnung, manipulierbare Spielkasinos für beamtete Spießer aus dem zusammengelaufenen Europa. Ihre Frauen sollen auf den Strich gehen. Getauschte Partner mit europäischem Kauderwelsch, weiter nichts. Der große Gedanke der Natur, von Isaac Newton in England und Jean-Jacques Rousseau, Diderot und Voltaire in Frankreich und Goethe und Schiller und Lessing in Deutschland, wo ist der Geist geblieben, der die europäische Revol – –

Madeleine wird unterbrochen durch das forsche Auftreten von Theo Durrok. Alle anderen sind reichlich verstört.

MADELEINE/ANNEGRET *zischt ihn an:* Gehen Sie doch weg! Sie haben sich in der Tür vertan!

ROMANOV/SCHULZE *rennt zur Seite und ruft:* Vorhang! Das ist ja wirklich ein Irrenhaus!

DURROK *laut:* Der Vorhang bleibt offen! Der Kerl kann sich zwischen den Negern versteckt haben und mir im letzten Augenblick entwischen.

CHRISTINE: Theo Durrok! Was machst du denn hier? Seit wann spielst du wieder Theater? Du gehörst doch nicht zu dem „Irren"-Ensemble.

DURROK *erstaunt:* Bist du nicht Christine Klopstok? Die „Maria Stuart" aus Buxtehude? Dein Name steht nicht auf dem Programmzettel. Ich denke, du bist in die Politik gegangen.

CHRISTINE: Bin ich, Theo. Und hier stehe ich erst seit heute abend. Weil Frau Pauline Mayr im Autostau aufgehalten wurde, bin ich für sie eingesprungen und habe die Aufführung gerettet. Aber du – du störst hier. Und das ganz erheblich. Als ehemaliger Schauspieler solltest du wissen, daß man nicht einfach auf die Bühne rennt, wenn man sich mal in diesem Theaterlabyrinth verlaufen hat.

DURROK: Ich bin Kriminalkommissar und habe den Mord an der Intendantenfrau Katharina Lehmann aufzuklären.

CHRISTINE: Du ein Kriminaler? Ist der Polizeipräsident so auf den Hund gekommen, daß er seine Portiers die Fälle ermitteln läßt?

DURROK: Du bist nicht auf dem Laufenden, Christine. Ich habe längst bei der Kriminalpolizei Karriere gemacht. Als Portier war ich nur zwei Wochen im Dienst.

CHRISTINE: Ohne herauszufliegen?

DURROK: Jawohl, endlich einmal ohne Bruchlandung. Ein Mörder lief beim Verhör den untalentierten Inspektoren davon. Ich packte ihn, nahm ihn in die Mangel. Na ja, das Übliche. Er gestand, er sitzt noch heute. Der leitende Kriminaldirektor meinte, es mal mit mir zu versuchen. Seine Leute seien zu phantasielos. Nun denn, ein paar anständige Schwerverbrecher exzellent überführt, einige korrupte Politiker entlarvt, – – und ich war Beamter auf Lebenszeit. Heute, als das hier bei der Generalprobe passierte, hat der Polizeipräsident zu mir gesagt: Kollege Durrok, sagte er, Sie waren doch selber früher ein großartiger Schauspieler. Übernehmen Sie mal den Fall. Sie sind sicher noch mit der Komödianten-Mentalität vertraut, kennen deren Schliche, ob die die Wahrheit sprechen oder einstudierte Monologe aufsagen.

CHRISTINE: Und du nennst das Mißverständnis auf der Generalprobe so einfach Mord?

> *Pauline Mayr/Faustine fällt vom Stuhl und ist ohnmächtig. Kurt Borkenbach/Poussin und Peter Kohl/Francheville wollen sie von der Bühne tragen.*

CHRISTINE: Auch das noch! Jetzt muß ich erneut die Rolle der Irren spielen. – Mensch Theo, muß denn dieser Generalproben-Defekt Coram publico erörtert werden?

> *Durrok stellt sich statt einer Antwort den beiden Schauspielern Borkenbach/Poussin und Kohl/Francheville mit der ohnmächtigen Kollegin in den Weg.*

DURROK: Moment! Den Trick kenne ich. *Zu den Herren:* Gehören Sie zu dem Ensemble der „Indirah"-Premiere?

KURT/POUSSIN: Ja, ich bin Indirahs Sohn.

PETER/FRANCHEVILLE: Lassen Sie uns doch erst Frau Mayr von der Bühne bringen. Sie ist ohnmächtig.

DURROK: Wer sind Sie denn? Ah nein, Sie habe ich heute Nachmittag schon verhört. Also gut, weg mit der Alten. – So, und nun zum Mord. – *Laut:* Herr Intendant Mark Lehmann! Sie sind überführt! Ich beschuldige Sie des Mordes an Ihrer Frau. Kommen Sie raus aus dem Versteck!

> *Peter/Francheville und Kurt/Poussin tragen Frau Pauline Mayr von der Bühne. Schulze/Romanov auch ab.*

CHRISTINE: Hälst du tatsächlich den Intendanten für einen Mörder?

DURROK: Ja, weil alle gesehen haben, wie er geschossen hat. Und im Moment ist allergrößte Gefahr in Verzug, denn auch die Maschinenpistole mit scharfer Munition ist verschwunden. Wo ist der Inspizient?

CHRISTINE: Wenn der Intendant im Theater wäre, würde er hier erscheinen. Er ist sicher heimgegangen. Hast du bei ihm zu Hause nachgesehen?

DURROK: Der Kerl hat seit der Tat um 16 Uhr 30 das Theater nicht verlassen. Es ist hermetisch von der Polizei abgeriegelt.

CHRISTINE *verächtlich:* Polizeistaats-Theater! Sind wir schon wieder so tief gesunken?

> *Schulze/Romanov kommt wieder auf die Bühne.*

DURROK: Wissen Sie, wo der Intendant steckt?

SCHULZE *ironisch:* Haben Sie mal unter die Bretter gesehen?

CHRISTINE: Warum verdächtigst du mich nicht? Ich habe bei der Generalprobe in der ersten Reihe gesessen. Und ich kann schießen, das weißt du.
DURROK: Du solltest dich da lieber raushalten. Du hast deinen Hang zu Lächerlichen wohl beibehalten, was?
CHRISTINE: Und du hast die Trivialität des komischen Schmierenschauspielers immer noch nicht abgelegt.
CONSTANZE/NICOLE *zu Durrok:* Kommen Sie lieber zur Sache. Wenn Frau Mayr wieder zu sich gekommen ist, geht die Aufführung weiter.
DURROK: Wer sind Sie denn?
CONSTANZE: Erste Darstellerin. Salondame. Gewählte Sprecherin des Ensembles dieser Bühne. Und damit, weil nicht auffindbar, Stellvertreterin des Intendanten. Was ist das mit Ihnen und dieser – – „Politikerin"? Macht ihr jetzt bundesdeutsches Kriminaltheater?
CHRISTINE: Vor vielen Jahren waren wir ein bekanntes Schauspielerpaar, d a s Liebespaar der Bundesrepublik.
CONSTANZE: „Raub der Sabinerinnen", was? Striese und Frau? Tingeltangel in der hintersten Provinz?
DURROK *überhört das:* Also, Frau Stellvertreterin. Ich habe inzwischen die Aussage eines Zeugen, der, als Pause war, direktermaßen gesehen hat, wie der Intendant vorsichtig in die Kulisse geschlichen ist und die dort liegende unscharfe Pistole mit einer Kugel scharf gemacht hat.
CHRISTINE: Lächerlich! Hol den Mann mal her.
DURROK: Wozu? Ich bin nicht verpflichtet, dir oder der Oppositionsführerin des Landtags darüber Aufklärung zu geben.
CHRISTINE: Wir sind eine offene Gesellschaft. Und indem du verlangst, daß der Vorhang offenbleibt, erfährt die Öffentlichkeit auch einmal, wie die Polizei heutzutage Ermittlungen anstellt. Mal so richtig dreinschlagen, wie Schimanski und Tanner im Duisburger Tatort-Milieu?
DURROK *seufzt:* Meinetwegen. Ich gehe ja auch in Kürze in Pension. Am Anfang sah das hier so einfach aus: der Herr Intendant, als Schauspiel-Mitattentäter an der Indirah, mit deren Darstellerin er im wirklichen Leben verheiratet ist und wo zu Hause nichts mehr stimmt. Bei den Verhören merke ich, daß fast die Hälfte aller Schauspieler an dieser Bühne meinte, entweder er – der Intendant, oder sie – die Intendantin

– müsse verschwinden, sonst sei das Theater wegen seines geistigen Verfalls nicht mehr zu retten. Natürlich weiß keiner von denen, die ich verhöre, daß ich auch mal ein bekannter Schauspieler war. König Lear, Schuster Vogt und so. Und daß damals schon jedes zweite Ensemble-Mitglied ein- oder zweimal die Woche den Theaterdirektor oder Intendanten am liebsten erwürgt hätte. Aber so was ist doch nicht ernst zu nehmen, weil sich fast jeder für einen besseren Intendanten hält. Das heißt, es gibt Spannungen, mal mehr, mal weniger. Und hier und heute ist das Faß eben mal übergelaufen. In diesem Falle kommt hinzu, daß ein Brief ins Haus kam, zwei Inszenierungen abzubrechen, wo beidemale eine Rolle für die Intendantin mit drin war, aber keine Hauptrolle für ihn. Besonders zum Saisonschluß, wo man sich noch mal richtig darbieten möchte beim Publikum. Und er, der Mark Lehmann meint, das wäre das Ende seiner Karriere. Was liegt näher, als – liegt da schon eine Pistole – die Chance zu nutzen und abzudrücken und –

Durrok wird unterbrochen vom Inspizienten Frank Kuhling, der fröhlich auf die Bühne kommt.

INSPIZIENT: Bon soir, Herr Kommissar. Wissen Sie schon, wer es war?

DURROK: Wo ist der Intendant?

INSPIZIENT *hebt beide Hände:* Vielleicht hat er sich im Vorhang eingerollt. Seit der Intendant weg ist, klemmt der nämlich.

DURROK *ärgerlich:* Wissen Sie auch, daß ich Sie festnehmen könnte für solchen Blödsinn? Er hat die Maschinenpistole bei sich, die für die tödliche Salve auf Indirah benötigt wird. Es besteht die dringende Gefahr, daß der Intendant durchdreht, Amok läuft, vielleicht sogar in die erste Reihe schießt, und ein Kultusminister geht dabei drauf.

Während Durrok das sagt, ist der Inspizient zu den beiden Vorhangteilen gelaufen und hat sie ausgerollt.

INSPIZIENT: Nichts. Haben Sie schon im Souffleurkasten nachgesehen?

DURROK: Wollen Sie mich auf den Arm nehmen?

Der Inspizient geht zum Souffleurkasten und hebt den Deckel hoch. Da kommen zuerst zwei Hände, zwei Arme zum Vorschein. Eiligst zieht Theo Durrok die Pistole aus dem Halfter. Der Intendant Mark Lehmann erscheint mit Kopf und Leib. Er winkt die Herren Kohl und Borkenbach, die eben wieder auf die Bühne kommen, damit sie ihm beim Aussteigen behilflich sind. Der Inspizient legt sich vor dem Souffleurkasten auf den Boden und holt die Maschinenpistole hervor.

DURROK: Herr Lehmann, Sie sind festgenommen! Sie können die Aussage verweigern und einen Anwalt verlangen. –

INTENDANT: Ich bin unschuldig!

DURROK: Warum haben Sie sich dann mit der Maschinenpistole verkrochen?

INTENDANT: Ich fürchtete, vom Publikum gelyncht zu werden, weil ich die Premiere versaut habe. Es sollte d a s Theater-Ereignis des Jahres werden. Endlich wieder ein Dramatiker von schillerschem Format in Deutschland.

DRAMATURGIN *höhnt:* Frank Mayers, die Hoffnung der deutschen Theaterkultur.

INTENDANT: Da sehen Sie, wie schwierig es war, ein gutes Stück im eigenen Institut durchzusetzen.

DRAMATURGIN: Ihre Frau hat es durchgesetzt, zumal der Autor Frank Mayers nicht aufzufinden war. Anonymer Dramatiker.

DURROK: Moment mal, heißt Ihr Portier nicht Mayers?

INTENDANT: Der alte Herr heißt Josef, nicht Frank. Der schreibt auch seine vielen Theaterstücke nicht anonym.

DURROK: Aber er nimmt sicher die tägliche Post in Empfang und könnte es darunter gemischt haben.

INTENDANT: Wonach fahnden Sie? Nach dem Mörder oder nach dem Autor? Eines Tages lag die Tragödie auf meinem Tisch. Nur so, ohne den üblichen Begleitbrief. Schlicht und ergreifend die „Indirah". Katharina, das war meine Frau, hat das Stück zuerst gelesen. Sie war begeistert. Die vorderen und geistigen Hintergründe der Ermordung der Indirah Ghandi, Sie wissen schon, die in Indien. Ich lás es, und ich gestehe, daß es mich vom Stuhl gerissen hat. Aber – wer hat das geschrieben und wie kommt es auf meinen Schreibtisch? Es gibt andere Theater, andere Intendanten. Sollte das Drama Schicksal spielen? – Ich gab es der Dramaturgin. Die lehnte es ab, weil ihr die Sprache zu konservativ war.

DRAMATURGIN: Nicht zu konservativ, aber mit alten Be – –
KURT/POUSSIN *fällt ihr ins Wort:* Weil ohne Präservative, ohne nackte Ärsche, keine Fäkaldarstellungsmöglichkeiten an der Rampe gegen das Publikum. Gewisse Wörter, die man nicht als konservativ bezeichnen kann, fehlten. *Zur Dramaturgin, die etwas sagen will:* Doch, Frau Schulze, ich war bei der Direktionsbesprechung dabei. Sie haben genau die Worte ausgesprochen, die ich hier nur angedeutet habe. Und zuletzt noch: Was gehen die deutschen Theater die Ermordungen von Politikern in Indien an.
INSPIZIENT: Stimmt, ich war auch dabei. Ich mußte das Ding auf die technischen Möglichkeiten prüfen. Wegen der Schießereien, die da vorkommen, und nicht mit ei und so.
ANNEGRET/MADELEINE *tritt zum Inspizienten:* Wir haben es mit verteilten Rollen zu Hause gelesen. Ich habe geweint, fast die halbe Nacht.
DRAMATURGIN: Im Bett. Weil für dich ein Drei-Seiten-Monolog drin war. Indirahs Schwiegertochter aus der Perspektive einer ausgestoßenen Brahmanin, auf die die Liebe des Kronprinzen gefallen ist. Der perfekte Kitsch. Darum habe ich die sentimentale Schnulze abgelehnt.
DURROK: Dann hatten Sie wohl auch die innere Bereitschaft, die Indirah alias Intendantin, mit der Sie nach den Aussagen der Leute einen Dauerkrach hatten, umzubringen?
DRAMATURGIN *höhnt:* Es ist Ihrem Talent überlassen, Herr Kommissar, bei mir geistige Motive zu einem Mord nachzuweisen. Aber als einem Tragöden der Nachkriegszeit dürfte Ihnen das in Verbindung mit moderner Psychologie nicht schwerfallen.
INTENDANT *zu Durrok:* Inszenieren Sie hier jetzt absurdes Theater? Sie haben früher mal Ionesco gespielt, wie?
DURROK: Soviel steht fest: Sie haben Ihre Frau getötet, und das nicht irrtümlich.
INTENDANT: Ich? Getötet? Meine Frau? Warum sollte ich die Uraufführung verhindern? Ich, der Entdecker der Tragödie?
DURROK: Vielleicht weil das Ding doch nicht so gut ist.
INSPIZIENT: So? Das können Sie beurteilen? Ohne die Tragödie gelesen zu haben?

DURROK: Seit Carl Zuckmayer hat es keine guten Dramen mehr gegeben. Nur noch Absurditäten, Fäkaljargon, Drogen, Dreck und Depressionen, kurz Drei-De genannt. Die Frau wird erniedrigt, die Liebe wird ein Geschäft auf Zeit, die Lust der Männer ein Objekt. Der große Gedanke –

ANNEGRET *fällt ihm ins Wort:* Aufhören! Sie sprechen ja meinen Monolog, da wo Sie mich unterbrochen haben, Sie schrecklicher Mensch! Ich bin dafür, und eigentlich alle, daß wir weiterspielen. *Sie sieht sich um, und alle stimmen ihr zu.* Wir sind dafür, daß Sie von der Bühne verschwinden. Was denkt denn das Publikum? Wir Schauspieler lassen uns von einem Hahnepampel wie die Irren behandeln?

DURROK: Ich bin Kriminalbeamter. Das Verbrechen auf dieser Bühne hat Vorrang. *Zum Intendanten:* Ich habe einen Zeugen der Ihre Manipulation in der Pause beobachtet hat. Er trug ein blaues Hemd und hat hier – *er zeigt auf seinen Kopf* – eine Glatze. Sie tragen ein blaues Hemd.

Durrok reißt dem Intendanten das Jackett auf: er trägt ein blaues Hemd. Packt ihn an den Kopf und drückt ihn hinunter: er hat eine kahle Stelle.

DURROK: Ich habe weiterhin die Aussage, daß Sie in der Pause die Kantine für wenige Minuten verlassen haben.

INTENDANT: Wir pflegen in der Pause auf das Klosett zu gehen. Der eine vielleicht groß, der andere klein. Letzteres pflegt nur die wenigen Minuten zu dauern, die Sie meinen. Sicher haben Sie den Zeugen, der mit der Stoppuhr neben dem Abtritt dabeistand.

DURROK: Mein Zeuge hat genau gesehen, wie Sie im blauen Hemd und mit einer Pläte auf dem Kopf auf die Bühne kamen, die Pistole genommen und geladen und wieder dahingelegt haben.

INTENDANT: Gut. Dann bringen Sie den Zeugen her, und die Sache ist gelaufen, weil ich das nicht war.

DURROK: Herr Intendant, die Art und Weise der Ermittlungen müssen Sie mir überlassen. Ich werde Sie im Polizeipräsidium dem Zeugen gegenüberstellen.

INTENDANT: Dann bin ich also verhaftet?

DURROK: Festgenommen, das sagte ich schon. Morgen früh werden Sie dem Untersuchungsrichter vorgeführt.

INTENDANT: Und Ihr Zeuge?

DURROK: Den habe ich noch für diese Nacht vorgeladen.
INTENDANT: Warum in der Nacht? Machen Sie gern Überstunden?
DURROK: Er wird hier noch gebraucht.
INTENDANT: Aha, einer vom Theater.
DURROK *zeigt in die Höhe:* Der Beleuchter.
Alle auf der Bühne schauen nach oben: Gemurmel.
INTENDANT: Du – – Franz? Ich war aber nicht auf der Bühne.
STIMME FRANZ: Also – ja, der hatte ein blaues Hemd an und wie Sie eine ganz hübsche Pläte.
DURROK: Gestehen Sie! Sie haben die Pistole mit einer scharfen Kugel geladen, und als die Generalprobe weiterging, da haben Sie abgedrückt. Bumm!
KURT: Sie sind wohl verrückt geworden! Sehen Sie mal!
Kurt und Peter ziehen ihre Jacketts aus, beide tragen blaue Hemden. Kurt tritt vor den Kommissar und senkt den Kopf: eine Pläte. Und da geht der Intendant auf den Kommissar zu, reißt ihm das Jackett vom Leibe: auch Durrok trägt ein blaues Hemd. Und drückt seinen Kopf herunter: Theo Durroks Pläte leuchtet.
INTENDANT: Sie halten meine Bühne für absurdes Theater? Sie waren früher ein Schauspieler? Ja, dunkel kann ich mich entsinnen: der Chef-Klamottier von Angermünde, Fallersleben und Buxtehude. Wollen Sie späte Rache üben, Sie Knattermime, weil Sie beim Film und Fernsehen nicht landen konnten? – *Nach oben:* Franz, du Kanaille! Bist du verrückt geworden?
DURROK *zum Intendanten:* Über den Knattermimen und Chefklamottier reden wir noch! – *Nach oben:* He! Sie Franz! Wer hat während der Generalprobe echt geschossen?
STIMME FRANZ: Der Intendant natürlich.
DURROK: Bitte! Nur Sie hatten ein Motiv. Jeder andere, der sich jetzt bezichtigt, mit oder ohne blauem Hemd, nicht. Gestehen Sie, mit Absicht die Pistole geladen und mit Absicht Ihre Frau erschossen zu haben, unter dem Vorwand, Sie wären ein Sikh?
INTENDANT: Nein, ich gestehe nicht. Ich gebe nur zu, durch den Brief des Kultusministers einige Stunden zuvor so erregt

gewesen zu sein, daß ich die Pistole durchgedrückt habe, was ich nicht getan hätte, wäre der Brief nicht angekommen. Außerdem habe ich einen Helm getragen, der gehört zur Rolle. Und der hat keine Pläte.

DURROK: Wollen Sie mich verscheißern? Einen Helm, eine Perücke oder was auch immer, den nimmt oder die nimmt man in der Pause ab.

CONSTANZE: Mir fällt ein: er hat in der Pause den Helm nicht abgenommen gehabt.

DURROK: Auch nicht auf dem Klosett?

CONSTANZE: Da war ich nicht dabei.

DURROK: Sie sind Constanze Ahlers?

CONSTANZE: Constanze Kohl. Ich bin mit Peter Kohl verheiratet. Ahlers ist mein Künstlername.

DURROK: Wegen des Anfangsbuchstabens?

CONSTANZE: Nein, mein erster Mann hieß Ahlers.

DURROK: Ich habe Ihren Mann verhört. Scheint nicht sehr gut zu gehen zu Hause. Und mehrere andere haben bestätigt, daß Sie ein Auge auf den Intendanten geworfen haben.

CONSTANZE *zu den anderen, ironisch:* Fehlt mir ein Auge?

DURROK: Lassen Sie den Unsinn! Die Intendantin stand dabei natürlich im Wege. Und bei der Aufführung tragen Sie eine Hose. Das Kleid jetzt gehört zur „Irren". Richtig?

CONSTANZE: Aber kein blaues Hemd. Und keine Perücke mit einer Pläte. Wissen Sie was? Ich würde mich, hätte ich in einem Mordfall zu ermitteln, erst informieren, dann Schlüsse ziehen. Fragen Sie den Regisseur Schimmerlos.

DURROK: Schimmerlos? Der Regisseur? Ja, wo ist der denn?

INSPIZIENT: Der ist gleich nach dem Schuß heute nachmittag weggefahren. Er mußte sich in ärztliche Behandlung begeben. Und wie ich gehört habe, hat der Arzt ihn dann eingewiesen. Übrigens trug er bei der Generalprobe ein grünes Hemd. Er hat keine Pläte, sondern volles Haar.

DURROK: Eingewiesen? Ist der Kerl so labil?

INSPIZIENT: Neurotisch wäre treffender. Mehr kann Ihnen der Intendant dazu sagen. Der hatte – – die sind – – die führen Gespräche über so persönliche Dinge.

DURROK: Gespräche? Sie verwenden das Wort „Gespräche" für Bühnenkräche, für Theaterdonner? – *Zum Intendanten:* Sie kommen jetzt mit. Darüber können Sie mir ausführlich in meinem Büro was erzählen. Haben Sie eine Zahnbürste in Ihrer Direktionssuite? Einen Rasierapparat?

INTENDANT: Natürlich. Bitte lassen Sie mich zuvor noch ein Wort zum Publikum sagen. Denn morgen steht doch alles falsch in der Zeitung.

CONSTANZE: Bestimmt. „Intendant im Souffleurkasten verhaftet", „Publikum raste vor Begeisterung".

DURROK: Einen Satz, bitte sehr, Herr Intendant.

SCHULZE: Zuvor noch eine Frage. Spielen wir denn nun die „Irre von Sanssouci" weiter?

INSPIZIENT: Geht nicht. Pauline liegt bewußtlos in ihrer Garderobe. Sie hat im Stau zuviel Gas abgekriegt. Das kommt davon, wenn man als Reisedarsteller mehr auf der Straße ist als auf der Bühne.

DRAMATURGIN: Unterlaß bitte deine Kommentare, Frank. Das ist eben die Schattenseite des modernen Theaters.

CHRISTINE: Dann kann ich die „Irre" ja weiterspielen.

Aber alle Darsteller, auch der Intendant und die Dramaturgin, bekunden darüber ihren Unmut.

SCHULZE: In meinem „Wanderer kommst du nach Sparta" spielt eine Frau den Sokrates. Wie wäre es denn, Herr Kommissar, Sie spielen die „Irre von Sanssouci"?

DURROK: Ich habe Verständnis für Ihren Galgenhumor, Herr Schulze. Aber ich spiele im gegenwärtigen Theaterbetrieb keine Rolle mehr. Mir kommen Wörter wie „Scheiße" und „Arsch" nur noch schwer über die Lippen. Ich bin gelegentlich mal noch Entertainer, wenn die Kriminalen vom Morddezernat ihr Betriebsfest feiern. Zumal – in diesem Hause muß man vorsichtig sein – scharf geschossen wird in dem chaotischen Theaterbetrieb.

SCHULZE: Oder vielleicht den „Straßenfeger". Bei dem fehlen die Wörter, die Sie nicht aussprechen können.

DURROK: Spielen Sie ihn, und die Leute sind begeistert.

SCHULZE: Glauben Sie, daß nach ihrem gloriosen Auftritt hier morgen oder übermorgen noch ein zahlender Zuschauer in dieses Kulturinstitut kommt? Ein Irrenhaus, das Sie in einer halben Stunde aus unseren Arbeitsplätzen gemacht haben, kann jeder einzelne daheim mit seiner Glotzkiste veranstalten oder mit seinen Angehörigen aufführen. Man spart das Geld für den Eintritt, das Benzin für das Auto und braucht sich nicht zu stressen, um einen Parkplatz zu finden.

DURROK: Welche Einsicht, daß auch das Publikum was gegen die Theaterkrise tun kann. Lassen Sie lieber Ihren Intendant sein Schlußwort sprechen, und ab in den Knast.

SCHULZE: Und wenn er unschuldig ist?
Schulze zieht sein Jackett aus: blaues Hemd. Setzt den Hut ab und neigt den Kopf: eine Pläte.

SCHULZE *pathetisch:* Ich begehre die Intendantin Katharina die Große von Lehmann zu Auershausen heiß und innig und das schon seit langer Zeit. Sie aber wies mein Begehren ab und beleidigte mich mit jüngeren Kollegen. Ich spiele in der „Indirah" einen Minister, – und die Gelegenheit für einen verschmähten Liebhaber war günstig. Sehen Sie gut zu! – *Nach oben:* Franz! Paß gut auf!
Schulze schleicht „auf leisen Sohlen" von der Seite zur Bühnenmitte. Deutet dort pantomimisch einen Tisch an. Nimmt – alles pantomimisch – die Pistole, schaut über Kimme und Korn, holt aus der Hosentasche eine Kugel und lädt. Legt die Pistole hin und schleicht – noch betonter – zurück.

STIMME FRANZ: Jetzt weiß ich es genau: D e r wars!

INTENDANT: Kollege Schulze, ich bin gerührt, ich danke Ihnen. Aber in fünf Minuten hat dieser Sherlok Holmes ermittelt, daß Sie in der Pause mit irgendjemand in Ihrer Garderobe waren und dort – – aber das geht mich nichts an.

CONSTANZE: Der „Irgendjemand" war ich. Wir haben über meine Rolle der Antigone im „Wanderer" gesprochen.

DRAMATURGIN: Und das glauben wir aufs Wort.

DURROK: Warum nicht? Das ist in den Garderoben so üblich.

DRAMATURGIN: Ich kenne doch meinen Mann. Der läßt keine Gelegenheit aus.

DURROK *zeigt auf Schulze:* Sie sind mit dem da verheiratet?

DRAMATURGIN: Schon viel zu lange.

SCHULZE: Ich komme auf „viel zu lange" zurück, Maria.

INTENDANT: Das gehört nun wirklich nicht auf die Bühne, wie es angeblich dahinter zugeht. Ich bin sicher, angesichts der diversen Bezichtigungen unses Franz da oben, in dem Untersuchungsrichter einen vernünftigen Juristen vor mir zu haben. Und bis dahin ist auch mein Anwalt zugegen. *Zu*

Durrok: Gehen wir, der Wahrheit eine Gasse. Lassen Sie mich zum Schluß dem Publikum sagen, –
DURROK *unterbricht ihn:* Nein nein. Also, das ist so, Herr Intendant, – – *er räuspert sich* – wissen Sie, ich kann eine Festnahme nicht weiter aufrecht erhalten. Ich muß mich sogar bei Ihnen entschuldigen. Sie sind ein freier Mann. Ich werde jetzt selber da oben auf den Bühnenboden gehen und den Fall von dort ermitteln. *Geht schnell ab.*
CONSTANZE *zum Intendanten:* Spielst du jetzt die „Irre"?
INTENDANT: Dazu bin ich im Moment weder in der Lage noch möchte ich dem Publikum das zumuten. Ich habe eine andere Idee. *Zum Publikum gewandt:* Da noch ein wenig Zeit geblieben ist, den Ruin des Theaters abzuwehren, schlage ich vor, daß meine Darsteller Ihnen eine Szene aus dem „Wanderer kommst du nach Sparta" vorführen, jener Inszenierung, die durch den Sparbrief des Kultusministers zunichte gemacht werden soll. Danach können Sie – noch hier im Theater oder im Foyer – auf die verantwortlichen Politiker einwirken, ob Sie in Kürze das ganze Schauspiel sehen wollen, wenn er es bezahlt. *Zu den Schauspielern:* Alles klar?
INSPIZIENT: Die Kostüme sind noch nicht ganz fertig.
INTENDANT: Hinter der Bühne liegen genügend Bettlaken. Das Publikum wird Verständnis haben, wenn wir das Äußere improvisieren. Das Innere gibt unsere Darstellungskunst her. *Zu Kohl:* Peter, du bist der Regisseur des „Wanderer kommst du nach Sparta", ich überlasse jetzt dir die Bühne.
PETER: Der Polineikes ist aber nicht im Hause.
ANNEGRET: Ihn kann doch der Inspizient spielen.
INSPIZIENT: Ja, den kann ich spielen. Der Text sitzt. Herr Intendant, ich wollte immer schon bei Ihnen vorsprechen. Ich bin nicht nur der Adoptivsohn eines Theaterportiers, sondern habe auch mal Schauspielunterricht genommen. Und jetzt ist die Gelegenheit günstig. Zumal der Polineikes genau meine gute Figur hat und das, was er zu sagen hat, meinen politischen Überzeugungen entspricht.
PETER: Es bleibt uns keine andere Wahl.
INSPIZIENT: Danke, Peter. *Zu Annegret:* Danke, Schätzchen.
INTENDANT *überrascht:* Haben die beiden was miteinander?

CONSTANZE: Noch viel mehr als das. Abwarten.
INTENDANT: Man lernt nie aus.
Der Intendant nimmt Christine Klopstok an der Hand und geleitet sie von der Bühne. Der Inspizient geht schnell ab.
PETER *zum Publikum:* Ich bin Peter Kohl, der Regisseur des „Wanderer kommst du nach Sparta" von Heinrich Schmidt. Lassen Sie mich in der einen Minute, ehe wir die bedeutende Szene spielen, sagen: Wenn der unglückliche Sparbrief des Kultusministers nicht zurückgenommen wird, kann allerdings auch die Uraufführung nicht stattfinden. Sie, meine Damen und Herren, sind danach aufgefordert, den Politikern zu schreiben, ob das Theater weiterleben soll oder der vorzeitige Ruhestand eintritt.
KULTUSMINISTER *aus der ersten Reihe:* Herr Regisseur, die Verfassung sieht keine Plebiszite oder Volksabstimmungen vor.
PETER: Müßte man das nicht ändern, wenn es offensichtlich zwischen Volk und Regierung keinen Konsens mehr gibt?
KULTUSMINISTER: Das Volk hat alle vier Jahre das Recht, sich in freier Wahl die Regierung auszusuchen.
CONSTANZE: Und wenn die Regierungskandidaten mehr versprechen als sie hinterher halten können? Ich kann mich entsinnen, daß Sie im letzten Wahlkampf versprochen haben, dem Theater eine Priorität einzuräumen.
KULTUSMINISTER: Wir wußten nicht, daß sich die Arbeitslosigkeit derart steigern würde.
CONSTANZE: Dann sind wir also am Punkt Brecht: Erst kommt das Fressen und dann die Moral. Erst kommt die Macht, und dann ist der Geist willig und das Fleisch schwach. Mein Vater hat mir gesagt: Das hat Deutschland schon einmal erlebt. Das ist gerade erst ein halbes Jahrhundert her.
KULTUSMINISTER: Übertreiben Sie da nicht ein wenig? Sie stellen ab auf den angeblich starken Mann?
PETER: Vielleicht gibt unsere Probe Auskunft darüber. Da erscheint so etwas wie ein starker Mann.
Peter Kohl winkt die Schauspieler beisammen zu dem, was gleich vor sich geht. Der Inspizient/Polineikes und Eberhard/Eteokles (zuvor der Zeitungsjunge Jean) tragen eine schlichte Holzbank für vier Perso-

nen herbei. Gleichzeitig stellen Kurt/Pattakos (zuvor Poussin) und Peter/Pausanias einen rechteckigen Tisch auf. Drei Stühle dazu werden aus dem Café genommen. Die Dramaturgin verschwindet kurz und tritt als Sokrates mit einer Glatzen-Perücke auf. Schulze/Kreon trägt acht Bettlaken verschiedener Farben heran, während Constanze/Antigone und Annegret/Ismene mit Pappschildern an Kordeln auftreten, auf denen die griechischen Namen stehen. Schulze/Kreon verteilt die Bettlaken: viermal braun für die Angeklagten Polineikes, Eteokles, Antigone und Isemene; dreimal weiß für das Gericht Pattakos, Pausanias und Sokrates; ein lichtblaues Bettlaken für sich selbst als Kreon.
Alle hängen sich die Bettlaken um und die Schilder mit den entsprechenden Namen um den Hals.

PETER/PAUSANIAS: Wir bitten um Ihr Verständnis, daß die echten Kostüme noch nicht fertig sind; unsere Schneiderin hat gerade den ihr tariflich zustehenden Urlaub. Natürlich haben die Bettlaken keine Symbolkraft.

Nachdem sich alle gesetzt haben, steht Peter Kohl als Pausanias noch einmal auf. – Zum Publikum:

PETER/PAUSANIAS: Die Geschichte von Theben ist sicher bekannt: König Ödipus hat sich geblendet. Nicht nur, weil er überraschend als Mörder seines Vaters dasteht, seine Mutter geheiratet und vier Kinder mit ihr hatte, – in unserem Drama auch wegen der Erkenntnis, daß in Sparta und Athen wieder Diktaturen mit Kapital und Gewalt an die Macht gekommen sind. Sie unterdrücken die Errungenschaften des Geistes, der Kunst und der Kultur brutal.
Als in Theben des Ödipus vier Kinder Antigone, Ismene, Polineikes und Eteokles die Demokratie wiederherstellen und sich Hellenische Befreiungsfront nennen, stellt des Ödipus Bruder Kreon eine Miliz aus labilen Elementen auf, schlägt zu, und Theben wird die dritte Diktatur in einer Athener Wirtschafts-Union. Kreons Nichten und Neffen werden in Athen vor ein Gericht gestellt. *Zu den Schauspielern:* Bitte stellt euch selber vor.

KURT/PATTAKOS: Ich bin Pattakos, Richter in Athen und überzeugt, daß die perikleische Demokratie auf solider finanzieller Basis die beste ist.

DRAMATURGIN/SOKRATES: Ich bin Sokrates und verteidige die Menschenrechte.

PETER/PAUSANIAS: Pausanias, Regent von Sparta und hier der Ankläger gegen den Terrorismus der sogenannten Hellenischen Befreiungsfront.

EBERHARD/ETEOKLES: Eteokles –

INSPIZIENT/POLINEIKES: Polineikes –

BEIDE ZUSAMMEN: – die Brüder.

CONSTANZE/ANTIGONE: Antigone –

ANNEGRET/ISMENE: Ismene –

BEIDE ZUSAMMEN: – die Schwestern.

ALLE VIER: Unser Vater war Ödipus.

SCHULZE/KREON: Ich bin Kreon, der König von Theben –

ALLE VIER *fallen ihm ins Wort:* – der Tyrann von Theben!

PATTAKOS: Ich erteile euch eine Ordnungsstrafe. Ihr habt euch damit einverstanden erklärt, daß die Gerichtsverhandlung sachlich und tolerant geführt wird. Euer Vorwurf ist ungebührlich. – Bitte, Pausanias, der Ankläger hat das Wort.

PAUSANIAS: Hohes Gericht! Die vier Angeklagten sind beschuldigt des Bankraubes in Verbindung mit Geiselnahme und gefährlicher Lebensbedrohung an den Bankier und König von Theben. Dem Gericht und dem Rechtsbeistand Sokrates sind die Protokolle der Untersuchung zugegangen, die die volksschädliche Absicht beweisen, die Athener Wirtschafts-Union zu stürzen. *Tritt an die Rampe:* Ein Bankraub, Männer und Frauen, ist nach den Gesetzen ein schweres Verbrechen, das mit lebenslanger Haft oder Tod zu ahnden ist, weil sich die Tat als Verbrechen am Volksvermögen darstellt. Ein besonderes Gewicht erhält die ruchlose Tat – so füge ich persönlich hinzu – weil sie begangen wurde an einem der geachtetsten Bürger der Athener Wirtschafts-Union. – Ich rufe den Zeugen Kreon auf, König von Theben.

SOKRATES: Pausanias, du hast eine persönliche Erklärung abgegeben für König Kreon. Sie ist entweder ungerechtfertigt oder du erlaubst eine persönliche Frage von mir, die dich betrifft.

PAUSANIAS *zu Richter Pattakos:* Sind persönliche Fragen des Rechtsbeistandes zulässig?
PATTAKOS: Im Prinzip nein. Aber du selbst hast ein Urteil über den Zeugen abgegeben, also mußt du dir auch eine Frage des Sokrates gefallen lassen.
SOKRATES: In deiner Regierungszeit, Pausanias, sind in Sparta siebenhundert Heloten als Sklaven aus der unterdrückten Urbevölkerung getötet worden. Wer hat dazu den Befehl gegeben?
PATTAKOS: Sokrates, was hat das mit diesem Prozeß zu tun?
SOKRATES: Pattakos, wir sind uns nicht unbekannt. Und du weißt: wer den schöpferischen Kräften einer Gemeinschaft zuerst das Geld entzieht zum Vorteil der Mehrheit, später über die Zusage von Subventionen Einfluß auf die Gesellschaft nimmt, eine Hofberichterstattung betreibt und zuletzt die eigene korruptive Macht propagiert, der darf sich nicht wundern, wenn er plötzlich als Mörderstaat bekämpft wird wie Sparta im Umgang mit seinen Heloten. Denn auch diese sind Menschen und haben das natürlichste aller Rechte, das Leben. – Ich ziehe meine Frage zurück, bemerke aber, daß ein spartanischer Ankläger in Athen nicht wegen Völkermordes vorbestraft sein sollte.
PAUSANIAS: Ich bin nicht vorbestraft, Sokrates. Ich handele nach den spartanischen Gesetzen, die international anerkannt sind. Das Helotenproblem ist eine Sache, die nur Sparta etwas angeht.
SOKRATES: Du gestehst also ein, daß deine Heloten ein Problem sind.
Derweil ist Schulze/Kreon aufgetreten.
PATTAKOS: Du bist König Kreon aus Theben?
KREON: Ja, König von Theben und Bankier.
Eteokles wendet sich flüsternd an Sokrates.
SOKRATES: Hohes Gericht, der Angeklagte Eteokles wünscht einige Fragen an den Zeugen Kreon zu richten und ersucht um wahrheitsgemäße Antworten.
PATTAKOS: Kreon, bist du bereit, Fragen deines Neffen wahrheitsgemäß zu beantworten?
KREON *zu Sokrates:* Unterschwellig stellst du mich damit als unaufrichtig hin.
SOKRATES: Beweise das Gegenteil, dazu bist du hier.

ETEOKLES: Worauf, Kreon, führst du die Bezeichnung Bankier zurück? Über deinen Königstitel werden wir später reden.

KREON: Ich bin Besitzer der Kreonitasbank in Theben. Ich habe sie von meinem Onkel geerbt. Dem Gericht steht es frei, in die Gesellschaftsverträge Einsicht zu nehmen.

ETEOKLES: Du hast uns entmündigen lassen und aus Theben davongejagt. Für einen Mann mit den entsprechenden Beziehungen zu den Gerichten in Athen und Sparta und der Zusammensetzung aus Unionisten und Renegaten war es nicht schwer, Fakten zu verdrehen, Lügen als Tatsachen glaubhaft zu machen. Wir sind im Angesicht der hellenischen Bevölkerung zu dummen Jungs gemacht worden. Mit unseren Schwestern sind wir also unmündige Bürger, wie du gesagt hast, ohne daß einer von uns je angehört wurde. Nun, wir fügen uns dem Richterspruch einstweilen, weil wir aus den Städten Athen, Sparta und Theben ausgewiesen wurden. Aber es muß uns heute gestattet sein, Fragen zu stellen, auch wenn sie ideologische Widersprüche des Regimes aufdecken sollten. Oder nicht?

Eteokles ist zuletzt an die Rampe getreten und hat den letzten Satz zum Publikum gesprochen. Von da gibt er Polineikes einen Wink.

POLINEIKES *erhebt sich und tritt vor Kreon:* Mit was beschäftigt sich die Kreonitasbank? Ich meine, wie kommt sie zu soviel Geld, das wir der Bank angeblich geraubt haben?

PAUSANIAS: Einspruch! Die Frage hat nichts mit der Anklage zu tun. Sie ist allein zu dem Zweck gestellt, über Recht und Ordnung in Theben zu diskutieren.

POLINEIKES: Was eigentlich dringend erforderlich wäre.

KREON: Über Theben ist nicht zu diskutieren. Es herrscht Ruhe im Land.

SOKRATES: Antworte dennoch, Kreon, denn ich kann Polineikes verstehen. Du bist zum Vormund der vier Kinder deines verstorbenen Bruders bestellt worden und verwaltest mit deiner Bank ihr gesperrtes Vermögen.

KREON *erregt:* Pattakos, bemerkst du nicht die Absicht des miesen Philosophen, mit seinen Fragen das Gegenteil ins Böse zu kehren? Hier stehen Bankräuber und Geiselnehmer vor Gericht und nicht ich, der König von Theben.

SOKRATES: Einspruch. Hier stehen keine Bankräuber und Geiselnehmer vor Gericht, sondern Bürger der Athener Wirtschafts-Union. Das Gegenteil und das Böse könnte man ebensogut auf Kreon anwenden.

PATTAKOS: Einspruch genehmigt. Du wirst nicht umhinkommen, Kreon, die Fragen deines Neffen zu beantworten.

KREON: Nun denn, – eine Bank verleiht Gelder für Zinsen und gibt Zinsen für Spareinlagen fleißiger Bürger. Die Kreonitasbank ist eine Staatsbank, in der auch die Steuern verwaltet und die Gelder ausgezahlt werden für die staatlichen Arbeiten, wie Kunstanstalten, Theater, Museen und Tempel. – *Zu Polineikes:* Genügt dir das?

ANTIGONE *laut:* Nein! Mein Bruder will wissen, wie hoch die erzwungenen Steuern sind, wer die öffentlichen Aufträge erteilt und erhält und was dazwischen für dich lumpigen Parasiten abfällt.

PATTAKOS: Schweig, Antigone! Wir sind übereingekommen, die Schuldvorwürfe in Ruhe und Sachlichkeit zu erörtern.

ANTIGONE: Welche Schuldvorwürfe? Die Steuerdiktatur? Die Vetternwirtschaft? Die Medienbeeinflussung durch den Reptilienfonds? Die Volksverdummung durch Brot und Spiele?

PATTAKOS *überhört das:* Ich dulde es weder, daß ihr Bankräuber genannt werdet noch Pausanias ein Massenmörder wäre und Kreon ein lumpiger Parasit ist.

SOKRATES: Also – – da Kreon hier nur Antworten gibt, die fromme Tempelgänger glauben mögen, will ich versuchen, den konkreten Sachverhalt zu beleuchten. – *Zu Kreon:* Wie hoch ist das Jahreseinkommen des Bankiers Kreon, und wie hoch das des Königs von Theben?

PAUSANIAS: Einspruch. Wir stellen hier ebensowenig fest, wie hoch die Apanagen der vier Angeklagten sind.

KREON: Sehr richtig! Und wir sollten hier auch nicht feststellen, woher die Apanagen stets genommen wurden.

ANTIGONE: Weil sonst vielleicht ans Licht käme, König Kreon, Richter Pattakos, Ankläger aus Sparta, daß die Athener Wirtschafts-Union die Subventionen für Kunst und Kultur beschnitten hat unter dem Vorwand wirtschaftlicher Schwierigkeiten, weil in den Museen, Tempeln und Theatern unangenehme Wahrheiten gesagt werden?

PATTAKOS: Antigone, ich warne dich vor solchen spontanen Unterstellungen. Diese Verhandlung ist zwar öffentlich, hat sich aber dennoch nicht mit Regierungsgeschäften zu befassen, die auch eine Schweigepflicht für die Angeklagten beinhalten. *Zu Pausanias:* Einspruch genehmigt. Die Höhe der Gehälter von Zeugen und Angeklagten sind nicht Gegenstand des Prozesses.

ANTIGONE *hebt die Hand:* Eine letzte Frage?

PATTAKOS: Unter Berücksichtigung meiner Ermahnung, bitte.

ANTIGONE *zu Kreon:* Was ist das, König? Ein Herrscher? Von wem bist du gewählt worden? Du bist König und Bankier der Staatsbank zugleich, Macht und Kapital in einer Hand. Du hast sie zur Gewalt ausgenutzt. Also bist du ein Reicher, mit Macht und Gewalt. – *Zum Publikum:* Wenn ich diesen Mann so ansehe, dann scheint mir, als seien seine Hirnzellen mit anderen Inhalten versehen als Liebe, Glaube und Hoffnung, nur mit Dingen wie Macht, Terror, Unfreiheit anderer Menschen, Habgier, Despotie und dergleichen. Sein Talent ist es wohl auch, die Unterdrückten zusätzlich intellektuell zu unterdrücken. – *Wieder zum Gericht:* Weshalb erscheint hier ein sogenannter König und Bankier? Weshalb nicht nur ein Mann namens Kreon, dessen Leben darin besteht, den Handwerkern und Bauern erst Geld zu leihen; es dann auf Grund von Gerüchten vorzeitig zu kündigen, um es zuletzt mit der Peitsche der Eintreiber wiederzuholen, natürlich zum Vorteil seiner einseitigen Bedingungen. – Wer klagt Kreon des Mordes und des Terrors an, Pattakos? Du nicht! Wer klagt Pausanias des Massenmordes an, weil es angeblich die Verfassung erlaubt? Keiner in Hellas, keiner in Theben und keiner in Athen. Aber wer klagt uns fragwürdiger Delikte an, die wir nicht begangen haben? Ihr da! Ein athenischer Militarist! Ein spartanischer Massenmörder! Ein thebanischer Diktator! *Zum Publikum:* Heißt das nicht im Volke: die Kleinen hängt man und die Großen läßt man laufen? – – Doch doch, es heißt nicht nur so, es i s t auch so.

PATTAKOS: Es sind Fragen gestellt worden, es sind Fragen beantwortet worden. Mag es dem einen oder anderen er- scheinen, daß sie ungenügend beantwortet wurden, doch – – sie gehören nicht zu dem Schuldvorwurf des Bankraubes und der Geiselnahme.

SOKRATES: Dann schlage ich vor, daß Kreon dem Gericht vorträgt, wie sich der angebliche Bankraub zugetragen hat.

PATTAKOS: Bitte, Kreon.

KREON: Ich wurde in der besagten Nacht von meinem Diener geweckt, der mir erklärte, daß mich Ismene in einem dringenden Krankheitsfall zu sprechen wünsche. Als ich dann – allein und arglos – die Bibliothek betrat, überwältigten mich die dort nicht erwarteten Neffen Eteokles und Polineikes und bedrohten mich mit ihren Dolchen. Sie verlangten den Schlüssel zum Safe der Bank. Mir blieb keine Wahl, man hat von der Brutalität bei früheren Banküberfällen gehört. Inzwischen traten auch Ismene und Antigone ein, ebenfalls mit Dolchen in den Händen. Die beiden nötigten meinen Diener, den Schlüssel zu holen. Ismene, die bei mir den Beruf der Bankkauffrau erlernt hatte, kannte die Örtlichkeiten. Sie gingen zum Safe und kamen alsbald mit dem gesamten Inhalt zurück.

PAUSANIAS: Um welchen Inhalt handelte es sich?

KREON: Fünfzigtausend Drachmen.

SOKRATES: Du sprichst von deinem Diener, Kreon. Ich habe in keinem Protokoll dessen Aussage gefunden. Ich beantrage, daß der Diener vor Gericht erscheint und deine Aussage bestätigt.

KREON: Ich bedaure, der Diener ist inzwischen verstorben.

ISMENE: Wie das im Hause Kreon so üblich ist, wurde er ermordet.

Unruhe bei dem Gericht. Kreon flüstert was zu Pattakos.

POLINEIKES: Es war so, hohes Gericht, Herr Ankläger, ihr Männer und Frauen. Wir befanden uns in Macedonien, weil wir ausgewiesen waren aus den Städten. Soldaten holten uns nächtens aus den Betten und schleppten uns in die Bibliothek der Kreonitasbank. Kreon erschien mit etwa fünfzigtausend Drachmen und dem Pazifizierungsangebot: Für die Summe auf den Thron Thebens zu verzichten, keine Politik mehr zu betreiben und die Wirtschafts-Union zu akzeptieren. Und zu diesem Zeitpunkt waren zwei mit Dolchen bewaffnete Diener im Raum, und Kreons Alternative lautete: Annahme des Vorschlags, – oder ihr kommt nicht lebend aus der Bibliothek heraus. Eteokles und ich sahen uns an, und wir entwaffneten die Diener. Kreon stand entsetzt da und bat um sein Leben.

Er rief: Was habe ich euch getan? Ihr seid nicht in der Lage, Ruhe und Ordnung nach den Geschehnissen in den Städten zu gewährleisten.

SOKRATES: Was waren das für Geschehnisse?

POLINEIKES: Nachdem in Sparta siebenhundert Heloten nach angeblichem Recht in der Verfassung getötet worden waren, erhoben sich die anderen zu einem vergeblichen Aufstand. Dabei starben noch einmal über tausend Staatssklaven.

KREON: Polineikes verzerrt die wirkliche Lage. Der Sklavenaufstand erfolgte, nachdem die vier Angeklagten mit den fragwürdigen Gesinnungsgenossen aus Persien sie dazu aufgehetzt hatten. Eine Weltrevolution sollte von Persien aus über Sparta und Theben auf Athen und ganz Hellas übergreifen.

SOKRATES: Meines Wissens soll die Athener Wirtschafts-Union keine Truppen unterhalten. Aber plötzlich sieht man Milizen und Soldaten eingreifen. Kreon, verstößt das nicht gegen die Schwüre nach dem peleponesischen Desaster: Nie wieder Krieg?

KREON: Eine Ordnung im Sinne eines geregelten Systems wie die Athener Wirtschafts-Union ist nur durch das Gesetz der Allgemeinheit und der Verteidigung möglich.

SOKRATES: Was ist das Gesetz der Allgemeinheit? Wer formuliert es?

KREON: Die Mehrheit, die für Ruhe und Ordnung ist.

SOKRATES: Mir sind die Texte dieser Gesetze anders bekannt. Verordnungen ohne Parlament, die erlassen werden und durch die Hintertür Gesetzeskraft erlangen, weil die Fürsten sie unterschreiben – – insgeheim natürlich. Menschen zu töten, weil es die sogenannte Blutprobe für junge Krieger ist, gilt in Athen als Verbrechen gegen die Menschlichkeit.

PAUSANIAS: Daran geht Athen auch zugrunde! Weil eure liberale Haltung mit den Zwängen einer vernünftigen Wirtschaftsordnung nicht mehr in Einklang zu bringen ist.

SOKRATES: Eine Wirtschaftsordnung, die auf Ausbeutung des Menschen durch den Menschen basiert und Mord und Totschlag hinnimmt, kann nicht mit den göttlichen Gesetzen übereinstimmen.

KREON: Du, Sokrates, sprichst von den Gesetzen der Götter, wo jedermann weiß, daß du sie in Zweifel ziehst?

SOKRATES: Weil das, was i h r daraus ableitet, der Untergang der Menschheit ist.

KREON: Daß die Menschheit in erster Linie leben und arbeiten muß, das ist für einen Sophisten unverständlich?

ISMENE: Kreon, wenn ich aus deinem Munde die Worte höre leben und arbeiten, dann klingt das in meinen Ohren wie Ausbeutung und Tyrannei. *Sie steht auf und geht langsam an die Rampe, um einen Monolog zu sprechen:* Ich habe in deiner Bank in den Jahren meiner Lehrzeit zur Genüge die Ausbeutung kennengelernt. Besser gesagt: die Unterdrückung der Frau erleiden müssen. Du selber und deinesgleichen in den Städten Theben und Sparta – –

Ismene/Annegret kann nicht weitersprechen, weil der Kommissar Durrok forschen Schrittes auf die Bühne kommt.

STIMME DES INTENDANTEN: Zieht doch erst den Vorhang zu!

INSPIZIENT/POLINEIKES: Aber der klemmt, verdammt!

KURT/PATTAKOS: Das gehört nicht zum „Wanderer"!

INTENDANT *tritt auf Durrok zu:* Was wollen Sie denn?

DURROK: Wer von denen ist der Frank Kuhling?

INTENDANT: Der da. Und was wollen sie von ihm? Sehen Sie nicht, daß der jetzt seine großartige Rolle spielt?

DURROK *zum Inspizienten/Polineikes:* Darf ich mal Ihren Personalausweis sehen?

INSPIZIENT: Wozu denn? Glauben Sie im Ernst, den habe ich hier unter dem Bettlaken?

DURROK: Sind Sie Frank Kuhling?

INSPIZIENT: Ja, verdammt noch mal!

DURROK: Haben Sie die Pistole, die heute nachmittag zur Mordwaffe wurde, in dem Jagdwaffengeschäft Niedermayer gekauft?

INSPIZIENT *überrascht:* Ja, – aber im Auftrag der Bühne.

DURROK: Aber ohne Auftrag haben Sie ein Päckchen scharfe Munition gekauft. Geben Sie das zu?

INSPIZIENT: Zugegeben. Ich habe damit am Abend auf der Heide ein bißchen herumgeschossen. Mal sehen, wie das so knallt. Vielleicht schieße ich einen Hasenbraten.

DURROK *hält ihm ein Magazin hin:* Und dieses Ersatzmagazin haben Sie ohne Auftrag gekauft!

INSPIZIENT: Die Pistole gibt es nur mit Ersatzmagazin.

DURROK: Aber Sie haben das Ersatzmagazin mit sechs scharfen Patronen gefüllt.

INSPIZIENT *etwas verlegen:* Die habe ich aber nicht verschossen. Und das Ersatzmagazin war auch plötzlich verschwunden.

DURROK: Das kennen wir. Der große Unbekannte, was? Oder?

Durrok drückt aus dem Magazin fünf Kugeln auf den Tisch. Zählt dabei:

DURROK: Eins, zwei, drei, vier, fünf. Aber sechs passen rein. Wo ist die sechste Kugel?

INSPIZIENT *total verblüfft:* Das verstehe ich nicht.

DURROK: Aber ich! Damit kam die Frau des Intendanten ums Leben. Und Sie haben die Kugel während der Pause in die leere Pistole auf der Bühne gesteckt und durchgeladen.

INSPIZIENT *entsetzt:* Nein nein! Das habe ich nicht getan!

Durrok zieht der Dramaturgin die Sokrates-Pläten-Perücke vom Kopf und stülpt sie dem Inspizienten auf seinen Kopf. Der Intendant reißt ihm das Bettlaken von den Schultern: der Inspizient steht da im blauen Hemd. Durrok nimmt den Inspizienten fest an die Hand und führt ihn zur Seite. Geht mit ihm zurück zum Tisch. Nimmt seine Hände und versucht damit die Pantomime des Pistoleladens.

DURROK *schaut nach oben:* War der es?

STIMME FRANZ *von oben:* Ja. Frank, beweg noch mal die Hand!

Der Inspizient bewegt seine Hände über dem Tisch.

STIMME FRANZ: Ja, jetzt bin hundertprozent sicher.

DURROK: Sie sind vorläufig festgenommen. Ich beschuldige Sie des vorsätzlichen Mordes an Katharina Lehmann. Sie können die Aussage verweigern, Sie können einen Anwalt verlangen. Alles, was Sie aussagen –

KREON/SCHULZE *unterbricht Durrok wütend:* Jetzt reicht es aber! Was ist das für ein entsetzliches Schmierentheater! Erst haben Sie den Intendanten verhaftet, dabei unsere Aufführung der „Irren von Sanssouci" in dem Moment gestört, wo die Höhepunkte einsetzen. Dann mußten Sie den Intendanten laufenlassen, weil die Kanaille da oben mich für den

Übeltäter angesehen hat. Jetzt soll es Frank Kuhling sein, mit einer Sokratesperücke? Und wieder stören Sie die Aufführung, als unsere Ismene gerade einen Monolog der Weltgeschichte vorsprechen will. – *Zum Intendanten:* Das ist doch alles idiotisch! Haben Sie denn kein Geld für einen stundenweisen Portier, wenn unser Herr Mayers seine freie Zeit hat? Da kann ja jeder Banause auf die Bühne kommen und – – und – und – von mir ein Autogramm verlangen.

DURROK *kontert böse:* Ich will kein Autogramm von einem Provinzschauspieler, ich ermittle in einem sehr ernsten Mordfall! Das ist eine rechtsstaatliche Angelegenheit!

INTENDANT *vorwurfsvoll zum Inspizienten:* Wie konntest du so was tun? Wolltest du was von ihr und hat sie dich nicht gelassen?

INSPIZIENT: Chef! Ich habe keine Pistole geladen! Zieht die Perücke vom Kopf. Und die paßt mir doch überhaupt nicht. Ich habe auch nichts mit Ihrer Frau gehabt, denn ich bin mit Annegret verlobt, das wissen Sie doch!

INTENDANT: Du hast scharfe Kugeln gekauft und mit der Pistole herumgeschossen?

INSPIZIENT: Aber nur am Abend auf der Heide! Das sind alles falsche Indizien! *Sieht nach oben:* He, Franz! Bist du denn des Teufels? Wenn ich Pech habe, kriege ich lebenslänglich. *Zu Durrok:* Wer sagt denn, daß der Kerl oben nicht selber in der Pause runtergeklettert ist? Der bleibt nämlich da oben und ißt seine Butterbrote. Und noch mehr! Der knipst von da oben auf die Damen in deren Dekolletés hinein. Da sollten Sie Ihre komischen Ermittlungen mal ansetzen.

ISMENE/ANNEGRET: Ja, sehr komisch ist das alles, wenn Sie meinen Verlobten mitten in meiner großen Szene verhaften. Wenn Sie dussliger Kerl wenigstens bis zur Pause gewartet hätten! Zm zweitenmal vermiesen Sie mir meinen Monolog.

DURROK *zeigt ins Publikum:* Ob die da Ihr Monolog interessiert, weiß ich nicht. Auf jeden Fall wollen die noch heute Abend den wirklichen Täter überführt sehen.

ANNEGRET *zum Intendanten:* Wie soll das jetzt weitergehen? Wenn der meinen Frank abführt, mit wem soll ich dann im zweiten Akt den Dialog führen? Das ist die wichtigste Szene des ganzen Dramas.

DURROK: Geht mich nichts an.

ANNEGRET: Habe ich Sie gefragt? Nehmen Sie Rücksicht auf die schwierige Lage des deutschen Theaters!

DURROK *unwirsch:* Dafür habe ich jetzt keine Zeit. *Zum Inspizienten:* Haben Sie den Personalausweis in der Garderobe?

Annegret tritt zu Durrok und flüstert dem was zu.

DURROK: So! Dann darf er so was mit der Pistole erst recht nicht tun.

ANTIGONE/CONSTANZE: Was soll er denn noch getan haben?

DURROK: Er hat die da angebufft und muß heiraten.

Alle auf der Bühne sind überrascht und sehen Annegret/Ismene an.

CONSTANZE: Also kriegst du doch ein Baby?

ANNEGRET: I c h ja. Warum denn nicht?

INSPIZIENT: Wir wollen in vier Wochen heiraten.

DRAMATURGIN: Auch das noch! – *Zum Intendanten:* Wie geht es denn nun weiter? Ich stehe vor einem Nervenzusammenbruch.

SCHULZE: Ich auch! Und ich gehe! Für immer! Nehmen Sie das zur Kenntnis, Herr Intendant, sogenannter! Ich bin ein seröses Theater gewohnt, und nicht Schmieren, wo der Vorhang klemmt und scharf geladene Pistolen herumliegen. *Zur Dramaturgin:* Kommst du mit?

Schulze geht mit wuchtigen Schritten ab, kommt aber bald wieder.

KURT/PATTAKOS: Ich gehe auch! Ich habe morgen Synchron.

INTENDANT *verächtlich:* Afterkunst!

KURT: Hören Sie mal. Davon lebe ich. Mit der Gage, die Sie mir zumuten, kann ich kein Auto unterhalten, keine Villa abbezahlen, keine Teneriffareise machen und keine Frau und zwei Kinder durchbringen.

DURROK: Schluß mit dem Gequatsche! So ein dummes Zeug hat es zu meiner Zeit am Theater nicht gegeben.

Er packt den Inspizienten am Arm und will ihn abführen, aber da treten ihm erst Annegret und dann Constanze in den Weg.

INSPIZIENT: Laßt ihn. Mir ist die Lust am Theater vergangen. Mit derart rechtlichen sogenannten Methoden, wie wir sie heute erlebt haben, werden Demokratie und Theater ausgedünnt. Sparbriefe, weil den Kulturbeamten der „Wanderer"-Inhalt nicht paßt. Beeinflussung durch vorgeschaltete Ausschüsse, die den Spielplan bestimmen. Der größte deutsche Schauspieler der Gegenwart, Will Quadflig, hat gesagt, daß die Theaterdichter vor Entsetzen verstummt sind, weil die Theatermacher vergessen haben, daß noch immer der Kopf oben und der Hintern in der Hose ist. Und der weiß, was er sagt. Schließlich hat der mit Gustav Gründgens den Faust gespielt. Und auf dieser Kolportage-Bühne? Da wird die beste deutsche Tragödie seit Sophokles zur Sau gemacht, weil kleinkarierte Dramaturgen mit ihrem sogenannten Zeitgeist die Autoren vergraulen.

DRAMATURGIN: Wenn du mich meinst, Frank, bist du ungerecht.

INSPIZIENT: Ich werde in der Gefängniszelle darüber nachdenken, was Unrecht ist.

CONSTANZE *zum Intendanten:* Und was fällt Ihnen ein, den Abend zu retten?

INTENDANT: Frank hat eben den Franz da oben gefragt, „Bist du des Teufels?" Dabei ist mir eingefallen, daß wir den Grabbe im Repertoire haben. „Scherz, Satire, Ironie und schiefere Bedeutung", mit mir als Teufel. Da brauchen wir nicht erst die Dekoration aus dem Fundus zu holen, und – wenn ich mich umsehe – sind fast alle da.

DRAMATURGIN: Und wer spielt des Teufels Großmutter?

INTENDANT: Sie. Und Ihr Mann die Töle Nero.

SCHULZE: Nie im Leben! Ich bin doch in meinem Beruf nicht derart auf den Hund gekommen, um nur Wau Wau zu bellen. Ich habe den Faust und Shakespeares Titelhelden gespielt. *Annegret und der Inspizient stehen eng umschlungen.*

DURROK: Verabschiedet euch. Ehe Sie lebenslänglich kriegen, könnt ihr in der Untersuchungshaft heiraten. Heutzutage wird man sowieso nach sieben Jahren begnadigt.

INTENDANT *zum Publikum:* Meine Damen und Herren! Ich muß mich bei Ihnen zu entschuldigen für die schlimmen Ereignisse, die über unsere Bühne hereingebrochen sind. Am Mittag kommt der Sparbrief des Kultusministers, am Nachmittag wird meine Frau erschossen und am Abend erfährt man, daß unsere liebe Nachwuchsdarstellerin selber Nachwuchs bekommt.

ANNEGRET: Warum denn nicht? Weil wir noch keinen Trauschein haben? Oder wären Sie lieber der Erzeuger gewesen? – Ach, mein geliebter Frank! Ich bin sicher, daß du das nicht getan hast. Ein Mann, der Vater wird, schießt keine Intendantenfrau tot. Die Kerle von der Polente sind nur viel zu phantasielos, um den wirklichen Täter zu finden. – Liebster, wenn du wieder frei bist, dann werden wir fliehen aus Thalias deutschen Bauten, denn darin ist fast überhaupt nichts mehr los.

INTENDANT: Warum sind Sie dann Schauspielerin geworden?

ANNEGRET: Weil ich als junges Mädchen keine Ahnung hatte, was mich hier erwartete, was sich in der Hauptsache hinter den Kulissen abspielt, unter den Brettern tut, die die Welt bedeuten. Die sind glitschig geworden wie ein Heringschwanz. *Sie spielt sich an die Rampe:* Wir nahmen in der Schule die Johanna von Orleans durch. Da hatte der Lehrer die Idee, die Mädchen sollten den Monolog lernen. Das stellte sich dann als keine Idee heraus, denn der Lehrer hatte gerade die Leitung der Freilichtbühne übernommen und wollte so sehen, wer denn die beste Johanna war. Ich Ahnungslose war das, und noch ahnungsloser ging ich zu einer Einzelprobe mit auf sein Zimmer. Na ja, andere haben sich als Romeo ausgegeben und so die kleinen Julias verführt.

Zu der großartigen Freilichtaufführung mit mir in der Titelrolle hatte sich ein Intendant aus der Großstadt angesagt. Hinterher war es nur der Stellvertreter seines Fahrers. Und der wollte mit mir – ha ha! – über ein Engagement nach der Schulzeit sprechen. Erst in der Hotelbar, später im Hotelzimmer.

Es war dann nicht sein Verdienst, wenn ich schließlich in Hintertupfingen in der „Spanischen Fliege" auftreten konnte. Denn dort bekam die Kammerzofe ein Baby, und die mußten nehmen, was gerade da war.

Langsam bettete ich mich höher, und eigentlich wollte ich mich als Dramaturgin für die moderne Dramatik begeistern. Aber die Autoren konnten nur ihre eigenen Probleme beschreiben, wo sich die Männer in langweiligen Monologen selbst bestätigen, daß sie es mit allen und jeder gehabt und die Sekretärinnen gleich mehrerer Firmen abgegrast haben. Also, fragte ich mich, bin ich wirklich nur eine schauspielernde Prostituierte? Darum bin ich doch nicht zum Theater gegangen. Aber es gibt ja nichts anderes mehr. Vorbei sind die

Zeiten, da wir ein guter Teil der Kunst waren, Darsteller eines kritischen und poesievollen Geistes, der eine so kultivierte Bühne besaß und Schicksale gestaltete, –
– von der Julia und Lena,
   der Judith und Medea,
   Maria und Johanna,
   der Minna und dem Kätchen,
   der Stella und dem Gretchen.
Armes Deutschland, bist du wirklich von allen guten Geistern verlassen?

Vorhang

2. Akt

Über dem Tisch, der zuvor der Richtertisch war, ist eine große grau-braune Plüschdecke gestülpt, die zu allen Seiten bis zum Fußboden herunterhängt. Einige Stühle (aus der Café-Dekoration) stehen noch herum. Die Markise ist aufgerollt oder abgenommen. Der Intendant tritt auf als Teufel mit Pferdefuß und Schwanz. Er hat einen Zettel mit Text in der Hand und tritt an die Rampe.

INTENDANT/TEUFEL: Vom mutmaßlichen Totschießer bis zum Teufel ist es in Deutschland kein weiter Weg. Ich spiele den Teufel in Christian Dietrich Grabbes „Scherz, Satire, Ironie und tiefere – oft auch schiefere – Bedeutung" in einer Art Meadly. Denn die Theaterwissenschaftler und Bühnenhistoriker haben herausgefunden, daß sich der Herr Grabbe aus Detmold damals nicht nur mit Gott und der Welt und seiner Frau verfeindet hatte, sondern auch mit Ludwig Tieck in Berlin und Karl Leberecht Immermann in Düsseldorf. Der Literaturgelehrte Robert König schrieb später, – *er liest es vom Zettel –* ich zitiere: „– das Auftreten des Teufels als Kanonikus, seine meist sehr witzlosen Späße, seine Gefangennahme durch einen immer betrunkenen Schulmeister bildet die Unterlage für allerhand barocke Einfälle, zynische Witzworte und wohlfeile Späße über die Tagesliteratur. Endlich wird eine Art Lösung herbeigeführt durch des Teufels Großmutter –". *Spricht frei:* Solche Stücke, fügte Herr König hinzu, waren selbstverständlich unaufführbar. Ich meine: wenn man diesen Grabbe heute als das nimmt, was sein Lustspiel damals sein sollte, dann bedarf es der Anpassung an die Zeit der heute Lebenden.

Überhaupt die Lebenden, die Überlebenden. In der Pause gab es nämlich noch einen dramatischen Verdacht, – hinter den Kulissen, versteht sich – wie so oft im Leben. Zufällig stieß der Kommissar auf den Umstand, daß die Ehe unseres Kurt Borkenbach, – er war vorhin der Altgrieche Pattakos – und seiner Frau, sie ist im Hause die Maskenbildnerin – nur noch eine E.G.? – Wirtschaftsgemeinschaft darstellte. Und – man höre und staune – daß diese unsere Maskenbildnerin mir nachstelle. Mit dem üblichen Gemunkel, wir hätten schon öfter was miteinander gehabt. *Er seufzt:* Jetzt muß ich erst mal in mich gehen, ob ich denn wirklich noch attraktiv bin, daß die jungen Frauen mir nachlaufen? Und – was könnte denn der Maskenbildnerin daran gelegen sein, daß meine Frau, oft schäbigerweise die Intendantin genannt, – kein Wort davon stimmt – daß also meine Frau verschwände, so aus dem Leben und so. Aber, das konnte Frau Borkenbach auf der Stelle beweisen: sie hatte auf der Generalprobe überhaupt kein Hemd an und war die ganze Zeit in der Kantine und verzehrte Würstchen mit Kartoffelsalat und war die einzige, die nicht in der Pause mal eben um die Ecke gemußt hatte. Ein hieb- und stichfestes Alibi, nicht wahr?

PAULINE *tritt zum Intendanten:* Beende deinen Monolog, Mark. Die Leute wollen auch andere Bühnenstars sehen, nicht nur den Intendanten. – Los, spiel den Teufel, der in der Sonne erfriert.

Der Intendant/Teufel geht zum Tisch und legt sich darauf; Pauline verschwindet seitwärts.

TEUFEL/INTENDANT: Auf geht's! 'S ist kalt, – kalt – in der Hölle war es wärmer. Meine satirische Großmutter hat mir zwar, weil sieben am häufigsten in der Bibel vorkommt, sieben Pelzhemdchen, sieben Pelzmäntelchen und sieben Pelzmützchen gestrickt, aber hier draußen scheint eine neue Eiszeit zu kommen, weil die Ozonschicht verschwunden ist. – Brrr! Hol mich der Gott! Viel kalt in Deutschland! Könnt' ich nur Holz stehlen, aber wo ist noch Holz? Ach könnte ich einen Wald anzünden, aber weg sind die Wälder. Eine Kohlenhalde in Brand stecken, aber die sind mit Gras überwuchert und feucht. Alle Engel, es wäre doch zu kurios, wenn der Teufel erfrieren müßte. Aber wahrlich, ich sage euch: Ich erfriere! Holz stehlen. Den Wald anzünden. Eine Kohlenhalde – – – –

Der Teufel dreht sich noch einmal um und ist erfroren.
Die 1. Naturhistorikerin/Pauline tritt mit einer Botanisiertrommel auf.

PAULINE/1.NATURHISTORIKERIN: Wahrhaftig! Es findet sich in dieser Mondlandschaft kein einziges Gewächs mehr. Kein Baum, kein Strauch, kein Gras. Wäre ich nur zuhause geblieben. Nylon, Perlon, Dralon, Cadmium, Blei und auch Schwermetall, sie strahlen doch wenigstens Behäbigkeit aus. Und die Fluorchlorkohlenwasserstoffe erst, die das Wachstum der Moose und Flechten fördern, auf denen man – *Sie sieht den Teufel.* Alle Wetter! Was sieht mein entzündetes Auge auf dem Tisch? *Sie rüttelt an dem erfrorenen Teufel.* Ein Erfrorener? Dabei heißt es doch, keiner soll hungern und frieren. Und wieso erfroren? Im August? Die Sonne scheint doch unbarmherzig durch das Ozonloch, der Wetterbericht versprach eine Hitzewelle sondersgleichen, – und d e r Mensch da wagt es, gegen die Prognosen der Diplommeteorologen zu erfrieren?

Annegret/Naturhistorikerin und Constanze/Natur-Historikerin, ebenfalls mit Botanisiertrommeln treten zu Pauline/Naturhistorikerin.

CONSTANZE: Hattest du schon erfrieren gesagt?
PAULINE: Ja. – Nicht laut genug als Stichwort?
CONSTANZE: Doch doch. Das ist das Stichwort.
ANNEGRET *rüttelt den Intendanten/Teufel wach:* Aufstehen, Herr Intendant! Eine erneute Unterbrechung.
TEUFEL/INTENDANT *richtet sich auf:* Was? Hat dieser Chefklamottier von Kommissar schon wieder zugeschlagen? Ich dachte, der Fall wäre aufgeklärt.
PAULINE: Der Mordfall schon, Mark, aber das Theaterproblem noch nicht. Darüber wollten wir mit dir sprechen.
INTENDANT *springt vom Tisch:* Was?? Jetzt??
CONSTANZE: Das ist vorhin ganz einfach unter den Teppich gekehrt worden. Wir haben infolge der Ereignisse in unserem Hause die einmalige Chance –
INTENDANT *unterbricht, laut:* Aber doch nicht mitten in meiner Szene! Zumal der Abend sowieso schon fast ein Theaterskandal ist.
PAULINE: Mark, mein Junge, beruhige dich. Und bedenke: Es dürfte so schnell nicht wieder vorkommen, daß der politisch verantwortliche Minister aller Staatstheater unseres schönen Bundeslandes höchstpersönlich mit einer Freikarte in der ersten Reihe sitzt und auch die nette Oppositionsführerin in beinahe friedlicher Eintracht ganz dicht neben ihm.
INTENDANT: Auch mit einer Freikarte. Wir sind großzügig.
PAULINE: Wann in der deutschen Theatergeschichte kann je wieder ein so brisantes Thema besser behandelt werden als in diesem historischen Augenblick? Sonst – im Kunst-Alltag –

gibt es nur Gespräche und Vorwürfe hinter verschlossenen Türen, so über zu wenig Geld und über zuviel geistigen Verfall.

INTENDANT: Und darüber wollt ihr jetzt mit mir, im Beisein des Publikums diskutieren, statt brav eure Texte als Naturhistorikerinnen aufzusagen?

ANNEGRET: Das muß ja nicht so'ne transusige Aussprache sein wie sonst in der Politik, sondern was Handfestes, etwas, das aufhorchen läßt, hoffen auf bessere Zeiten, die vielleicht noch heute abend beginnen können.

INTENDANT: Noch heute Abend? Mittags ein Sparbrief, nachmittags eine Tote, abends zwei Verhaftungen, und dann anschließend herrliche Zeiten für das deutsche Theater der Gegenwart? Tickt das bei euch nicht mehr richtig?

PAULINE: Annegret hat eine Tragödie, die ein neuer Anfang sein kann.

INTENDANT: Das Baby, das sie erwartet, muß doch noch keine Tragödie werden.

CONSTANZE: Der Inspizient Frank Kuhling hat sie entdeckt. Und Annegret und Pauline sind begeistert. Ich auch.

INTENDANT: Entdeckt? So. Zu meiner Zeit sagte man höflich: gezeugt.

CONSTANZE: Das zwar auch, aber das meinen wir jetzt nicht. *Zu Annegret:* Zeig es ihm mal.
Annegret holt ein Bühnenmanuskript unter ihrem Kostüm hervor; der Intendant nimmt es, liest.

INTENDANT: „Begegnung mit Moses". Tragödie von Johannes Aschendorff. Nie gehört. Seid ihr Weiber verrückt geworden? Moses? Nil! Ägypten! Pharaonen! Kornkammer! Rom! Cäsar und Cleopatra! Antonius! Faruk! Nasser! Sadat bekommt den halben Nobelpreis und wird ermordet!

PAULINE *begeistert:* Ja, Mark, du näherst dich dem Problem, weil du nachzudenken beginnst.

INTENDANT: Denke ich sonst nicht nach, Pauline?

PAULINE: Wenig, sehr wenig. Inzwischen sind einige sehr vernünftige Politiker dahintergekommen, daß die Hoffnung Europas am Nil, in Ägypten, in Afrika liegt.

INTENDANT: Und das steht in dem Stück da? „Begegnung mit Moses"? Ist das die deutsche Fassung von „Zurück zur Natur"? Wo habt ihr das her? Warum kenne ich das nicht? Meine Frau hat zu Lebzeiten kein Wort darüber verloren.

Meine Dramaturgin weiß nichts davon? Ein Stück ist da und liegt ungelesen beim Inspizienten? Bin ich denn der Direktor eines Irrenhauses? Und ihr Frauen steckt mit dem geistigen Nichtschwimmer, mutmaßlichen Intendantinnen-Mörder Frank Kuhling unter einer Decke? Du? Pauline Mayr, meine Heroine? Sie, Constanze Ahlers, meine Salondame? Und die kleine Annegret, meine jugendliche Naive und schwangere Jungfrau?

ANNEGRET: Ich spiele hier zwar naive Typen, und ich kriege auch ein Baby, aber ich bin nicht so naiv, Herr Intendant Mark Lehmann, daß ich nicht lesen, denken und mich äußern kann. Nehmen Sie das bitte zur Kenntnis! Es gibt bekanntlich immer noch einen Dümmeren, als man glaubt.

INTENDANT: Das ist mir neu.

ANNEGRET: Mein Verlobter hat ein Bühnenwerk entdeckt, weil Ihre Dramaturgin dazu nicht in der Lage war. Weil Ihre verstorbene Frau darin keine Hauptrolle für sich fand und weil Sie, Herr Intendant, für das Wichtigste beim Theater keine Zeit haben, nämlich die Dramen zu lesen. Denn das ist das Problem, daß die, die dafür da sind und auch noch viel zu gut bezahlt werden, keine guten Autoren heranzubilden in der Lage sind.

INTENDANT: Danke. Keine Zeit. Keine Hauptrolle. Zu dumm. *Er liest den Titel:* „Begegnung mit Moses, von Johannes Aschendorff". Ist das ein Dramatiker? Noch nie gehört.

PAULINE: Das ist doch deine Schuld, Mark. Nicht der Autor, ihr Macher habt keine Beziehung mehr zur geistigen Substanz, die im Volke schlummert.

CONSTANZE: Dem stimme ich voll und ganz zu, Herr Theatermacher, wie Sie sich in der Öffentlichkeit nennen. Als ich noch in die Schule ging, –

INTENDANT: Das muß im vorigen Jahrhundert gewesen sein!

CONSTANZE: – da war das Wort „machen" verpönt. Haufen werden gemacht, Dummheiten werden gemacht. Und jetzt nennt sich der ganze Kunst-, Kultur- und Wissenschaftsrummel „Macher"! Filmemacher, Liedermacher, Bildermacher, Atommacher, Chemiemacher. *Zum Publikum gewandt:* Da steht er! Deutschlands angeblich größter Theatermacher als ein lächerlicher Teufel in einer Parodie aus dem vorigen Jahrhundert. Er hat keine Zeit zu lesen, kann nicht mehr nachdenken, prostituiert sich in Talkshows, kommt –

ANNEGRET *dazwischen:* Kann er wenigstens die Kasse zählen?

CONSTANZE: Manchmal bezweifle ich auch das. Was tut ein Theatermacher heute? Er bringt das älteste, beste, einst gehaltvollstes Medium, das Theater, auf den Hund, – weil Sie, Herr Kultusminister ihm soviel Bürokratie aufgezwungen haben, damit er für sein Theaterdasein keine Zeit mehr hat. Weil Sie, Frau Oppositionsführerin, die mühselige Darstellungskunst einfach über Bord geworfen haben und ihre auf diesen Brettern erlernte Eloquenz in der billigen Politik daherlabern. Das nenne ich so den Weg des geringsten Widerstandes gehen auf einem gut bezahlten Weg nach oben, wo es aber keine andere Spitzen mehr gibt als Phraseologien der geistig Minderbemittelten in den Bundeskanzlerämtern der ganzen Welt.

PAULINE: Constanze, du näherst dich dem Kern des Moses-Dramas. Leite mal dahin über.

Constanze nimmt dem Intendanten das Heft aus der Hand und blättert. Dabei sagt sie:

CONSTANZE: Der Autor schildert den Untergang der Welt. Und kurz vor dem Exodus der Spitzenpolitiker in ihre Refugien im Tessin, an der Cote d'Azur und den Bahamas gerät ein aufrechter Deutscher zufällig in das Bonner Bundeskanzleramt. Da steht nun das Monstrum von Kanzler und soll Farbe bekennen.

Das Manuskript geht jetzt, – je nach Text – von Hand zu Hand der Damen. Sie lesen, sprechen aber größtenteils frei.

PAULINE: Ich bin jetzt mal der Bundeskanzler. Also: – Sie wollen mir aus dieser lächerlich kleinen Illegalität den Strick drehen? Muß deshalb die Bundesrepublik ins Chaos stürzen?

ANNEGRET: Ich bin Paul, der aufrechte Deutsche.– Vom Chaos sprechen Sie, Herr Bundeskanzler! Ein Chaos ist Ihre Atomgesellschaft!

PAULINE/BUNDESKANZLER: Warum sind Sie dann zu den Radikalen gestoßen?

ANNEGRET/PAUL: Auch das Wort Radikaler ist von Ihnen. Wenn Sie es begreifen könnten, wäre es sogar richtig.

PAULINE/BUNDESKANZLER: Wieso? Ich verstehe das nicht.

ANNEGRET/PAUL: Weil Radix Wurzel heißt, und von der Wurzel her müssen wir Geist und Moral erneuern. Ich behaupte, daß die Mehrheit im Lande weder Raketen noch Atomkraft will, und saubere Landschaften und giftfreie Lebensmittel möchte. Sie dagegen behaupten, für eine Mehrheit zu sprechen, die ganz genau das Gegenteil tut, und das mit höchst fragwürdigen Argumenten.

PAULINE/BUNDESKANZLER: Warum wollen Sie die Bundesrepublik, die beste deutsche Gesellschaft, die es je gegeben hat, zerstören?

ANNEGRET/PAUL: Umgekehrt, Herr Bundeskanzler. An der Spitze der Zerstörer stehen Sie! Es ist das Wesen einer morbiden Gesellschaft, wenn sie mit Brot und Spielen, mit Auto und Medienverdummung, mit Hochmut und Stolz von sich glaubt, sie allein wäre die Krone der Schöpfung.

PAULINE/BUNDESKANZLER: Das grenzt an Beleidigung!

Der Intendant reißt Pauline das Heft aus der Hand.

INTENDANT: Genug! Das ist doch ein absurdes Theater!

CONSTANZE: Nein! Ein vernünftiger Gedanke. Eine gute Sprache, ein spannungsgeladenes Thema mit netten Figuren.

INTENDANT: Ich meine nicht euer „Moses"-Drama, sondern daß ein deutscher Intendant mitten in einer Aufführung vor ausverkauftem Haus mit den Spitzen der Gesellschaft im Parkett erfährt, daß seine Theaterkunst zu dumm ist und die neuen geistigen Strömungen beim Inspizienten in der Schublade liegen.

PAULINE: Ach, Mark, das habe ich schon vor vierzig Jahren erlebt. Leider ist das die gesellschaftliche Wahrheit!

INTENDANT: Was ist die gesellschaftliche Wahrheit?

PAULINE: Wenn ganze Völker, die sich für hochindustriell halten, verlaufen. Wenn einige wenige, die den Irrtum erkennen, für verrückt erklärt werden. Weil sich die Mehrheit auf ein falschverstandenes Demokratieverständnis beruft und erklärt: W i r gehen schon richtig, nur die Wege sind gelegentlich falsch ausgeschildert.

ANNEGRET: Bleiben wir mal hier im Hause. Die Theater sind prächtig, aus Beton, mit Marmorfassaden, für die Ewigkeit gebaut, außer gegen Atombomben. Mit den raffiniertesten

Techniken. Mit den bestbezahltesten Portiers, Feuerwehren, Beleuchtern und Intendanten. Und das andere? Haben Sie jemals die großartigen Amphitheater in Griechenland und Kleinasien gesehen? Sicher. Aber nicht den Euripides, den Sophokles, den Terenz und den Plautus. Nicht, weil die das Zeitliche gesegnet hätten, sondern weil die Völker an ihren Erzübeln, die sie für kulturelle Lebensqualität hielten, zugrunde gegangen sind. Die Hethiter, die Ägypter, die Perser, die Griechen, die Römer. Erst haben die Griechen ihren Sokrates beseitigt, dann haben sie Raubkriege geführt, ihre Sklaven zur fünften Kolonne werden lassen und zuletzt wurden sie vom römischen Kapital und ihrer Militärmacht vereinnahmt. Und wie uns das geht, das steht in dieser Tragödie.

Sie zeigt auf das Heft in des Intendanten Hand.

INTENDANT: Dein Geschichtsunterricht ist großartig. Und was bringt mir eure Erkenntnis?

CONSTANZE: Hören Sie zu. Die geflüchteten Politiker sind in die Wüste verschlagen worden und landen in einem koptischen Kloster. Der Abt, der Moses heißt, spricht mit den Kerlen. Sie haben ihm vorgeschlagen, mit ihrem Wissen und ihrem Geld von Ägypten aus Afrika zu einem einzigen riesigen Industriestaat zu machen, weil Europa nämlich an den Auswirkungen seiner Atomindustrie in die Binsen gegangen ist. Da erzählt ihnen der Abt Moses die Parabel von dem alemannischen Bauern vor über hundert Jahren, der das große Geschäft seines Lebens machen will, aber keine fünf Minuten Zeit hat, seinem Pferd den Hufnagel wieder festzumachen und sich auf die Weise ruiniert.

INTENDANT: Ach! Heißt die Story zufällig „Eile mit Weile"?

PAULINE: Du hast es erraten, Mark. Wie gut für dich!

ANNEGRET: Und die Politiker stehen da wie begossene Pudel, als der Moses ihnen sagt: *– sie nimmt dem Intendanten das Heft weg und liest vor: –* Aus der Not eine Tugend zu machen, dieser schöne Charakterzug eines demütigen Menschen, das ist in Ihrem Norden zum puren Materialismus degeneriert. Und ihr nennt es Erfolg, und ihr drängt den verderblichen Fortschritt dem einfachen Afrika und Asien auf. Ihr habt den Geist der Aufklärung in zwei Jahrhunderten in den tödlichen Kreislauf gekehrt, einer gnadenlosen Selbstvernichtung durch Anspruchsdenken und Luxus. Ihr habt Wörter erfunden, die fast alle menschlichen Tugenden zum Selbstbetrug wandeln. Die Wertvorstellungen und Lebensqualitäten, die unverzichtbaren Notwendigkeiten und der Wohlstand stehen für ein System, das kein Ende kennen will. Und, um an gegenwärtige Problem zu erinnern, wo bleibt die Freiheit der anderen, wenn gegen das Feuer der Nuklearspaltung und der Gentechnologie Front gemacht wird? – *Annegret blickt auf:* Er wendet sich an einen deutschen Landesfürsten – „Mein Bruder, auf Ihre Hilfe zu verzichten, mag für uns schmerzlich sein. Aber gewiß tödlich wird es, wenn zu den Kriegsgründen Suez-Kanal, Assuan-Staudamm und Sinai-Öl noch die Lebensweise Ihrer degenerierten Aufklärung käme." – *Er deutet auf den Tisch:* – „Ich sehe, daß ihr körperlich und seelisch noch Hunger leidet. Ich werde Apa Prior bitten, euch noch Brot und Tee zu bringen." *Annegret gibt das Heft zurück.*

INTENDANT: Ich bin gerührt. Morgen habe ich das Ding gelesen. Aber jetzt könnte ich auch einen Tee gebrauchen. Mir ist nicht nur als Bühnenteufel kalt, sonden noch mehr als dummer und unfähiger Intendant.

Der Teufel/Intendant legt sich auf das Manuskript und beginnt zu erfrieren.

INTENDANT/TEUFEL: Brrr! 'S ist kalt! In der Hölle war es wärmer. Hier scheint die neue Eiszeit zu kommen, weil die Ozonschicht verschwunden ist. Brrr! Hol mich Gott! Viel kalt in Deutschland. Könnte ich nur Holz stehlen, aber wo ist noch Holz? Einen Wald anzünden, aber weg sind die Wälder. Eine Kohlenhalde in Brand stecken, aber die sind mit Gras überwuchert und feucht.

Der Teufel/Intendant dreht sich um und erfriert.

P AULINE/1. NATURHISTORIKERIN: Wahrhaftig! Es findet sich in dieser Mondlandschaft kein einziges Gewächs mehr, kein Baum, kein Strauch, kein Gras. Nylon, Perlon, Dralon, Cadmium, Blei und Schwermetall, sie strahlen doch noch wenigstens Behäbigkeit aus. Und erst die Fluorchlor-Kohlenwasserstoffe, die das Wachstum der Moose und der Flechten fördern, auf denen man so schön – – *Sie sieht den erfrorenen Teufel:* Alle Wetter! Was sieht mein entzündetes Auge auf diesem Tisch? Sie rüttelt den Teufel. Ein Erfrorener? Der Wetterbericht versprach eine große Hitzewelle, und der

Mensch wagt es, gegen alle Prognosen der Diplommeteorologen zu erfrieren?

Annegret und Constanze sind ein wenig gelaufen und treten zu Pauline/1. Naturhistorikerin.

PAULINE/1. NATURHISTORIKERIN: Seht mal. Ein Toter. Sie werden mir zugeben, meine Kolleginnen, dieser Tote ist ein Problemfall.

CONSTANZE/2. NATURHISTORIKERIN: Wie man es nimmt. Es ist nur schlimm, daß seine Pelzkleider so labyrinthisch geschlossen sind, daß selbst der weltreisende Papst sie nicht aufknöpfen könnte.

ANNEGRET/3. NATURHISTORIKERIN: Sind wir denn sicher, daß dieses Objekt das ist, was unsere Wissenschaft als Mensch bezeichnet?

1. NATURHISTORIKERIN: Es hat zehn Finger, zwei Arme, einen Kopf.

2. NATURHISTORIKERIN: Dann bliebe zu erörtern, ob es vielleicht ein Marsmensch ist.

3. NATURHISTORIKERIN: Sind Sie aber vorsichtig, Kollegin. Ich schlage vor, daß man mehr Licht macht.

1. NATURHISTORIKERIN: Ah, da steht ein Solarium.

Die 1. Naturhistorikerin/Pauline geht einige Schritte. Pantomimisch rollt sie ein Solarium heran und richtet es auf den Teufel. Dann schaut sie nach oben.

1. NATURHISTORIKERIN: He! Franz! Mehr Licht!

Ein Scheinwerferstrahl fällt auf den Teufel.

2. NATURHISTORIKERIN: Jetzt, meine Kolleginnen, glaube ich eine erste Theorie aufstellen zu können und bin sicher, daß sie richtig ist. Bemerken Sie die zurückgestülpte Nase, die breiten großmäuligen Lippen, diesen unnachahmlichen Zug von teuflischer Grobheit, der über das Gesicht ausgegossen ist. Ja, Sie werden mit mir einer Meinung sein, daß es sich um einen erfrorenen stellungslosen Fernsehkritiker handelt.

1. NATURHISTORIKERIN: Ich würde auf einen halbgebildeten Programmdirektor tippen.

3. NATURHISTORIKERIN: Wo sehen Sie da einen Unterschied?

1. NATURHISTORIKERIN: Ein Fernsehkritiker paßt nicht in das Natursystem, während halbgebildete Programmdirektoren in den meisten Menschen stecken, außer mir und Ihnen.

2. NATURHISTORIKERIN: Ich habe es! Heben Sie mal die Augenlider. Sehen Sie die Mattigkeit in der Pupille? Das ist ein einfacher deutscher Fernsehzuschauer.

1. NATURHISTORIKERIN *berührt die Leiche:* Au! Diese Leiche steht ja unter Strom!

3. NATURHISTORIKERIN: Huch! Die Leiche wird ja lebendig!

2. NATURHISTORIKERIN: Tatsächlich! Da bewegt sich der Kopf!

1. NATURHISTORIKERIN: Ich fasse es nicht! Daß ich auf meine alten Tage noch einen Lazarus erleben darf!

Der Teufel richtet sich langsam auf. Ihm ist kalt. Er sieht sich um. Zählt mit der Hand: eins, zwei, drei.

TEUFEL: Brrr! Wo bin ich? Bitte, meine – – Damen? Ist Damen richtig? *Er sieht auf den unteren Kleiderrand.* Bitte machen Sie doch das Fenster zu und das Licht aus. Ich kann keinen Luftzug vertragen und das Licht ist mir zu wahrhaftig.

3. NATURHISTORIKERIN: Haben Sie eine so schwache Lunge? Warum scheuen Sie das Licht? Zu öffentlich?

TEUFEL: Weil es bei mir zu Hause dunkel ist. Ich friere, wenn ich nicht auf einem heißen Ofen sitze.

2. NATURHISTORIKERIN: Haben Sie denn daheim keine Zentralheizung?

TEUFEL: Nein, wir heizen mit Holz und Kohlen am offenen Kamin. Wir sind noch weit entfernt von der nuklearen Wärme. Da sind uns die Menschen voraus.

2. NATURHISTORIKERIN: Wir rätseln über Ihr Geschlecht.

1. NATURHISTORIKERIN: Angesichts Ihrer komischen Bekleidung wollten wir Sie nicht ausziehen und nachsehen.

2. NATURHISTORIKERIN: Haben wir richtig erkannt, daß Sie ein deutscher Fernsehzuschauer sind? Oder – gar ein Programmdirektor?

TEUFEL: Programmdirektor? Was ist das?

1. NATURHISTORIKERIN: Eine Person die nichts tut, aber dennoch allen anderen das Leben schwer macht. Kennen Sie Mephisto aus Faust? „Ich bin ein Teil von jener Kraft, die stets das Gute will und nur das Böse schafft."

TEUFEL: Mephisto? Faust? Programmdirektor? Fernsehen? *Der Groschen fällt:* Ah, Sie meinen das Kästchen?

Er macht mit den Händen eine viereckige Geste, und dann mit einer Hand die „Mattscheibenbewegung" vor seinem Gesicht.

TEUFEL: Ist es das Möbelstück an einem Wäschetrockner? Sagten Sie Faust? „Denn was man schwarz-rot-golden sieht, kann man getrost zuhaus genießen?"

1. NATURHISTORIKERIN *entsetzt:* Möbelstück! Sie sind ein Banause. Das Möbelstück ist das größte farbige Kulturinstitut auf Erden. Es steht in jedem Haus!

TEUFEL *jetzt ganz aufgetaut:* Kulturinstitut? – *Blickt erfreut nach oben:* Oh, Großmutter, hast du das gehört? Auf der Erde haben Sie jetzt ein ganz neues farbiges Kulturinstitut.

3. NATURHISTORIKERIN *entsetzt:* Der Teufel!!!
Die Naturhistorikerinnen weichen, wie vom Blitz getroffen, zurück.

1. NATURHISTORIKERIN: Die Geister, die wir riefen – –!
Der Teufel macht eine herrische Handbewegung, die Naturhistorikerinnen stehen wie erstarrt.

TEUFEL: Diese Weiber! Nicht zu fassen! Wo ihre Männer die Atombombe erfunden haben und sie selber den elektrischen Strom in Überfluß verbrauchen. Wo die Kerle Chemikalien zusammengebraut haben und ihre Frauen die Fluorchlor-Kohlenwasserstoffe in ihre Haare spritzen und neben ihrem Gehirn auch noch die Luft verpesten. Wo die wissenschaftlichen Knilche eine Gentechnologie entfesseln, um mich auszuschalten, damit die Frauen nur noch geniale und fehlerfreie Kinder kriegen.

Oh Großmutter, ist das die gepriesene Emanzipation? Hast du das alles auch zuende gedacht? Denn wenn die Genies groß sind, wird es keine Verbrecher und keine Krankheiten mehr geben und die Hölle ist überflüssig. Sieh dir deine Kolleginnen an: Die Wissenschaft läuft vor dem größten Nichts, das die Welt je hervorgebracht hat, davon.

Eine erneute Handbewegung, das Leben kommt in den Naturhistorikerinnen zurück.

TEUFEL: Meine sehr verehrten Damen, bitte kommen Sie doch zurück. Ich bin kein Teufel, ich heiße nur so.

1. NATURHISTORIKERIN: Stimmt das auch? Die Männer haben mich so oft belogen, daß ich skeptisch geworden bin.

TEUFEL: Ihr habt alle drei lautlos und unentwegt nach dem lieben Gott gerufen. Seid ihr denn so große Sünderinnen?

2. NATURHISTORIKERIN: Eigentlich nicht. Wenn man von der schönen Sünde absieht, war ich immer ein braves Kind.

2. NATURHISTORIKERIN: Wir sind nur ganz einfache Naturhistorikerinnen.

TEUFEL: Verheiratet?

Die beiden älteren Damen heben die Hand. Die jüngere senkt verschämt den Kopf.

TEUFEL: Schnell nachholen. Und dem Mann schön die Treue schwören, tust du das?

3. NATURHISTORIKERIN: Ja, vor allem dem lieben Gott.

TEUFEL: Nicht soviel der liebe Gott. Ihr überfordert den Mann total. Ich kenne ihn. Der müßte nämlich erst mal eure Wissenschaften studieren, um euch helfen zu können.

1. NATURHISTORIKERIN: Ich habe gelernt: Gott weiß alles.

TEUFEL: Das stimmt, aber der deutsche Professsor weiß alles besser. Geht ihr zu einem Arzt, der Männlein und Weiblein nicht unterscheiden kann? Schickt ihr eure Kinder in die Schule, wo der Lehrer das Einmaleins nicht kann? Betretet ihr eine Kirche ohne Altar, ohne Bänke, ohne den Pastor? Na, warum schweigt ihr? Ah, ich glaube, euch genügt das farbige Kulturinstitut an dem Wäschetrockner, die Gesundheitsmagazine, das Wort zum Sonntag, die Bonner Berichte, die Elefantenrunden nach verlorenen Wahlen?

2. NATURHISTORIKERIN: Ich gestehe, daß ich am Wochenende gern Western und Krimis sehe, am heiligen Sonntag den Frühschoppen und am Abend den Schimanski. Aber darf man dennoch fragen, mit wem wir die Ehre haben?

TEUFEL *verneigt sich:* Christian Dietrich Teufel, Jurisprudenz und Kanonikus im Lippe-Detmoldischen Dienst, Mitglied des Vereins zur Förderung des Klerikalfaschismus sowie Liberaler, Demokrat, Politiker. Beruf und Broterwerb: Vertreter für Rattengift.

1. NATURHISTORIKERIN: Politiker? Dann müßten Sie älter sein als Adenauer und de Gaulle, als die in die Politik einstiegen.

TEUFEL: Junge Frau, Sie müssen die Rechnung von hinten beginnen.

KURT als RATTENGIFT *tritt auf:* Mein Name ist genannt? Was steht dem Herrn zu Diensten? Meine Damen, ich begrüße Sie. Schauspielerinnen, wenn ich nicht irre?

2. NATURHISTORIKERIN: Nein, Naturhistorikerinnen. Sehen Sie sich diese Person mal genau an. Mann oder Frau? Sein oder Nichtsein? Das ist unsere Frage.

RATTENGIFT: Gnädige Frau, ich bin bereits emanzipiert. Das Geschlecht ist mir egal. Ich tue es mit beiden Seiten. *Zum Teufel:* Aber Sie sind Schauspieler? Kann ich, sofern Sie Geld haben, für Sie ein Theaterstück schreiben?

TEUFEL: Das Geld kriegen wir schon. Schreiben Sie mir was über Casanova und Faust? Ich spiele beide Rollen. Und als Stichwortgeber einige kurze Worte für meine Großmutter.

RATTENGIFT: Gehe ich richtig in der Annahme, daß Sie der Teufel sind?

TEUFEL: Dem Namen nach.

RATTENGIFT: Gut, ich schreibe ein Stück für Sie. Komödie oder Tragödie? Klamotte mit Niveau oder absurdes Theater?

1. NATURHISTORIKERIN: Kommen Sie, Kolleginnen, wo der Geist solchen Theaters dominiert, hat die Wissenschaft ihren Platz verloren. *Alle drei Naturhistorikerinnen ab.*

TEUFEL: Und ich müßte mal eben, – Sie verstehen?

2. NATURHISTORIKERIN/CONSTANZE *kommt zurück:* He, Teufel, nehmen Sie die „Moses"-Tragödie mit. Bis morgen wollen wir in Drei-Teufels-Namen wissen, ob das gespielt wird und wir weiter an dieser Bühne engagiert sind.

TEUFEL: Gib das Ding dem Kultusminister, der ist für den Untergang des Abendlandes oder der Rettung durch Moses zuständig. Ich lege mich nicht mit der Kirche an.

Sie gehen zu verschiedenen Seiten ab. Rattengift nimmt einen der im Café herumstehenden Stühle und setzt sich an den Tisch. Holt Papier und Bleistift hervor.

RATTENGIFT: Casanova und Faust. Darf ich „Don Juan" sagen? *Schreibt, sieht auf.* Ah, die Gedanken, die faustischen Gedanken. Reime sind schon da, aber wie soll die Handlung weitergehen? Hm?

„Da sitz ich nun, ich armer Mann,
trink Kaffee, rauch Zigarren.

Schreib hin, schreib her, so gut ich kann,
und mach mich nur zum Narren." *Schreibt.*
Nein, das schreibe ich nicht. *Streicht durch.*
„Wer immer schreibend sich bemüht,
den werden wir – "?
Geht nicht, das war schon mal irgendwo. Weimar, oder so.
„Sitz ich in finstrer Mitternacht
und habe lange nachgedacht.
Mir fällt nichts ein trotz Schnaps und Wein,
da werde ich nur ausgelacht."
Halt! Das ist die Idee! Eben über den Gedanken, daß ich keine Gedanken habe, werde ich ein Stück schreiben. Wahrhaftig! Dieser Gedanke über die Gedankenlosigkeit ist der genialste Gedanke, der mir einfallen konnte. Ein gefundenes Fressen für unsere modernen neurotischen Regisseure. Wenn Sokrates noch im Bösen des Menschen etwas Gutes entdecken konnte, ein genialer Regisseur wird aus dem geistlosen Nichts ein wundervolles Spektakel machen. Und ich bestehe darauf, selbst die Hauptrolle zu spielen, wie mein Freund Albert Lortzing das tut.
„Habe nun ach, Dramaturgie,
studiert mit heißem Bemühn,
geschrieben für deutsche Bühn – *Seufzt.*
hochgestapelt da liegen sie
Alle meine so guten Stücke!
Ach, fänd ich doch den Intendant,
der endlich mein Talent erkannt.
Es würde gefüllt die Lücke
in der armselig-dramatischen Kunst.
Es gibt so wenige Dichter
und noch viel weniger Lichter
in dem geistig-moralischen Dunst."
Rattengift schreibt. Seufzt, steht auf, blickt gen Himmel.
RATTENGIFT: Muß ich denn auch meine Seele verkaufen wie damals der Doktorus Faust?
Da steht ich nun, ich armer Tor,
in meines Hauses Garten.
Und bin so dumm wie nie zuvor
durch dieses lange Warten.

Klingt reichlich viel nach Goethe. Zum Teufel, was fange ich an!?

Hinter ihm ist der Teufel/Intendant unbemerkt aufgetreten.

TEUFEL: Reim dich oder ich freß dich?

RATTENGIFT *erschrickt:* Allmächtiger!

TEUFEL: Nein, bitte ohne ihn. Noch nicht fertig mit „Casanova und Faust"?

RATTENGIFT: Meine Hände schmerzten. Ich muß das nur noch ins Reine schreiben.

TEUFEL: Das kann ich gut verstehen. Ich habe mir inzwischen Ihre letzten Stücke angesehen.

RATTENGIFT: Haben Sie? Wo denn? Wo spielt man Rattengift?

TEUFEL: In Berlin auf dem Kurfürstendamm, in Hamburg am Bahnhof, zwischen Frankfurts Hochhäusern, im verarmten Ruhrgebiet gleich zehnfach, im späten Stuttgart, selbst bei August dem Starken in München.

RATTENGIFT: Und was sagen Sie zu meinem Talent?

TEUFEL: Es hat mir ausnehmend gut gefallen. Sie schreiben besser als ich.

RATTENGIFT: Ach, dichten Sie selber?

TEUFEL: Ja, ich schreibe auch deutsche Lustspiele.

RATTENGIFT: Und sonst? Lyrik oder Prosa?

TEUFEL: Prosa. Ein modernes Gebiet, das einstweilen noch unter dem Ladentisch gehandelt wird.

RATTENGIFT: Habe ich eines Ihrer Lustspiele gesehen?

TEUFEL: Möglich. Die Aufführung in Kiel vielleicht?

RATTENGIFT: Ja! „Wer andern eine Grube gräbt". Von Ihnen?

TEUFEL: Ja, nur – gerade das Stück wurde ausgepfiffen. Besser kam in Hamburg und Berlin die Komödie an „Die Filzwirtschaft", mit dem Untertitel „Ein nationalökonomischer Selbstbedienungladen".

RATTENGIFT: Richtig. Ich habe in den Zeitungen die Kritiken gelesen. Sie greifen aktuelle Probleme auf.

TEUFEL: Oder in München „Die Extrawurst". Das Publikum war begeistert, die Kritiker verhalten, die Politiker haben mich beschimpft und der Landesfürst wünschte mich zum –

hmmmrrr! – Na gut, da bin ich eben aus Bayern emigriert und habe hier um politisches Asyl nachgesucht.

RATTENGIFT: Vielleicht sollten Sie einen anderen Namen als Ihren über die Stücke schreiben. Nicht etwa, weil es Mode ist oder weil Sie sich Ihrer Stücke schämen müßten – sehen Sie, ein August Kotzebue hat 211 Dramen verfaßt, ehe er ermordet wurde, – nein, um das Charakteristische Ihres Namens zu nivellieren und damit zugleich den sehr dramatischen Ausdruck zu steigern. Zum Beispiel könnten Sie sich Johann Hell nennen, oder Paul Dunkel, oder Peter Himmel, oder Josef Gottkowski.

TEUFEL: Sie scheinen doch cleverer zu sein als ich, Herr Rattengift.

RATTENGIFT: Was haben Sie sonst noch veröffentlicht?

TEUFEL: „Liberté", eine Komödie über die französische Revolution. Sie kam nicht an, weil ich den Fehler machte, die Kritiker nach dem Königspaar zu goullotinieren statt dieselben vor den Monarchen.

RATTENGIFT: „Liberté" habe ich gesehen. Aber das war nicht der Punkt, sondern die Regie. Sie sollten es ändern. Etwa so: bevor geköpft wird, stehen alle Delinquenten an der Rampe und urinieren ins Publikum. Es wird verstehen, daß man doch die Exkremente nicht mit ins Jenseits nehmen kann. Oder, wo man noch liberaler ist, umgekehrt, Sie wissen schon, wie ich das meine. Sehen Sie sich denn keine modernen Inszenierungen an?

TEUFEL: Seit Beckett nicht mehr.

RATTENGIFT: Dann warten Sie also auf Godot?

TEUFEL: Schon, aber mehr noch auf die Honorare.

RATTENGIFT: Wie ich sehe, kenne ich Ihr Werk schon länger, ohne zu wissen, daß es von Ihnen ist. Sie haben ohne Zweifel etwas Gigantisches im Ansatz, Herr Teufel. Aber Sie haben nicht immer berücksichtigt, was Goethe gefordert hat: „Vor allem laßt genug geschehen".

TEUFEL: Zugegeben, in der Hölle gibt es nicht so viel an Handlung, man wird dort schnell ein wenig monoton.

RATTENGIFT: Und wenn ich noch hinzufügen darf: Ihre Ansicht von der Welt und der auf ihr Lebenden ist etwas altertümlich.

TEUFEL *ein wenig pikiert:* Wissen Sie denn, wie die Welt ist und was die Lebenden dort so Übles tun?

RATTENGIFT: Welche Frage! Für mich ist die Welt der Inbegriff des Existentialismus, von der kleinsten Fliege bis zur ärgsten Pest. Sie ist das Absurde, in der der Lebende keinen Sinn erblicken kann.

TEUFEL: Aber davon lebe ich! Und das drücke ich in meinen Stücken sehr wohl aus.

RATTENGIFT: Oh oh, Herr Teufel! Das haben andere besser gekonnt als Sie.

TEUFEL: So? Wer?

RATTENGIFT: Albert Camus und Jean-Paul Sartre, Tennesse Williams und Edward Albee, Samuel Becket und Eugene Ionesco. Deutsche Namen fallen mir nicht ein.

TEUFEL: Wollen Sie mich mit Namen beleidigen? Sartre hat widerrufen, sein „Teufel und der liebe Gott" war der Reinfall des Jahrhunderts. Plötzlich erkannte er in meinem Konkurrenten die sogenannte Erlösung. Geben Sie zu, Herr Rattengift, ein Primaner hätte in den Schulferien ein besseres Schauspiel verfaßt als diese Parodie auf mich.

RATTENGIFT: Jetzt gehen Sie zu weit, Herr Teufel. Sie beleidigen meine Kollegen. Wenn die Welt ein schlechtes Lustspiel wäre, ja zum Teu – !, was ist dann die Hölle, die doch ein Teil unserer Welt ist?

TEUFEL: Die Hölle soll die ironische Pointe seines Stücks sein. Sie ist Sartre allerdings besser geraten als der Himmel mit seiner sublimen Langeweile.

RATTENGIFT: Ach! Und in der Realität wäre die Hölle nichts weiter als eine Kneipe, wo man saufen kann? Wie werden denn dort die Verbrecher bestraft?

TEUFEL: Sie waren noch nicht da?

RATTENGIFT: Nein. Man lebt nur einmal.

TEUFEL: Soll ich Sie mitnehmen?

RATTENGIFT: Endgültig? Nein, bitte heute noch nicht. Ich habe noch einige dramatische Aufträge zu erledigen.

TEUFEL: Die können Sie auch da unten schreiben und aufführen. Es gibt bei uns genügend talentierte Verbrecher, die gut Theater spielen können.

RATTENGIFT: Und die Höllenstrafen? Wie geht das vor sich?

TEUFEL: Einen Mörder zum Beispiel lachen wir so lange aus, bis er sich darüber totlacht, jemand umgebracht zu haben. Einem Betrüger häufen wir so lange die ihm eigene Materie auf, bis er darunter zusammenbricht. Dafür brauchen wir zum Beispiel das Falschgold. Die härteste Strafe besteht für die Lügner. Sie müssen abwechselnd die BILD-Zeitung und die Frankfurter lesen, bis sie so gebildet sind, daß wir sie als Dozenten an die Universitäten schicken können.

RATTENGIFT: Ich ahnte es! Also kommt doch Bildung von BILD.

TEUFEL: Natürlich! In die Hölle kommt nicht nur allein das Böse, sondern auch das Jämmerliche und Triviale. So sitzen die Guten wie Moses und Mohammed ebenso darin wie die Bösen Hitler und Stalin, Katharina von Medici und Nicolo Macchiavelli.

RATTENGIFT: Auch literarische Verbrecher? Zeitgeist und Konjunkturritter? Technische Errungenschaften?

TEUFEL: Eines unserer dreizehn Gebote lautet: Du sollst nicht Völlerei treiben mit deinem Geist. Darum sind die Hinterbänke so voll besetzt: Simmel und Konsalik neben Karl May und August Kotzebue; und auch solche Fußball-Schreiberlinge wie Beckenbauer und Schumacher mitsamt ihren Ghostwritern.

RATTENGIFT: Ist es schlimm, Herr Teufel, daß mein Lehrer mich dazu erzogen hat, sehr sehr viel zu schreiben?

TEUFEL: Ich wäre nicht zu Ihnen gekommen, mein Lieber, wenn wir Ihre Komödien nicht in der Hölle spielen würden. Allerdings honorarfrei. Denn wir sind nur ein mittelständischer Betrieb und müssen sparen.

RATTENGIFT: Das heißt, Sie spielen meine Stücke zum Zwecke der Läuterung der armen Seelen? Dann nähere ich mich ja wirklich Schillers moralischer Anstalt.

TEUFEL: Durchaus. Und eines Tages werden wir den ganzen Rattengift, alle seine Stücke, an einem Abend spielen. Ich hole mir den Claus Peymann vom Burgtheater, denn nur der kriegt so etwas fertig.

RATTENGIFT: Dann wird das gegenwärtige Stück die Krönung sein: „Casanova und Faust". Nur, Herr Teufel, ich bin damit noch nicht ganz fertig.

TEUFEL: Trinken Sie viel Kaffee, damit Sie durchhalten. Was ist schon fertig? Kann man schon was sehen?
Der Teufel streckt die Hand aus. Rattengift pfeift mit den Fingern im Mund. Das Licht dimmert ein wenig, und es tritt Baron Mollfels/Peter Kohl auf mit dem Buch „Casanova" in der Hand.
MOLLFELS/PETER: Sieh, da liegt es, das väterliche Dorf. Horch, auf seinem Kirchturm klingt die Vesperglocke. Wie anmutig sie mir nach so langer Abwesenheit entgegentönt. Und auch das altertümliche Schloß ist noch unverändert romantisch geblieben wie zu Eichendorffs Zeiten. Stolz und stattlich erhebt es sich dort aus der Mitte eines sommerlich blühenden Gartens, und in seinen mächtigen Fenstern spiegelt sich purpurn der erste Schimmer des Abendrotes. Kein Mensch, kein Gott, kein Teufel sieht zu, jetzt kann ich in aller Ruhe die Memoiren des Jacob Casanova de Seingalt lesen.
Er geht einige Schritte, schlägt das Buch auf und liest. Von der anderen Seite kommt der Schulmeister/ Eberhard und monologisiert, leicht angetrunken.
SCHULMEISTER/EBERHARD: Hier will ich stehenbleiben, auf die Fluren meines Schulbezirks niederschauen, über meine Schüler urteilen und meinen patriotischen Gedanken nachhängen. Wie könnte doch in Deutschland noch so vieles verbessert werden! Wenn nur die richtigen Leute auf den richtigen Plätzen säßen. Wenn man zum Beispiel von den Politikern eine Vorbildung verlangen würde, gesetzlich abgesichert natürlich. Grundschule, ein praktischer Beruf - und wäre es nur der Hufschmied im Dorfe oder der Straßenfeger. Und dann eine permanente Weiterbildung im Sinne meiner Freunde der Brüder Grimm. Dann könnte auch ich höhersteigen. Aber nein, man hört nicht auf mich! Da lesen Sie wärend der Parlamentsberatungen Descartes, und dann stehen sie auf und sagen: Hier bin ich, denn ich denke, also handele ich! Politisch. Und so was wird dann eines Tages Kultusminister.
Mollfels trifft – lesend – auf den Schulmeister.
MOLLFELS: Ah, Sie sind's, mein alter Schulmeister.
SCHULMEISTER: Ja, Herr Baron Mollfels. *Zeigt auf das Buch:* Versuchen Sie noch immer, das Denken zu erlernen? Mit der A-B-C-Fibel, die ich geschrieben habe? Oder studieren Sie auch schon Descartes und Kant?

MOLLFELS *lächelt:* Etwas moderner ist es schon. *Er zeigt ihm das Buch.*
SCHULMEISTER *liest:* „Casanova"? Aber Herr Baron, das ist ja Pornographie!
MOLLFELS: Deutschland ist ein freies Land.
SCHULMEISTER *entrüstet:* Dieser Napoleon der Unzucht! Dieser General der sieghaftesten Niederlagen! Dieser Don Juan der verrufenen Hauptstädte!
MOLLFELS: Ich stelle fest, Schulmeister, Sie haben das Buch bereits gelesen.
SCHULMEISTER: Dienstlich. Ich gehöre dem Ausschuß an gegen die Schmutz- und Schundliteratur. – Ah, guten Abend. Der Herr wird es bestätigen.
Rattengift ist vom Tisch aufgestanden und zu den beiden getreten.
MOLLFELS: Wer ist denn das?
SCHULMEISTER: Rattengift, mein einst flegelhaftester Schüler. Er ist Schriftsteller geworden, Dramatiker.
MOLLFELS: Hat er Talent für das moderne Theater?
SCHULMEISTER: Es könnte sein. Fragen Sie ihn selber. *(ab)*
MOLLFELS: Gestatten, Baron Mollfels. Kulturunternehmer.
RATTENGIFT: Angenehm. Rattengift. Kulturlieferant.
MOLLFELS: Sie schreiben?
RATTENGIFT: Dramen, Kömödien, Tragödien.
MOLLFELS: Spielt man Sie?
RATTENGIFT: In Hamburg, Berlin, Frankfurt, Stuttgart, München, Königsberg und Weimar. Ich behaupte mich gegen Kotzebue, August Iffland, Ernst Raupach und die Frauen, die Stücke schreiben.
MOLLFELS: Von August Kotzebue sah ich kürzlich sein zweihundertviertes Stück. Schaffen Sie die Hälfte?
RATTENGIFT: Im Prinzip schon, wenn es nicht die ewig dreiviertelgescheiterten Dramaturgen gäbe.
MOLLFELS: Ich werde ein Theater ohne Dramaturgen eröffnen.
RATTENGIFT: Sind Sie ein Intendant? Ich warne Sie. Die Fürsten bezahlen schlecht bis überhaupt nicht. In X. hat es deshalb einen Mord auf der Generalprobe gegeben.

MOLLFELS: Ich war im Ausland und habe Geld gemacht. Genug, um in Weimar oder Bonn das Nationaltheater zu gründen.
RATTENGIFT *deutet auf das Buch „Casanova":* Wird das die erste Premiere?
MOLLFELS: Möglich. Es muß noch dramatisiert werden.
RATTENGIFT: Ich arbeite an einem geistig ähnlichen Stoff. Es gibt Stimmen, die „Casanova" für Pornographie halten.
MOLLFELS: Ich brauche neue Publikumsschichten.
RATTENGIFT: Könnten wir uns koordinieren? Ich habe einen Auftrag, – – na ja, das ist nicht wichtig, also ich bin beim „Casanova und Faust".
MOLLFELS: Koordinieren wir uns in meinem Sinne. Ich zahle bar und im Voraus.
RATTENGIFT: Gut. Aber was ist, wenn mein Auftraggeber auf seine Priorität besteht und uns bei solcher Schweinerei ertappt?
TEUFEL *tritt hinzu:* Wenn für mich eine Paraderolle darin ist, vielleicht sogar die Hauptrolle, dann wird das Ding gespielt, ganz egal, im Himmel, in der Hölle oder in W. Hauptsache, es wird genug gesoffen und gehurt, geschissen und geschossen, ganze Völker ausgerottet und genügend Atombomben geschmissen.
MOLLFELS *zum Teufel:* Der Herr sind Schauspieler?
TEUFEL: Ja. Hamlet, Lear, Posa, Nathan, Prinz von Homburg und Götz von Berlichingen. Sie kennen das Zitat?
MOLLFELS: Ja! Können Sie eine Bühne vernünftig leiten?
TEUFEL: Was halten Sie für Vernunft? Sonst kein Problem.
MOLLFELS *zu Rattengift:* Fangen Sie an zu schreiben. *Zum Teufel:* Ich engagiere Sie. Als Intendant und Casanova. Ich suche schon mal einen Faust-Darsteller.
Mollfels will abgehen, da stößt er mit Theo Durrok zusammen. Hinter Durrok der Inspizient.
MOLLFELS: Sind Sie ein Schauspieler? Können Sie den Faust spielen? Das Alter hätten Sie.
TEUFEL/INTENDANT: Zum Teufel, was wollen Sie denn schon wieder hier?
DURROK: Der Gerechtigkeit zum Durchbruch verhelfen. Dieser junge Mann hat den Mord an Ihrer Frau nicht begangen, er ist unschuldig. Er ist ein jugendlicher Idealist, der die wirkli-

che Mörderin decken wollte, damit sie entwischen können sollte.

INTENDANT: So? – *Zum Inspizienten:* Mit deinem Idealismus für eine bessere Gerechtigkeit zerstörst du mein gutes Theater vollends!

RATTENGIFT/KURT *zu Durrok:* Jawohl! Ihre Penetranz ist der Untergang des theatralischen Abendlandes! Und diesmal endgültig.

DURROK: Die wirkliche Mörderin habe ich entlarvt. Wo ist – *Durrok kann nicht weitersprechen, denn Annegret kommt auf die Bühne gerannt und fällt dem Inspizienten um den Hals. – Hinter Annegret tritt Constanze auf.*

ANNEGRET: Oh mein Frank! Wie herrlich! Du bist unschuldig! Dann können wir sofort heiraten.

INSPIZIENT: Ich habe nur gestanden, daß ich es nicht gewesen bin, der die Pistole geladen hat.

CONSTANZE: Also – Ende gut, alles gut?

INTENDANT: Mitnichten! Ich habe zwar geschossen, aber wer zum Teufel hat mir die Kugel in die Pistole gesteckt? – *Zu Durrok:* Den Mörder, wenn Sie ihn wirklich haben, verhaften Sie ihn und dann ab mit ihm! Und noch mehr mit Ihnen! Wir haben hier gutes Theater zu spielen und nicht dem Publikum eine Räuberpistole vorzuführen mit einem ehemaligen Knattermimen als Gendarm.

DURROK *beleidigt:* Knattermime? Und Sie Gartenzwerg wollen gutes Theater machen? Ich habe vor vierzig Jahren den Franz Moor gespielt, achtzehn Vorhänge bei der Premiere. „Mach die Rechnung mit der Hölle, Intendant". Wenn hier nicht heute schon ein tödlicher Schuß gefallen wäre, dann hätte es jetzt geknallt. Mit Todesfolge.

INTENDANT *hebt beide Hände zum Boxkampf:* Ring frei!

DURROK: Ich bin im Dienst. Wo ist Frau Schulze, Ihre Dramaturgin?

CONSTANZE: Gerechter Gott! Kommt es so schlimm? Ich ahne –

DURROK: Sie ahnen, ich aber kläre Morde auf. Wo ist sie?

INTENDANT *höhnisch:* Wo ist sie? Wo ist sie? Bin ich der Hüter meiner Dramaturgin? Sie wird in der Garderobe sein, sie wird zurecht gemacht, sie spielt des Teufels Großmutter.

DURROK: Im Knast vielleicht. Hier nicht mehr. Sie war's!
INSPIZIENT: Chef, wenn der sie festnimmt, was dann?
INTENDANT: Oh Gott! Hat sie – ? Haben Sie das etwa von dem da oben? *Er deutet auf den Beleuchter.* Dann breche ich zusammen. Wir können doch nicht mit dem dritten Stück an diesem Abend aufhören, weil Sie die verrückte Idee haben, eine Dramaturgin könnte derart mit der Pistole umgehen?
DURROK: Sie kann es. Ich habe Beweise. Und das ist keine verrückte Idee, Herr Intendant, Herr Schmierenkomödiant. Knattermime haben Sie mich genannt. Mein „Nathan" war Tagesgespräch in der ganzen Bundesrepublik. Einunddreißig Vorhänge bei der Premiere. Was glauben Sie, wieviele Vorhänge Sie heute abend kriegen?
INTENDANT *betroffen:* Gar keinen. Der Vorhang klemmt.
DURROK: Wenn das Publikum Sie nicht auspfeift, haben Sie Glück gehabt. Los, her mit der Dramaturgin! *Ins Publikum:* Das Spiel ist aus, ihr könnt nach Hause gehen.
Der Intendant macht beschwichtigende Gesten, schließlich kniet er vor dem Kommissar nieder.
INTENDANT: Herr Kommissar! Herr Staatsschauspieler! Mann der Gerechtigkeit! Mister Sherlok Holmes! Monsieur Hector Poirot! Herr Derrik, Quatsch, Herr Durrok! Ich flehe Sie an. Drücken Sie für eine Stunde Ihr Auge des Gesetzes zu. Lassen Sie unserer Frau Schulze den Auftritt ihres Lebens, ehe sie vor dem irdischen Richter steht und dann meinetwegen für den Rest ihres Lebens hinter Kerkermauern schmachten muß. Ich mache Ihnen einen Platz frei in der ersten Reihe.
DURROK: Muß ich mich jetzt für die ganzen Komplimente bedanken?
INTENDANT: Nein, aber lassen Sie uns die Aufführung mit Anstand zu Ende bringen.
DURROK: Fragen Sie meine frühere Frau, ob die einspringt und die Rolle der Großmutter des Teufels übernimmt.
CHRISTINE *ruft aus der ersten Reihe:* Ich bin zu jung für eine Großmutter! Es gibt ältere Damen auf der Bühne.
CONSTANZE: Das Alter macht es nicht, sondern das Talent.
INTENDANT: Dann ist es aus! *Zu Durrok:* Haben Sie ein Erbarmen mit dem deutschen Theater!

DURROK: Hat man sich damals meiner erbarmt? – Also, wo ist die Dramaturgin? Sie war weder in der Garderobe noch in ihrem Büro.

INTENDANT: Sehen Sie in meiner Suite nach. Vielleicht liegt sie auf der Couch und führt Ferngespräche.

DURROK: Da liegt sie nicht. Ihre Sekretärin sagte, sie wäre auf der Bühne.

INTENDANT: Und? Ist sie hier? Haben Sie hinter die Kulissen gesehen? Den Vorhang abgetastet? Haben Sie in den Souffleurkasten geschaut? Hier, – unter dem Tisch? Mann, merken Sie nicht, daß Sie mir und dem Publikum ganz entsetzlich auf die Nerven gehen? Die Frau sitzt doch längst im Flugzeug und ist bald auf den Bahamas. Dusslig war die nämlich nicht.

DURROK: Ein Mord geht den Leuten immer auf die Nerven. Aber die meisten wollen was sehen für ihr Geld. Ich habe meine Befehle.

CONSTANZE: Befehle? Wir haben unseren Auftrag. Da unten in der ersten Reihe sitzt ein Minister. Der kann morgen seinem Kollegen Innenminister sagen, was für dumme Störenfriede und ehemalige Schmierenschauspieler bei der Polizei sind, die keinen Respekt vor der Theaterkunst haben.

DURROK: Man merkt, daß Sie von der Politik keine Ahnung haben. Der Kultus- und der Innenminister sind doch seit einigen Tagen verfeindet und sprechen nicht mehr mit einander. Außerdem wackelt morgen die Koalition, ich habe nämlich noch was in der Hinterhand.

INTENDANT: Die Koalition wackelt? – *Zum Kultusminister:* Stimmt das? Haben Sie deshalb den Sparbrief geschickt, damit man Ihnen nicht unnütze Geldausgaben vorwerfen kann?

KULTUSMINISTER: Von einer Koalitionswackelei kann keine Rede sein. Der Sparbrief ist eine dringende Notwendigkeit unseres ganzen Landes. Das Geld wird zur Bekämpfung der Arbeitslosigkeit gebraucht.

INTENDANT: Das versteht hier keiner, und ich auch nicht. Wenn ich nun mein Amt niederlegen muß und arbeitslos werde, dann ist die Arbeitslosenunterstützung höher als die von Ihnen zurückgehaltene kleine Subvention. Kann die Regierung nicht besser rechnen?

KULTUSMINISTER: Ich werde das in dem Haushaltsentwurf für das nächste Jahr berücksichtigen.

INTENDANT: Nächstes Jahr? Nein! Sofort! Überprüfen Sie noch heute Abend den Etat.

DURROK: Was ist hier eigentlich los? Wird hier der Etat ausgeklüngelt statt im Landtag? *Zum Kultusminister:* Ich ersuche Sie um Amtshilfe. Hier wird mir die Herausgabe einer Mörderin verweigert.

KULTUSMINISTER: Herr Intendant, wo ist denn Frau Schulze? Das Recht hat Vorrang.

INTENDANT: Ich weiß nicht, wo sie ist. *Zu Durrok:* Suchen Sie, statt über Ihre Theatervergangenheit zu palavern.

DURROK: Wo denn? Ich brauche Ihre Hilfe. Ich kenne doch nicht die geheimen Schlupfwinkel Ihrer Schmiere.

INTENDANT: Dann waren Sie höchstens beim Wandertheater. – *Erregt:* Haben Sie unter dem Tisch nachgesehen?

DURROK: Wollen Sie mich schon wieder auf den Arm nehmen?
Trotzdem geht Durrok zum Tisch und reißt mit einer großen Geste die Decke herunter. Es soll ein Bluff sein, aber – – unter dem Tisch hockt, im Kostüm der Teufelsgroßmutter, die Dramaturgin. Totale Aufregung.

PETER/MOLLFELS: Frau Schulze! Lesen Sie da unten etwa die Theaterstücke, die Sie sonst nicht lesen?
Der Inspizient und Peter/Mollfels sind der Dramaturgin behilflich, auf die Beine zu kommen.

INSPIZIENT *traurig:* Warum bist du nicht geflüchtet, Maria?

INTENDANT *entsetzt:* Frau Schulze! Haben Sie mich wirklich meine Frau erschießen lassen?
Wenn die Dramaturgin steht, reißt Durrok ihr die Teufelsgroßmutterperücke vom Kopf, zieht aus seinem Jackett die Sokratesplätenperücke hervor und stülpt sie der Dramaturgin über den Kopf. Aus seiner Hosentasche holt er ein zusammengefaltetes blaues Hemd hervor und hängt es ihr über die Schultern. Greift ihre Hände und deutet mit ihnen das Laden einer Pistole an. Dann schaut alles erwartungsvoll nach oben.

STIMME FRANZ: Ja, die war das. Jetzt bin ich tausend Prozent sicher.

DRAMATURGIN: Auch du, mein Sohn Frank? Hast du ihm das Hemd gegeben? *Sie drückt ihn an ihr Herz.*
INSPIZIENT: Er hat mich regelrecht überführt, Maria.
DURROK: Sie sind festgenommen. Sie können die Aussage verweigern. Sie können einen Anwalt verlangen. Alles was Sie sagen, kann gegen Sie verwandt werden.
DRAMATURGIN *zieht die Perücke ab:* Blödsinn! Davon gibt es hundert Stück im Hause. Und der da oben hat was Falsches gesehen. – *Nach oben:* Franz, du Kanaille, ist das der Dank?
INTENDANT: Wofür hätte sich der Beleuchter zu bedanken?
DRAMATURGIN: Wir sind seit langem befreundet, das weiß doch jeder. Der Kommissar hat gesagt, daß ich schweigen darf.
INTENDANT: Warum haben Sie denn Frank Kuhling belastet?
DRAMATURGIN: Habe ich das?
DURROK: Mit der Perücke. Denn die haben Sie dem Inspizienten in sein Zimmer gelegt.
DRAMATURGIN: Und das hat der Kommissar Zufall gesehen?
DURROK: Nein, aber die Maskenbildnerin. Ihr Zimmer liegt dem Zimmer des Inspizienten gegenüber und die Tür stand offen.
DRAMATURGIN: Das war eine andere Perücke. Frank besorgt mir immer die Perücken.
DURROK *holt einige Haare aus der Tasche:* Und die hier? Diese Haare gehören zu dieser Perücke. Wo fand ich die? In Ihrem Büro.
DRAMATURGIN: Weil die Tür aufstand, sind sie beim Fegen des Flures da hineingeweht.
DURROK *zieht ein bedrucktes Papier hervor:* Ich fand noch mehr in Ihrem Büro. Das ist eine Gebrauchsanweisung, wie eine Pistole zu laden ist. Lag wo, der Zettel? In Ihrem Büro. Das habe ich inzwischen nämlich total auf den Kopf gestellt.
Aus der Brusttasche zieht er ein weiteres Papier hervor. Dann sucht er seine Brille und findet sie nicht. Da nimmt der Intendant dem Kommissar das Papier aus der Hand und liest; es ist ein Brief.
INTENDANT: „Frank Mayers. Sehr geehrte Frau Lehmann. Anbei sende ich Ihnen meine Tragödie ‚Indirah'." – *Er murmelt einigen weiteren Text.* „Schlechtes Stück, zurück an den Autor", steht da. *Zur Dramaturgin:* Das ist Ihre

Schrift. Warum? Das Stück ist doch gut. *Liest weiter:* „Ihr ergebener Frank Mayers". *Erstaunt:* Spinne ich? Das ist doch deine Unterschrift, Frank! – *Zum Inspizienten:* Wieso Mayers? Du heißt doch Frank Kuhling.

INSPIZIENT *etwas verschämt:* Mein Stiefvater, der Portier, heißt Mayers.

INTENDANT: Unser Portier? – Moment! Soll das heißen, die Tragödie „Indirah" ist von dir? Du schreibst Tragödien?

INSPIZIENT: Ich gestehe es.

DURROK: Den Brief habe ich nur zufällig gefunden. Ich habe noch etwas anderes – – *Er sucht in seinem Jackett.* Ich habe noch was Delikateres auf Lager. *Sucht weiter.*

DRAMATURGIN *zum Kultusminister:* Sie waren früher ein guter Strafverteidiger. Vertreten Sie mich? Bitte schützen Sie mich vor der Polizei. Ich habe Angst. Ich bin unschuldig.

KULTUSMINISTER *steht auf und kommt auf die Bühne:* Jetzt muß ich doch von meinem Hausrecht Gebrauch machen. Herr Kommissar, lassen Sie die Aufführung zuende gehen. Ich übernehme die Verantwortung für die Dramaturgin. *Zur Dramaturgin:* Mehr kann ich nicht für Sie tun. Meine Stellung als Kultusminister erlaubt es mir nicht, eine Strafprozeßverteidigung zu übernehmen.

Inzwischen hat Durrok ein anderes Papier hervorgeholt, aber die Brille noch immer nicht gefunden. Annegret, die neben ihm steht, nimmt das Papier und liest es.

DURROK: Ich finde meine Brille nicht. Lesen Sie mal vor.

ANNEGRET *überrascht:* Aber das ist ja eine Geburtsurkunde. *Liest vor:* Standesamt Neustadt Nummer 521–1960. Franz Andreas Walter Freiherr von Kampendonk-Hellmann – – ist am 1. Juli in Neustadt geboren.

INSPIZIENT: Was für ein Zufall! Ich bin auch am 1. Juli in Neustadt geboren.

ANNEGRET *liest weiter vor:* Eltern: Walter Christian Dietrich Grabowski, wohnhaft Hamburg-Blankenese, Ohlswören Nummer 44. Maria Magdalena Minna Freifräulein von Kampendonk-Hellmann, wohnhaft in Grimlinghausen bei Neustadt an der Glenne.

DURROK: Zur Zeit verheiratete Schulze, Beruf Dramaturgin an dieser Kolportage-Bühne.

INSPIZIENT *verblüfft:* Heißt das, du bist meine Mutter? Und der da *– er zeigt auf den Kultusminister –* wäre mein Vater? *Totales Erstaunen, Fassungslosigkeit.*

DURROK: Moment! Ich bin zwar von einem Minister suspendiert, aber ehe eine Wiedersehensfeier gefeiert wird, will ich für mein Protokoll wissen: Herr Kuhling, Sie haben vor drei Wochen im Auftrage des Theaters die Mordwaffe besorgt und einige Tage später der Dramaturgin, unwissend daß sie Ihre Mutter ist, gezeigt, wie man das Ding lädt.

INSPIZIENT: Nur so spaßeshalber.

DURROK: Und dann haben sie ihr die Gebrauchsanweisung gegeben. Stimmt das?

INSPIZIENT: Ja, sie sammelt solche Beipackzettel aus allen möglichen Schächtelchen. Ganze Zimmer sind voll davon.

DURROK: Die Dramaturgin hat Sie um eine Perücke gebeten?

INSPIZIENT: Ja. Sollte ein Spaß sein, hat sie auch gesagt.

DURROK: Sie hat Ihnen ein blaues Hemd gegeben mit der Bitte es auf die Oberweite von Ihrer Stiefmutter, der Garderobiere Johanna Mayers, umzuändern. Ja oder nein?

INSPIZIENT: Ja. Ich wußte ja nicht, daß meine Mut – diese Dramduse – – die Frau Schulze so was damit vor hat.

DURROK: Sie sagen „Frau Schulze". Die nannte Sie vorhin „mein Frank". Und Sie haben fast gejammert: „Warum bist du nicht geflüchtet". In welchem Verhältnis stehen Sie, ohne die ganze Wahrheit zu wissen, zu der Frau?

DRAMATURGIN: Wenn Sie daraus Schlüsse ziehen wollen, haben Sie zuviel Phantasie.

DURROK: Ich habe „König Ödipus" gespielt! Bei der Premiere 25 Vorhänge. Wußten Sie, daß der da Ihr Sohn ist?

DRAMATURGIN: Nein, natürlich nicht.

DURROK *zum Kultusminister:* Und Sie natürlich auch nicht? – Ja, da bleibt Ihnen die Spucke weg. *Zum Inspizienten:* Also, Herr Frank Mayers, oder Kuhling oder Freiherr von Sowieso, jetzt will ich Ihnen mal was sagen, wegen des ganzen Theaters heute abend. Ich habe Beleidigungen ertragen. Wenn Sie mir das mit der Bedienungsanleitung für die Pistole und die Umänderung des blauen Hemdes schon heute nachmittag gesagt hätten, dann könnte jetzt noch die „Irre von Sanssouci" laufen. Und ich hätte es mir ersparen können, dreimal auf die Bühne zu latschen, der da *– er zeigt auf*

Annegret – ihren Monolog zu versauen, und den Theatermacher aus dem Souffleurkasten zu ziehen und auch Sie festzunehmen. Dann wäre das süße Geheimnis Ihr Geheimnis geblieben und auch nicht rausgekommen, was Sie in Wirklichkeit für einer sind. – *Zum Kultusminister:* Ein schönes Früchtchen, daß Sie da mal mit dem adligen Freifräulein zusammenge – –, na, Sie wissen schon, was ich meine.

KULTUSMINISTER: Ihre Unterstellung, Herr Kommissar, ist primitiv. Ich hatte das Freifräulein nur total vergessen. Die Regularien hat mein Anwaltsbüro in all den Jahren erledigt. So was kommt doch in besten Familien mal vor. *Zur Dramaturgin:* Maria Magdalena, warum hast du mir verschwiegen, wer du wirklich bist?

DRAMATURGIN: Erstens warst du verheiratet, zweitens wollte ich deiner Karriere nicht im Wege stehen.

ANNEGRET: Aber mit dem Namen ist das noch nicht klar. Mit wem bin ich denn nun verlobt? Wieso heißt du Frank Kuhling, wenn du der Sohn des Portiers Mayers bist und als Franz von Sowieso auf der Geburtsurkunde erscheinst?

DRAMATURGIN: Weil man in Neustadt an der Glenne noch so pingelig war und dem Baby meinen Namen gab. Ich wurde, als man sah, daß ich schwanger war, von meiner Familie verstoßen. Auf dem Rechtswege erhielt ich aber soviel Geld als Abfindung, daß ich meine begonnene Doktorarbeit über Gustav Gründgens und das deutsche Theater der dreißiger Jahre unter besonderer Berücksichtigung der Minister Göring und Goebbels fortsetzen konnte.

KULTUSMINISTER: Ja, ich entsinne mich. Du hast sogar im Bett noch darüber gesprochen. Mein Gott, Maria Magdalena, und jetzt hat unser Sohn die Tragödie „Indirah" geschrieben? Wo du auf den Briefrand geschrieben hast, „schlechtes Stück, zurück an den Autor"?

DRAMATURGIN: Frank, warum hast du es an dann an die Frau Intendantin geschickt?

INSPIZIENT: Sollte ich etwa mein Werk für hinterlistige Zwekke aufbrauchen? Damit für den Rest des Jahrhunderts deine Ansicht wahr würde, es gäbe keine guten deutschen Dramatiker?

INTENDANT: Und weil meine Frau es doch durchgesetzt hat, haben Sie das heute nachmittag als Rache so gedreht, daß ich – – he?!

DRAMATURGIN: Nein, das war ein Regiefehler. Ich wollte nur einen Schreckschuß abgeben.

DURROK: Mit scharfen Kugeln.

DRAMATURGIN: Nein. Meine Dissertation wurde unterdrückt, denn Gustav Gründgens hatte sich als neuer Mephisto und Intendant in Düsseldorf und Hamburg – und mit dem schon zitierten Will Quadflig als Faust – bei den neuen Herrschenden voll rehabilitiert. Die Kulturhoheiten dort gingen in sein Theater so wie die Hamburger Kaufleute. Ein Politiker nannte mich und die Studie eine „kläffende Hündin", „Uhu und Pinscher". Die Restauration schlug vollends die bundesrepublikanische Chance zu Boden, in einem neuen Europa noch einmal mit Dichtern und Denkern die Spitze zu bilden. Bis dahin gingen die Leute ins Theater, um geistige Impulse zu empfangen und darüber nachzudenken, ob das Mitleid und die Furcht aus dem dramatischen Geschehen der Bühne auch ihr eigenes Dasein berühre. – *Zum Inspizienten:* Von all dem, mein Sohn, ist in deiner „Indirah" nichts enthalten. Intrigen, viele Bettszenen, Schießereien und Obszönitäten. Wie in allen anderen deutschen Stücken seit Carl Zuckmayer. Den Rest besorgten die Epigonen der Absurden.

KULTUSMINISTER: Ich fürchte, ich muß dir recht geben. Schillers Forderung nach der moralischen Anstalt wurde durch die Technik und die Qualität der Dramen lächerlich gemacht, und das sogenannte Wirtschaftswunder bescherte dem Publikum ein verdrängtes Bewußtsein mit dem ersten Hauptsatz neuen deutschen Lebens: Ich will meine Ruhe haben, das Theater soll mich nach getaner Arbeit unterhalten.

DRAMATURGIN: Die Deutschen bekamen ihre Ruhe, ohne zu ahnen, daß in England die Rache für die Bücherverbrennung und die Ausrottung des Geistes herangewachsen war. Ein Junge, der damals mit seinen Eltern fliehen mußte, kam als Regisseur zurück und begann von Deutschlands Küste aus sein Zerstörungswerk. Ahnungslos wie im griechischen Drama setzte er das absurde Theater durch und vergewaltigte den besten Dramatiker William Shakespeare. So veranstaltete er ein wahres Remmi-Demmi auf den Bühnen, um – wie er es nannte – neue Publikumsschichten an das Theater heranzuführen. Das Ende des deutschen Theaters, das Lessing, Goethe, Schiller, Kleist und viele andere geschaffen hatten, begann seinen tragischen Weg.

KULTUSMINISTER: Was geschah mit meinem Sohn?

DRAMATURGIN: Mein geistiges Erzeugnis war Makulatur, unser körperliches Unterpfand gab ich zu Adoption frei. Die Kuhlings zogen den Freiherrn von Kampendonk-Hellmann auf und gaben ihm auch ihren besseren Namen. Doch wurden beide ein Opfer des Straßenverkehrs, und der kleine Franz wurde von den lieben Portiers- und Garderobieren-Kollegen als Waisenkind gehegt und gepflegt. Aber davon wußte ich nichts, als hier vor Jahren die Position eines Dramaturgen frei wurde und ich sie bekam. Denn ich war schwach geworden, weil die Konfusität, in die das Theater geraten war, mir keinen inneren Halt mehr gab. Von einem Dutzend Schauspiele, die ich geschrieben habe, wurde nur ein einziges aufgeführt, und das auch nur von einer Volkshochschule, an der ich Schauspielunterricht lehrte. *Zu Annegret und dem Inspizienten:* – Meine Kinder, seid glücklich, daß euer Naturell stärker als der Intellekt der Gegenwart ist. Begnügt euch nicht mit einem Kind oder zwei als künftige Theaterbesucher, sondern mit sechs und sieben und acht. Vielleicht ist einer darunter, der bessere Dramen schreibt als Maria Magdalena Schulze und Frank Mayer alias Kampendonk-Hellmann von Grimlinghausen. Warum soll es nicht im Bereich des Geistes eine Mutation geben, die hoffen läßt, daß im nächsten Jahrhundert mal wieder ein Frank Wedekind entsteht oder ein Friedrich Hebbel, wenn nicht gar ein Schiller oder Lessing oder Kleist oder Goethe oder Grabbe aus Detmold.

ANNEGRET: Ich werde das mit Frank in einer ruhigen Stunde besprechen, Frau Schwiegermutter.

DURROK: Wegen der guten Hoffnung habe ich jetzt lange genug gewartet. Ich werde –

ANNEGRET *fällt ihm ins Wort:* Sie dämlicher Verbrecher-Aufklärer, Sie! Die Frau machen Sie nicht eher mundtot, als bis wir sie freigeben. Verstanden?

DURROK: Hoppla, junge Frau. Was gibt's da noch zu klären?

ANNEGRET: Zum Beispiel die kleine Verwaltungsangelegenheit mit der Adoption und so. – *Zur Dramaturgin:* Mein

Frank könnte doch wieder den Adelstitel annehmen, wie? – *Zum Kultusminister:* Einige Telefongespräche, fertig.

INSPIZIENT: Ja, Papa, tu das bitte. Ein Franz Freiherr von Kampendonk-Hellmann zur Grimlinghausen hat in dieser Republik größere Chancen als ein popeliger Theater-Inspizient und Anfänger-Dramatiker. Da werden nämlich in Kürze mehrere Intendantenstühle frei.

ANNEGRET: Und mit so einem routinierten Praktiker wie Frank könnte eine neue Theaterkultur entstehen: der dramatische Intendant, der nicht nur den Schnürboden aus dem Effeff kennt, sondern auch kleine und große Rollen spielen kann.

CONSTANZE: Der aber nicht in der Lage ist, einen lächerlich klemmenden Vorhang in Ordnung zu bringen.

KULTUSMINISTER: Solche Allround-Intendanten gibt es doch zur Genüge.

ANNEGRET: Nein, Herr Schwiegervater. Ohne direkt jemand in die Augen zu sehen: die meisten Theaterleiter sind schlimme Schaumschläger mit einem Guinnes-Rekord-Drang. Wissen Sie denn nicht, daß die längste Kartoffelschale der Welt einen Theaterdirektor zum Vater hat?

Vehementen Schrittes kommt Hermann Schulze auf die Bühne und postiert sich vor der Dramaturgin:

SCHULZE: Was höre ich, Maria Magdalena? Du hast einen Mord begangen und auch noch einen illegalen Sohn?

INSPIZIENT: Ja, Kollege Schulze. Eben hat sich durch einen Zufall herausgestellt, daß Ihre Frau meine Mutter ist.

SCHULZE: Dann fehlt nur noch die Anmerkung, daß der da – *er zeigt auf den Kultusminister* – der Erzeuger ist.

KULTUSMINISTER: Laut Geburtsurkunde, die hier öffentlich verlesen wurde, bin ich es. Bemerken Sie nicht die Ähnlichkeit unserer Gesichter?

SCHULZE: Eine Ähnlichkeit der Gehälter würde interessanter sein. Wie steht denn die Opposition dazu? Man wird Ihren Rücktritt verlangen.

KULTUSMINISTER: Rufen Sie den nicht herbei. Denn ihr kämet alle vom Regen in die Traufe. Da unten – *er zeigt auf die Christine Klopstok,* – das wäre dann meine Nachfolgerin.

CHRISTINE *ruft aus dem Parkett:* Ich würde die Theaterkrise aber anders lösen. Nicht mit illegalen Kindern. Und ich verstehe was vom Theater.

CONSTANZE: Das haben wir heute abend erlebt.

CHRISTINE: Von Ihnen weiß man, daß Sie noch jede Premiere geschmissen haben, Depressionen und Drogen und so.

CONSTANZE: Also darf ich Sie als honorarfreie Statistin demnächst in diesem Theater begrüßen?

PETER: Halte du dich bitte aus Tarifangelegenheiten heraus. Wenn honorfreie Statisten aus den Politikerkreisen erst Schule macht, dauert es nicht lange, bis der Intendant mit mir über niedrigere Gagen spricht. Ich bin der schlechtbezahlteste Schauspieler dieser Bühne, muß aber allabendlich die besten Rollen spielen. Und wenn ich abgeschminkt bin, weil ich den langen Beifall entgegen genommen habe, sitzt das Publikum längst in den Taxis.

INTENDANT: Was hat Ihre Gage mit dem Taxi zu tun?

PETER: Herr Intendant! Ich kann mir keine Pferde im Westerwald leisten. Mit dem Taxifahren in der Nacht halte ich meine Familien über Wasser. Der Junge braucht einen Wagen, um zur Schule zu kommen, das Mädchen hat einen anspruchsvollen Freund mit einer Villa im Tessin. Meine geschiedene Frau lebt auf Teneriffa. Kostet alles Geld.

DURROK *räuspert sich:* Ich kann die Lösung sozialer Probleme der Schauspieler von heute nicht bewerten. Ich muß auch mal Feierabend haben. Uns Augen des Gesetzes werden keine steuerfreien Überstunden bezahlt.

CONSTANZE: Darf ich mal fragen, ob der „Scherz" heute noch weitergeht? Wenn nicht, dann fahre ich nach Hause.

INTENDANT: Der Scherz geht weiter. Ich biete dem Publikum doch nicht unentwegt halbe Stücke an.

CONSTANZE: Und wer spielt des Teufels Großmutter?

DRAMATURGIN: Ich.

DURROK: Da habe ich auch noch ein Wörtchen mitzureden.

INTENDANT: Sie können sich ja so lange auf den Platz des Kultusministers in der erste Reihe setzen, der schaut seiner Schauspielerfamilie gern aus der Kulisse zu.

KULTUSMINISTER: Bitte, Herr Kommissar.

INSPIZIENT: Chef, aber für die letzte Szene fehlt uns der Grabbe.

INTENDANT: Der Grabbe? Ach, die kleine Rolle. Da fällt mir was ein. *Zum Kultusminister:* Sie haben doch sicher als Student Theater gespielt.

KULTUSMINISTER: Hamlet. *Posiert:* Sein oder Nichtsein, das ist hier die Frage. Auch in diesem Hause? Hier? Heute?
DRAMATURGIN: Nicht hier, Walter, aber bei euch im Parlament. Spiel mit mir den Grabbe, ehe – hmmrrr. Auch Frau Klopstok. Dann könntet ihr euch dahinten – *sie deutet auf die Kulissen* – darüber einig werden, ob die Bühne für unsere Kinder und Enkelkinder erhalten bleibt.
CHRISTINE: Frau Schulze, was haben Sie für ein Demokratieverständnis, wenn Sie eine so wichtige Angelegenheit hinter den Kulissen mauscheln wollen? Wir sind eine offene Gesellschaft.
KULTUSMINISTER *zum Publikum:* Sehen Sie, meine Damen und Herren, das ist es, was uns, die wir in der Verantwortung stehen, das Leben so schwer macht: die Kunst in die Verständnisweise der Landespolitik unterzubringen.
DURROK *räuspert sich:* Ich muß mal wieder auf mich aufmerksam machen. Können solche Sachen wirklich nicht hinter den Kulissen besprochen werden?
PETER: Sie helfen ja nicht eben mit. Wenn die Inzenierung des „Wanderer kommst du nach Sparta" weitergeht, muß ich täglich ins Kittchen, um mit der Autorin noch die Änderungen der Dialoge zu besprechen.
INTENDANT: Autorin? Wanderer? – *Begreift:* Erfahre ich auf diesem Wege, daß nicht Heinrich Schmidt das Stück geschrieben hat sondern Sie?
DRAMATURGIN: Ja. Ist das ein Verbrechen? Mein dreizehntes Schauspiel. – *Zu Schulze:* Oder schon das vierzehnte, Hermann?
Mit deinem „Moses"-Drama haben wir – –
INTENDANT *dreht sich zu Schulze herum:* Dann fehlt nur noch, daß Sie der Johannes Aschendorff sind, der das „Moses"-Drama geschrieben hat, das mir die Weiber vorhin untergejubelt haben.
SCHULZE: Ja, ich schreibe unter Johannes Aschendorff.
INTENDANT: Wie könnt ihr alle, die Schulzes, die Mayers, die Kuhlings mich derart hinters Licht führen? Am Ende war auch noch meine ermordete Frau die Irina Leclerc, die Dichterin der „Irren von Sanssousi"?
DRAMATURGIN: Ich muß leider gestehen, sie war es.
INTENDANT: Oh Katharina! Warum hast du mich verlassen?

SCHULZE: Wenn Schulze, Lehmann und Meier als Autorennamen auf den Titelblättern stehen, würden die Stücke von keinem Dramaturgen und Intendanten gelesen. Da bleibt nur der Zufall der Anonymität oder die E n t -Deckung weiblicher Theatergewaltiger.

DURROK: Ich frage mich die ganze Zeit, ob erst vor vierzig Jahren das Bett erfunden wurde oder sehr viel früher.

KULTUSMINISTER: Also mich erinnert das an den Hamlet, den ich als Student mit großem Erfolg gespielt habe, der da feststellt: Es ist was faul – – im Stadt-Theater.

DRAMATURGIN: Darum mußte mal so richtig der heiße Blitz dreinschlagen. In die Betten, in die Ministerien, auf die Bühne, beim Intendanten im Büro!

KULTUSMINISTER: Durch dich, Maria Magdalena?

DRAMATURGIN: Vor ausverkauftem Haus.

KULTUSMINISTER: Wolltest du im Ernst mit diesem Mord die Theaterkrise lösen? Wenn das nun heute abend passiert wäre?

DRAMATURGIN: Das sollte es auch. Er sollte ja gar nicht mit der Pistole auf die „Indirah" schießen. Heute abend wäre ich unter die Statisten gegangen und hätte in eine der Lampen geschossen. Ich wollte doch nur erschrecken. Mit Worten ist nichts mehr zu erreichen.

INTENDANT: Man schießt sich wieder, was?

DRAMATURGIN: Warum soll im Leben nicht das geschehen, was auf den Bühnen seit altersher dargestellt wird? Wilhelm Tell erschießt den Geßler, und nur so befreien sich die braven Schweizer von der Tyrannei. Clavigo entzieht sich der versprochenen Ehe durch die Flucht. Goethe bestraft ihn tödlich durch den Degen des Beaumarchais. Erst als der letzte Krieg verloren ist, sind die Leute bereit, anständige Demokraten zu werden. Es fehlt zwar noch einiges, aber da muß man sie drauf hinweisen. Wie zum Beispiel die Studenten. Erst als die Fensterscheiben zu Bruch gingen, waren die Politiker bereit, sich mit ihnen auseinanderzusetzen.

KULTUSMINISTER: Erst wenn ein Intendant erschossen wird, meinst du, würden die anderen zur Vernunft kommen?

DURROK: Aber da hat die Justiz auch noch ein Wörtchen mitzureden. Was ist, gehts weiter, ich kann mich in die erste Reihe setzen? Ist das auch ein Freikartenplatz?

INSPIZIENT: Also, es geht weiter. Auf die Plätze, Leute. *Er nimmt Annegret an der Hand; bedeutet dem Kommissar, hinunter ins Publikum zu gehen. Die Bühne wird frei, außer dem Intendanten und dem Kultusminister.*

INTENDANT: Der Durrok geht, und nimmer kommt er wieder. Mit was man sich beim Theater alles befassen muß!

KULTUSMINISTER: Wie sind Sie denn bloß Intendant geworden?

INTENDANT: Meine tolldreisten Inszenierungen brachten Geld. Für die Stadtväter zählt nicht Klasse, sondern eben nur die Kasse.

Deutschland hatte doch ein tiefes Loch. Nach fünfzig Jahren rächt sich die Sünde der Nationalsozialisten wider den Geist. Hitler und seine braunen Spießer verjagten meine Eltern und mich nach London. In den schweren Jahren bei stets zu wenig Geld, und ehe ich die Sprache beherrschte, setzte sich bei mir der teuflische Bazillus der Rache fest. Ich kam nach Deutschland zurück und war bis heute überzeugt, für das deutsche Theater nur Gutes zu tun.

KULTUSMINISTER: Zumindest haben Sie Gutes für Ihren Namen und für Ihr Bankkonto getan.

INTENDANT: In Bremen lernte ich meine Katharina kennen. Mit ihr und anderen Schauspielern erarbeitete ich die angeblich legendäre „Widerspenstige Zähmung". Was ein Spaß sein sollte, wurde durch den aufkeimenden Bazillus die Überzeugung, der alte Shakespeare hätte mir auf die Schulter geklopft, als ich ihn maßlos übertrieben dem Publikum darbot.

KULTUSMINISTER: Übertreibung ist sicher keine Schwäche bei Ihnen.

INTENDANT: Total infiziert und von einem Scheinerfolg geblendet, lebte ich in dem Irrtum, daß das Remmi-Demmi den Zuschauern die geistige Selbstbefriedigung gab.

KULTUSMINISTER: Und die deutschen Stadtväter rissen sich um Mark Lehmann, die Kulturdezernenten waren begeistert von der Entwertung der Werte.

INTENDANT: Sie waren mal ein solcher Kulturdezernent?

KULTUSMINISTER: Ja, in einer Stadt mit sieben Theatern.

INTENDANT: Und bis heute erkannten Sie nicht, daß die Wölfe im Schafspelz da neue Trümmerhaufen hinsetzten, wo sie vorgestern erst in mühevoller Arbeit Gottes Strafgericht der Bomben beseitigt hatten.

KULTUSMINISTER: Sind wir beide so verblendet?

INTENDANT: Bis heute, als der tödliche Schuß aus meiner Hand fiel. Mir ist noch immer zumute wie Paulus in Damaskus, als Gott ihn vom Pferde stürzen ließ.

KULTUSMINISTER: Und? Geloben Sie Besserung?

INTENDANT: Ja. Aber Besserung geloben müßten eigentlich die Millionen, die damals der Ausrottung der Kultur durch die Nazis zugesehen und für richtig befunden haben und die noch heute ihren Kindern erzählen, sie hätten dabei nur geistige Askese geübt.

KULTUSMINISTER: Eigenartig. Kannten Sie meine Eltern?

INTENDANT: Nein. Müßte ich sie gekannt haben?

KULTUSMINISTER: Die haben auch immer von der geistigen Askese gesprochen. Und daran fest geglaubt.

INTENDANT: Dann haben Sie in dem Glauben Karriere gemacht und sind Kultusminister geworden? Asketisch vergeistigt.

KULTUSMINISTER: Nicht nur ich allein.

INTENDANT: Müssen Sie nicht die Probleme, die uns beide verbinden, zuerst in Ihrem Innern beseitigen?

KULTUSMINISTER: Ich gelobe Besserung.

INTENDANT: Ich gestehe meine Schuld. Ich vergewaltigte den toten Shakespeare und ruinierte den Geist des deutschen Theaters.

KULTUSMINISTER *reicht ihm die Hand:* Wir müssen etwas tun.

INTENDANT: Viel tun! Wir müssen uns bemühen, diese armen Menschen im Geiste zur Umkehr zu bewegen.

KULTUSMINISTER: Die Bergpredigt.

INTENDANT: Nur wer die Seele des Menschen besitzt, hat auch die Macht über ihn.

KULTUSMINISTER: Wie wollen Sie an die deutschen Seelen herankommen?

INTENDANT: Ich? Sie sind der Hüter der Kunst, der Kultur, des Geistes und des Geldes.

KULTUSMINISTER: Jetzt rütteln Sie an der Realität der Demokratie.

INTENDANT: Wirklich? Weil ich Besserung gelobe?

KULTUSMINISTER: Wenn das Volk, die Wähler, die mündige Bürgerschaft, das Publikum das alles nicht will, oder nicht versteht, wenn es lieber den Weg des geringsten Widerstandes gehen will, dann sind wir beide machtlos.

INTENDANT: Aus! – – Das ist die Kapitulation. Erst unser Ende, dann das Ende der Politiker, zuletzt das Ende der Verbraucher und der Theaterbesucher.

Der Inspizient kommt, einen Zettel in der Hand.

INSPIZIENT *zum Kultusminister:* Dein Text als Grabbe, Papa.

Der Kultusminister nimmt den Zettel, dann gehen alle von der Bühne. Zugleich treten Peter/Mollfels und Kurt/Rattengift auf.

RATTENGIFT/KURT: Wo waren wir stehengeblieben?

MOLLFELS/PETER: Ich hatte mich auf den Weg gemacht, um den Faust zu finden.

RATTENGIFT: Richtig. Und ich überlegte angestrengt, wie die Szenen casanovitischer Verführungen am besten dramatisch umzusetzen sind.

MOLLFELS: Ist das so schwer? Casanova, eine Dame, ein Bett. Was er sagt, steht in dem Buch. Er gibt ihm das Buch. Was sie nicht sagt, ist doch immer und überall dasselbe. Sie sind verheiratet? Oder – – hm?

RATTENGIFT: Unverheiratet. „Hm" vielleicht. Wie sollen sich denn die Szenen dekorativ unterscheiden?

MOLLFELS: Wie? Ja, – wie? – *Er sieht die Bettlaken aus der „Wanderer"-Szene.* Durch verschiedenfarbige Bettwäsche. Da liegen braun, weiß und blau. Ich gebe noch grün, gelb und schwarz dazu. Untermalen Sie das ganze mit Scherz, Satire, Ironie, aber bitte ohne tiefere Bedeutung, sonst kommt sublime Langeweile auf. Das äußere brauchen Sie nicht zu beschreiben, das kennen die Schauspieler von zu Hause bestens.

RATTENGIFT *leicht empört:* Herr Mollfels, sind Sie noch bei Trost? Das wird eine Aneinanderreihung grob-komischer bis pornographischer Szenen. Verschiedenfarbige Bettwäsche!

MOLLFELS: Erstens wird das keine Aneinanderreihung, denn wir setzen zwischen jeder Bettszene den Faust dazwischen, der mit dem Teufel um das Honorar feilscht. Zweitens – warum gehen denn die Leute ins Theater? Weil sie dort die Anregungen erhalten, die bei ihnen daheim ausbleiben.

RATTENGIFT: Das soll ich dem deutschen Theater zumuten?
MOLLFELS: Was haben Sie denn bisher als Dramatiker geboten?
RATTENGIFT: Die Tugenden. Edel sei der Mensch, hilfreich und gut. Das Theater als Anstalt der Moral.
MOLLFELS: Mensch und Moral sind Aufgaben der Kirche.
RATTENGIFT: Das Leben ist eine Einheit, Kirche und Theater können sich doch nicht derart – *er gibt das Buch demonstrativ zurück* – widersprechen! Wenn ich das Stück schreibe, löst das eine unerquickliche Diskussion aus. Die Memoiren eines Weiberhelden mit dem deutschen Faust zu verquicken ist Gottes- und Geisteslästerung. Ich müßte in die Gestalten des deutschen und italienischen Lebens zwingend höhere Einsichten einfügen, die Sie für sublime Langeweile halten.
MOLLFELS: Zu deutsch: bei zu vielen Betten würde das Publikum die Übersicht verlieren? Herr Rattengift, das kann uns bei d e m Casanova, – *er hält das Buch hoch* – der von Haus aus ein Teufel ist, nicht passieren. Nur geben Sie dem Kerl bloß keine höheren Einsichten.
RATTENGIFT: Wie bringe ich denn anfangs Faust und Casanova zusammen? Ein Spaziergang mit Pudel war schon da.
MOLLFELS: Ganz einfach, wenn der Vorhang aufgeht, stehen sie sich gegenüber. Faust sagt zu Casanova: Mein idealer Freund, streben Sie mehr Niveau an! Darauf antwortet Casanova: Für Niveau kann ich mir nichts kaufen. Und Faust: Bedenken Sie, das Primitive wird langweilig und endet meistens mit Streit. Casanova: Haben Sie d i e Erfahrung gemacht? Dann seufzt Faust: Lang lang ist's her. – Das weitere, Herr Rattengift, überlasse ich Ihnen. Nur gehen Sie nicht in die Falle, das Spiel in unverständlich geistige Höhen zu treiben. Sie dürfen dem zuschauenden Verstande nicht allzuviel zumuten. Sie müssen – per Dialog – alles weichkneten und kontrapunktisch sozusagen, alles vorkauen. Und nicht vergessen: Sie müssen bei dem Casanova den Geschmack der feinen Damen im Auge behalten. Das ist wichtig für die Stunden nach dem Theater.
RATTENGIFT: Ich werde mir das merken.
MOLLFELS: Bejahen Sie das Körperliche des Menschen.
RATTENGIFT *entsetzt*: Bei der Liebe? Wie denn?

MOLLFELS: So wie Sie und ich und alle anderen Menschen entstanden sind. Das mögen die Leute!

RATTENGIFT: Auf der Bühne?! Das ist unmöglich!!

MOLLFELS: Wieso? Das menschliche Leben hat nur einen Ursprung. Ein einzigesmal in der Menschheitsgeschichte soll ein Mann ohne Geschlechtsverkehr auf die Welt gekommen sein. Da haben die einen gesagt, es sei der heilige Geist gewesen, die anderen gemunkelt, das Mädchen wäre schon längere Zeit bei dem Herrn Haushälterin.

RATTENGIFT *empört:* Herr Baron, wie können Sie derart übel von unserem Geheimrat Goethe sprechen! Vorige Woche hat er seine beiden Kinder legalisiert und Christine Vulpius geheiratet.

MOLLFELS: Ich hatte zwar jemand anderen im Auge, aber da sehen Sie es, das kommt in den besten Familien vor. Und der Trend geht deutlich dahin, daß man darüber spricht.

RATTENGIFT: Die Kritiker zerreißen mich in der Luft.

MOLLFELS: Kritiker! Wenn Homer oder Shakespeare erst heute mit ihren Werken kämen, dann würden die sogenannten Kritiker schreiben, der Homer habe ein unsinniges Gemengsel zusammengebraut und König Lear im Saustall des Augias regiert. Und ich fürchte, die Kerle würden dem Homer raten, sich rechtzeitig nach einem bürgerlichen Beruf umzusehen und forderten von Shakespeare, erst einmal Historiker zu werden, ehe er noch einmal einen Richard auf die Bühne brächte.

RATTENGIFT: Sie machen mir wenig Mut. An welche Moral soll sich ein heutiger Dramatiker denn halten?

MOLLFELS: Moral? Was ist das? Casanova soll sich in echt faustischer Weise wie ein Teufel verhalten. Es muß ja nicht immer eine Dame das Lustobjekt sein. Wozu ist die Homoerotik erfunden worden?

Der Schulmeister/Eberhard kommt mit einem Käfig und stellt ihn zwischen Mollfels und Rattengift ab. Von der anderen Seite tritt der Teufel/Intendant auf.

MOLLFELS: Ist das die neue Schule, Herr Schulmeister?

RATTENGIFT: Wenn man vom Teufel spricht, ist er nicht weit.

SCHULMEISTER *bittet von Mollfels das Buch:* Darf ich mal das Buch haben? – Ich glaube, diesmal ist er dran. Bemerken Sie, wie ihn der Inhalt in der Nase prickelt?

Der Schulmeister zieht einen Beutel aus der Hosentasche und reicht ihn Rattengift.
RATTENGIFT: Was ist da drin?
SCHULMEISTER: Würdest du ihn mal bereithalten? *Leiser:* Fliegen, für den Notfall.
TEUFEL: Ich rieche hier zweierlei: links etwas pikant Zuchtloses, Pornographisches und zwei miese Opportunisten – – und rechts einen dummen Weltverbesserer, der mich als Junge in der Schule verprügelt hat.
RATTENGIFT: Man muß wohl ein Teufel sein, um die Niveaulosigkeit ständig zur Schau zu stellen. „O si tacuisses, philosophus mansisses." *)
MOLLFELS: Was für ein Schaumschläger! Nur so ein dummer Teufel kann andere miese Opportunisten nennen. Der König hat meine Familie geadelt.
SCHULMEISTER: Wenn ein Weltverbesserer dumm wäre, er würde es bleiben lassen und als anständiger Mensch in den Himmel kommen.
TEUFEL: Aber das Buch! Das Buch! Es könnte die Erfüllung für mich sein.
Der Schulmeister geht langsam mit dem Buch zurück, stellt sich hinter den Käfig, dessen Tür vorn offen ist. Er hält das Buch durch das Gitter. Der Teufel geht schnuppernd in die Falle: er nimmt den Casanova und beginnt – im Käfig – begierig zu lesen. Der Schulmeister tritt schnell heran und schließt die Tür.
SCHULMEISTER *singt und tanzt:* So leben wir! So leben wir! So leben wir alle Tage!
TEUFEL *rüttelt an den Stäben:* Hilfe! Hilfe! – Großmutter! Ein deutscher Schulmeister hat mich eingesperrt!
SCHULMEISTER: Umsonst! Die Stäbe sind mit Absicht kreuzweise verlegt. Sie können uns mal!
TEUFEL: Huch! Wie ordinär! Sie Spitzbube! Sie Halunke – *Aber er überlegt es sich, plötzlich freundlich:* Nein, nein, ich meine ja: Guten Tag, bitte entschuldigen Sie. Ich habe mich verlaufen. Ich habe die Vorfahrt nicht beachtet, natürlich Vollkasko versichert. Vielleicht können Sie mir helfen, die Türe klemmt ein wenig.

---

*) O hättest du geschwiegen, du wärest ein Philosoph.

SCHULMEISTER: Mit Speck fängt man Mäuse, mit Casanova den Teufel. *Zu den andern:* Haben Sie gesehen, wie er sich an dem Inhalt erregte? Seine Begierde gibt uns einen tiefen Einblick in die erotischen Zustände der Hölle.

TEUFEL *jammert:* Glauben Sie doch bloß nicht, daß das im Himmel besser ist. Meine Herren, bitte. Unter Männern: Ich gebe Ihnen für Ihre - hmmrr! Bedürfnisse meine Großmutter. Sie ist eine attraktive Gräfin mit jahrtausendalten Erfahrungen.

RATTENGIFT *zu Mollfels:* Was meinen Sie, ob ein Schäferstündchen mit seiner Großmutter meinem Stück zugute käme?

MOLLFELS *zum Teufel:* Wollen Sie mich mit einer abgewrackten Fregatte stimulieren?

SCHULMEISTER *mahnt:* Laßt das alte Weib nur nicht in die Dörfer kommen!

TEUFEL: Ach, Ihr ahnungslosen Leute! Wißt ihr denn nicht, daß wir Unsterblichen ewig jung und schön bleiben?

RATTENGIFT: Das stimmt doch gar nicht! Goethe ist sehr alt geworden, Bernhard Shaw und Adenauer wurden noch älter.

TEUFEL: Die nennt ihr Unsterbliche? *Zu Mollfels:* He, Sie scheinen ein vernünftiger Mann zu sein.

MOLLFELS: Sie irren, ich bin nur ein Theaterdirektor. Mit Vernunft ist bei mir nichts zu erreichen.

TEUFEL *böse:* Also gut, dann eben nicht! – *Ruft:* He! Großmutter! Die Deutschen haben mich gefangen! Wirf doch eine Neutronenbombe auf sie.

STIMME DER GROSSMUTTER: Ich komme! Ich eile! Ich muß nur noch den Nero anleinen. Wo hast du denn die dumen Bomben versteckt?

TEUFEL: Irgendwo in den deutschen Mittelgebirgen.

Ein gewitterhaftes Grollen setzt ein. Dann treten die Dramaturgin als des Teufels Großmutter auf und Hermann Schulze als Nero: Hund an der Leine auf allen Vieren.

GROSSMUTTER: Guten Tag, meine Herren. Ich muß mich nicht erst vorstellen? – Also im Guten: Herr Schulmeister, lassen Sie bitte meinen Enkel frei.

NERO: Wau wau! Wau wau!

SCHULMEISTER: Nein, das ist d i e Chance Deutschlands! So einfach kriegen Sie den Teufel nicht wieder zurück in Ihre Hölle. Jetzt wird der Spieß umgedreht.

GROSSMUTTER: Herr Schulmeister, ich könnte auf den roten Knopf drücken, und die Mittelstreckenraketen sausen auf Ihr Dorf nieder, mit Atomsprengköpfen.

SCHULMEISTER: Wissen Sie auch, Gräfin, daß alle auf diese Weise Umgekommenen automatisch in den Himmel kommen, egal wie groß ihre Sünden waren? Und dann – wie wollen Sie dem Holocaust auf Erden entrinnen, – ohne ihn? Und Sie selber sind auch atomisiert!

NERO: Wau wau! Gräfin, jetzt sitzen wir in der Falle!

GROSSMUTTER: Herr Schulmeister, ich habe einen guten Draht zu den Ostfriesischen und Lippe-Detmoldischen Regimentern. Die sind in der Lage, Freund und Feind zu unterscheiden. Das ist jetzt ein Ultimatum.

NERO: Wau! Wau! Wau!

SCHULMEISTER: Bis die angerückt sind, Gräfin, ist Ihr Enkel erfroren. Unsere Naturhistorikerinnen werden ihn erst entkleiden und dann – – Sie wissen, was die können.

NERO: Wau wau! Gräfin haben zu hoch gereizt. Wir müssen den Rückzug antreten.

GROSSMUTTER: Noch nicht, Nero. Ich habe noch das As in der Hand. Herr Schulmeister, ich erfülle Ihnen drei Forderungen, wenn Sie meinen Enkel freilassen.

MOLLFELS: Sie sollten darauf eingehen, Herr Schulmeister. Da ist eine Menge rauszuholen.

RATTENGIFT: Soll ich die Forderungen formulieren? Ich habe einen besseren Stil.

SCHULMEISTER: Moment.

Der Schulmeister beflüstert sich mit Mollfels und Rattengift. Dabei zählt er die Positionen an den Fingern ab: erstens, zweitens, drittens. Sie werden sich einig.

GROSSMUTTER: Also? Wie lautet die erste Forderung?

RATTENGIFT: Gräfin, Ihr Enkel hat schlechte Theaterstücke geschrieben und die gegenwärtigen Dramatiker in seine üble Gesellschaft gebracht. Er hat da Einfluß auf die Kollegen. Die Forderung: er soll noch einmal zur Schule gehen, es können auch Abendkurse der Volkshochschule sein; er soll alles bisher Geschriebene für die Energieerzeugung daheim verbrennen und dann mit seinen Kumpeln Stückeschreibern Lessing studieren.

GROSSMUTTER: Sie haben sehr vernünftige Forderungen. Der Lümmel hat wirklich zu oft die Schule geschwänzt und seine Doktorarbeit nie zuende geschrieben. – Bitte die zweite Forderung.

SCHULMEISTER: Sie schicken die ach so armen Seelen aller Politiker, die bei Ihnen gelandet sind, mit dem Auftrag zurück in die Bundesrepublik, daß sie in die Seelen der lebenden Kulturpolitiker eindringen und bewirken, daß Geist, Kunst und Kultur unverzichtbare Lebensqualitäten sind, auch wenn das an die Kasse geht. Brot und Wein kosten schließlich auch Geld. Denn die Erfinder in der Industrie brauchen gute Geister, die Wissenschaftler noch bessere, die Manager des Kapitals ganz besonders. Sie werden zugeben, daß es bei den hohen bis allerhöchsten Politikern doch sehr an der Kunst fehlt, die Völker vernünftig zu führen.

GROSSMUTTER: Sie wollen das Wort Europäische Gemeinschaft vermeiden, Herr Schulmeister?

SCHULMEISTER: Ja. Ich hatte einen in meiner Schule. Er schaffte nicht einmal die mittlere Reife. Trägt aber die Titel Präsident und Professor. Und wenn er mal seine Eltern besucht, mich grüßt er nicht mal mehr.

GROSSMUTTER: Ich werde mir den Mann vornehmen, wenn es so weit ist. Aber was Sie sonst verlangen, Herr Schulmeister ist soviel, daß ich erst wieder Dozentin werden müßte, um die Kulturpolitiker in Abendkursen zu erziehen. Deren Göttlichkeit ist mehr gefragt als Intelligenz und teuflisches Benehmen. Sie sollten d i e Forderung besser bei unserer Konkurrenz stellen.

SCHULMEISTER: Gräfin, mit dem lieben Gott zu drohen, bewirkt im liberalen Deutschland überhaupt nichts mehr. Mir graut davor, im Himmel mit denen leben zu müssen.

TEUFEL: Sie können ja zu mir kommen.

MOLLFELS: Bleiben wir bei den Forderungen. Die dritte ist, daß Sie die Pantoffelkinohelden und -heldinnen über den Apparat infizieren, damit sie wieder bewegte Kulturteilnehmer werden. Und daß in den Nächten ein denkendes Publikum gezeugt wird, das in die Theater geht. Ich weise darauf hin, daß ich derzeit ein solches Institut eröffne, weil wir nur in der Gemeinschaft von Schauspielern und Zuschauern zum moralischen

moralischen Anstand zurückfinden und dann vielleicht zur Krone der Schöpfung werden können.

NERO: Wau! Wau! Wau!

GROSSMUTTER: Teufel!

TEUFEL: Meinst du mich?

GROSSMUTTER: Hast du dein Testament gemacht?

TEUFEL: Nein. Warum fragst du danach?

GROSSMUTTER: Du wirst aus dem Käfig nicht mehr rauskommen und verhungern und erfrieren.

TEUFEL: Du willst dir die höllische Erbschaft sichern?

GROSSMUTTER: Was der Mensch da fordert, übersteigt nicht nur unsere Kräfte, sondern macht uns auch arbeitslos.

TEUFEL: Siehst du, Großmutter, das kommt dabei raus, wenn du mich zur Schule prügelst und mit Nero über den Zeitgeist diskutierst.

NERO: Wau wau! Was erlaubt sich der Lümmel? Als ob ich ein dummer Hund wäre!

GROSSMUTTER *zu Mollfels:* Ihre Forderung ist politisch nicht durchsetzbar. Sie rütteln an der Existenz meines Unternehmens. Und – auf längere Sicht – auch an Ihrem Staat. Wir sind auf den Import der bösen Seelen angewiesen. Bleiben die da oben, nimmt das Verbrechen derart zu, daß Deutschland nicht mehr ein sozialer Rechtsstaat ist, sondern dort bald wieder millionenstarke Endlösungen herbeigeführt werden.

SCHULMEISTER: Gräfin, der Teufel erfriert im Käfig, und morgen, wenn die Post wieder geht, ab in den Himmel.

NERO: Wau! Wau! Gräfin, Sie sollten lieber die letzte Forderung erfüllen. Wir können uns ja wieder auf das konzentrieren, wofür wir geschaffen wurden: die Seelen der schwachen Menschen – Alkoholiker und Nikotiniker, Lieblosigkeit und kleinere Ladendiebstähle. Unser Ausflug in die Gigantomanie hat uns doch ruiniert. Sie rufen nach der Neutronenbombe, und da weiß der Teufel nicht, wo er sie versteckt hat. Sie brauchen die friesischen Regimenter, aber da sind alle auf den Feldern oder in der Kneipe. Sie glauben, die Raketen in Lippe-Detmold würden was ausrichten, da stehen wir selber im Ziel. Es kann doch nicht der Sinn der Vernichtung anderer sein, daß wir uns selbst vernichten.

STIMME GRABBES *aus dem Hintergrund:* Was heißt hier Lippe-Detmold?

> Unruhe: „Ach du liebe Zeit!" – „Ich dachte, der wäre längst in der Hölle." – „Der hat uns noch gefehlt!"

MOLLFELS: Wer ist das denn?

SCHULMEISTER: Ein alter Schüler. Er wollte Kultusminister in Lippe-Detmold werden, schaffte es aber nur zum Kanonikustoren. Heute sagt man zu so was Staatsanwalt. Dann hat er einige Theaterstücke geschrieben und wollte besser sein als Schiller und Goethe. Der vermaledeite Grabbe, oder – wie man ihn eigentlich nennen sollte – der zwergichte Krabbe, Mitautor dieses Theaterstücks. Er ist dumm wie ein Ochse, kuhflatet auf alle Dichter und Denker und Richter und Henker und Theater- und Programmdirektoren und Minister und ihre Konkubinen, und hat nicht mal Respekt vor den Landesfürsten, den Polizeipräsidenten, den Müllkutschern und den Generälen. *Zum Teufel im Käfig:* Herr Intendant, lassen Sie schnell den eisernen Vorhang runter, wenn Sie die nächsten Tage ruhig schlafen wollen.

TEUFEL/INTENDANT: Wie kann ich das? Ich stehe im Pranger! Das haben Sie davon, mich einzusperren!

> *Mit Grabbe alias Kultusminister treten alle anderen Schauspieler auf. Der Kultusminister hat ein Reclamheft in der Hand.*

INSPIZIENT: Der eiserne Vorhang klemmt auch.

KULTUSMINISTER/GRABBE *zum Intendant/Teufel:* Wer sind Sie? Der Teufel oder der Intendant dieser Kolportagebühne?

INTENDANT/TEUFEL: Beides, Herr Staatsanwalt. Aber das mit meiner Frau, das können Sie mir nicht anhängen. Für all den anderen Unfug in meiner Dienstzeit will ich gern Buße tun.

> *Der Kultusminister reicht dem Intendanten das Reclamheft in den Käfig. Zugleich kommt Theo Durrok auf die Bühne und legt der Großmutter/Dramaturgin die Handfessel an.*

INTENDANT: Ich habe meine Brille nicht dabei. *Er gibt der Dramaturgin das Reclamheft:* Wie heißt das Ding, Oma?

DRAMATURGIN: Noch bin ich nicht Oma. Aber das Ding heißt „Don Juan und Faust", eine Tragödie von Christian Dietrich Grabowski – – nein, pardon, – Grabbe.

KULTUSMINISTER *zum Teufel/Intendanten:* Sie sind auf der Stelle frei, und alle Ihre Intendantenverfehlungen sind gebüßt, wenn Sie das aufführen.

INTENDANT: Und Sie bringen das Geld dafür mit?

KULTUSMINISTER: Ach, was ist schon Geld? Ich bringe den Geist mit für das deutsche Theater. Und bedenken Sie, Herr Teufelsintendant: Das Drama ist bis heute nur ein einzigesmal gespielt worden. Mein Freund Albert Lortzing spielte den Leporello und schrieb auch selber die Musik.

Er nimmt der Dramaturgin das Reclamheft aus der Hand und schlägt es auf. Dann kniet er nieder – zufällig vor der Dramaturgin – und liest vor:

KULTUSMINISTER/GRABBE: Armselig ist der Mensch!
Nichts Großes, sei's
Religion, sei's Liebe, kommt unmittelbar
zu ihm – er muß 'ne Wetterleiter haben! –
Wie glücklich könnt ich sein, wenn ich nicht
mich an die Hölle damals schon verkauft,
als ich dies Weib zuerst erblickte.

Der Kultusminister steht auf, tritt zur Rampe:

KULTUSMINISTER: Einhundertsechzig Jahre sind vergangen. Was ist seitdem am deutschen Theater besser geworden? – Nichts!

Ein Männerchor ertönt: „Lippe-Detmold, eine wunderschöne Stadt, darinnen ein Soldat – –" Wenn das Licht langsam erlischt, gehen die Schauspieler von der Bühne. Pauline Mayr tritt an die Rampe, ein Scheinwerfer ist auf sie gerichtet:

PAULINE: Diesen Vorwurf, meine verehrten Zuschauer, können wir vom Theater natürlich nicht auf uns sitzen lassen. Denn jeder von Ihnen weiß, daß man zu Grabbes und Goethes Zeiten Theater spielte bei Petroleumlicht. Muß man denn jeden Fortschritt verteufeln, wenn wir heute durch den Atomkraftwerksstrom viel hellere Bühnen haben als die damals? Und elektronisch gesteuerte Dreh- und Hebebühnen mit echten Gewittern und Wasserstoffbombenexplosionen vom Tonband, nicht wahr?

Ja, und dann bleibt noch nachzutragen, daß unsere Dramaturgin mit fünf Jahren davonkam. In einem großen Prozeß bei immer überfülltem Zuschauerraum konnte der Verteidiger Walter Grabowski nachweisen, daß der Dichter der „Indirah"-Tragödie, also der Sohn der Angeklagten und des Verteidigers, unser netter Inspizient Frank Kuhling, in der Regieanweisung geschrieben hatte: „Der Schuß" – also aus der Pistole, dem Corpus delicti – „der Schuß geht daneben". Tatsächlich zu Tode getroffen werden sollte die Indirah aus der Pistole eines Sikhs, gespielt von einem Statisten. Maria Magdalena Schulze sagte unter Eid aus, daß sie das Intendanten-Ehepaar nur habe in der Premiere bei vollem Haus total erschrecken wollen mit einer hinter der Hauptdarstellerin einschlagenden Kugel. Nur – in der Erregung über den Brief – habe der Intendant als Nebendarsteller schon auf der Generalprobe geschossen: Daneben, und somit seine Frau tot.

Und nach dem Prinzip: im Zweifelsfalle für die Angeklagte verurteilte man Maria Magdalena Schulze wegen grobfahrlässiger Handlungsweise mit Tötungsfolge eben nur zu fünf Jahren Gefängnis, von denen sie dreidreiviertel Jahre absitzen mußte; wegen guter Führung, ganz klar. Und was wurde aus den anderern? Der Kultusminister trat unter dem Druck der Opposition doch schließlich zurück und überlegt derzeit, ob er dem Ruf nach Bonn folgen soll als Bundesbeauftragter für das Sommertheater.

Aus dem lieben Frank wurde auf dem Verwaltungswege wieder der Freiherr Franz von Kampendonk-Hellmann. Er zog sich mit seiner Annegret auf den Herrensitz seiner Ahnen zurück, schrieb ein gutes Schauspiel nach dem anderen, überholte den Xaver Kroetz beim 44. Stück und wurde als Romanschriftsteller der ärgste Konkurrent von Siegfried Lenz. Er und seine Mutter, die fleißig mitschrieb, als sie die Freiheit wieder genießen konnte, hoffen nach getaner Arbeit am Abend auf den Nobelpreis, der eigentlich längst wieder auf einen Deutschen fallen muß. Und jedes Jahr zur Ferienzeit kommt der nette alte Onkel Theo Durrok zu Besuch, weil der doch in seinem Eifer bei der Aufklärung des Theaterunglücks die verschollene Geburtsurkunde gefunden hatte. Denn ohne die würden Franz und Annegret nicht die Freiherren sein, sondern er nur ein mittelmäßig bezalter Inspizient und sie eine naive Darstellerin mit ungewisser Karriere.

So schenkte Annegret dem Freiherrn Franz drei weitere Kinder: Dem Ingo folgte die Ingrid, dem Gunnar die Ramona. So leben sie alle glücklich und zufrieden, und wenn sie nicht gestorben sind, dann leben sie noch heute.

ENDE

DIE MÄNNER SIND ALLE VERBRECHER

Die Personen:

FAUSTINE Romanov (60)

Victor ROMANOV (65)

NICOLE Romanov (40)

BORIS Romanov (38)

MADELEINE Romanov (33)

Luigi BEK-GRUBIERI (60)

Kim KYUNG (40)

FRANCHEVILLE (50)

POUSSIN (40)

YVONNE Pathé (28)

Anette WALRAMI (39)

Dimitri POMAKOFF (65)

Georg STADELMAYER (52)

Ort: Café Sanssouci in Luxemburg – Zeit: 1980

Die historische Genauigkeit bezieht sich auf den ungeklärten Tod König Boris III. im August 1943; auf die Dobrudscha-Millionen um 1940 und die Torpedierung eines französischen Frachters mit Traktorenfabrik und Werftausrüstung für Bulgarien zwei Tage nach Kriegseintritt Italiens gegen Frankreich.

1. Akt

Café außen

Ein französisches Bistro in Luxemburg mit dem Namen Café Sanssouci. Unter einer blau-weiß-roten Markise stehen drei runde Tische mit je drei Stühlen. Die Tür in der großen Glaswand zum Inneren des Bistro steht weit offen.
Draußen sitzt Kim Kyung und verzehrt ein Brötchen. Die Kellnerin Nicole kommt und serviert Kyung eine Tasse Tee. Als Nicole wieder in das Bistro gehen will kommen ihr daraus – im Gespräch – Romanov und Poussin entgegen.

ROMANOV: Ach was, Monsieur Poussin, dafür ist meine Frau viel zu kleinkariert. Sie hat sich in Deutschland von einem subalternen Staatssekretär abspeisen lassen. „Da kann jeder kommen", hat der zu ihr gesagt. „Dieser Geburtsregisterauszug aus Sofia", sagte der Deutsche, „ist kein Beweis Ihrer Identität". Und dann verhöhnt er sie noch. „Ein Stück Papier, das man in Bulgarien spielend leicht kaufen kann. Selbst wenn es der kommunistische Generalsekretär persönlich unterschrieben hätte".

POUSSIN: Sie sollten ihn wegen Beleidigung verklagen.

ROMANOV: Was diese Deutschen so alles anrichten! Da lassen sie den Lenin nach Rußland zurück und ihn eine Revolution machen. Trotzki und Stalin klauen unseren ganzen Besitz in Woronesch, und durch Hitlers saudummen Krieg kommt Bulgarien zum Ostblock. Wissen Sie, was der Deutsche dann noch gesagt hat?

POUSSIN: Ihre Frau wolle die Anastasia Romanoff kopieren.

ROMANOV: Genau! Hatte ich Ihnen das schon gesagt?

POUSSIN: Nein, aber es ist bei der Höhe der Erbschaft naheliegend.

ROMANOV: Da kann ja jeder kommen! Und meine Frau hält sich für jeder, steckt auf und fährt einfach zurück. – Nicole, meinen Hut bitte. Ich gehe zum Bahnhof, den Pomakoff abholen.

Nicole geht in das Café. Die beiden Männer haben den draußen sitzenden Kim Kyung nicht bemerkt.

POUSSIN: Soll ich denn nun weiter mit Mister Matarand verhandeln?

ROMANOV: Auf jeden Fall, Monsieur Poussin. Nur durch meine Adoption kann er sich den Titel „Großfürst" zulegen.

POUSSIN: Wenn die Deutschen weiterhin Ihrer Frau die Erbschaft vorenthalten, nicht auszahlen, was wird dann aus Ihren Bauvorhaben?

ROMANOV: Ich komme schon an die Erbschaft ran. Das Spielkasino und der Center stehen so gut wie fertig.

Nicole bringt Romanov Hut und Stock.

ROMANOV: Wir nehmen jetzt einen Anwalt von allerhöchstem Format und werden hier in Luxemburg vor dem europäischen Gerichtshof gegen die Bundesrepublik klagen. Vielleicht lernen Sie nachher noch den italienischen Präsidenten Bek-Grubieri kennen; der verkehrt bei uns. Jetzt muß ich zum Bahnhof, der Bulgare kommt.

Madeleine, eine Prostituierte, kommt von der Straße und will in das Café gehen.

MADELEINE: Ah, bon jour, Monsieur Poussin. Ist das nicht ein herrlicher Tag heute?

POUSSIN: Bon jour, Madame Madeleine. Ja, herrlich, und es sieht so aus, als würde das schöne Wetter anhalten.

ROMANOV *zu Madeleine:* Hast du schon Handgeld gemacht?

MADELEINE: Ja. *Sie gibt ihm drei Geldscheine.* Ist der bulgarische Offizier schon da, Papa?

ROMANOV: Ich bin auf dem Weg zum Bahnhof.

POUSSIN *mit Romanov weitergehend:* Welches Limit habe ich denn noch gegenüber Mister Matarand? Berücksichtigen Sie auch seine Eitelkeit?

ROMANOV: Zweihundertfünfzigtausend.

Erst jetzt sieht Romanov Kim Kyung am Tisch sitzen.

ROMANOV: Ah, bon jour, Mister Kyung. Sie warten sicher auf Boris?

KYUNG: Bon jour, Monsieur Romanov. Wissen Sie, ob er in der nächsten Stunde kommt?

MADELEINE: Er ist heute früh zu Radio Television Luxemburg gefahren und läßt Ihnen sagen, daß Sie auf jeden Fall auf ihn warten möchten, weil es eine positive Entscheidung gegeben hat.

KYUNG: Danke, Madame Madeleine. *Sie geht ab in das Café.*

ROMANOV: Mister Kyung, ich hätte gern noch mit Ihnen gesprochen. Vielleicht kann ich Ihre Hilfe gebrauchen.

KYUNG: Jederzeit, Monsieur Romanov. Worum geht es denn?

ROMANOV: Mein Sohn hat mir gesagt, daß eines Ihrer Patente ein abgelenkter Laserstrahl ist, der eine gewisse Materie beliebig altern oder verjüngen kann.

KYUNG: Ja, ein Laserstrahl, wenn man eine UV-Scheibe zur Absorption dazwischenschaltet.

ROMANOV: Ist das eine umfangreiche Apparatur?

KYUNG: Etwa zwei Kubikmeter.

ROMANOV: Den Apparat haben Sie aber nicht in Luxemburg?

KYUNG: Nein. Wenn er für Sie wichtig ist, könnte ich ihn kurzfristig aus Singapur einfliegen lassen.

ROMANOV: Ich komme darauf zurück, Mister Kyung. Sie sind sehr hilfsbereit. Und es würde sich finanziell auch lohnen. Wenn Sie ein wenig Zeit haben, würden Sie bitte auf mich warten? Ich sage Ihnen dann Genaueres.

KYUNG: Sehr gern, Monsieur Romanov.

ROMANOV *ruft ins Café:* Nicole! Bring Mister Kyung noch ein Glas Tee. *Zu Poussin:* Kommen Sie, wir nehmen ein Taxi. Um die Ecke ist ein Stand.

Gerade als sie gehen wollen treten von der anderen Straßenseite Francheville und Bek-Grubieri auf. Letzterer zieht den Fuß ein wenig nach beim Gehen.

ROMANOV: Bon jour, Messieurs. Eben bin ich auf dem Weg zum Bahnhof.

BEK-GRUBIERI: Bon jour, Monsieur Romanov.

FRANCHEVILLE: Bon jour. Madame Nicole hat mich angerufen, daß ich Sie aufsuchen möchte. Unterwegs traf ich Signor Bek-Grubieri.

ROMANOV: Darf ich Sie einen Moment warten lassen? Ich muß nur eben zum Bahnhof, den Bulgaren Pomakoff abholen. Sie werden sich sicher sehr angeregt mit Signor Bek-Grubieri unterhalten. Es lohnt sich, zu warten.

BEK-GRUBIERI: Hat denn Ihr Bulgare überhaupt eine Ausreiseerlaubnis erhalten?

ROMANOV: Das hoffe ich sehr, Signor Präsident. Au revoir.

Romanov und Poussin gehen. Ehe sich Francheville und Bek-Grubieri gesetzt haben, kommt der Zeitungsjunge Jean und ruft aus:

JEAN: Das Neueste von der Flugzeugentführung! – Die Palästinenser wollen verhandeln. – Motkarl wird Europa-Präsident. Ein Deutscher kommt nach Luxemburg!

Kim Kyung, der Jean am nächsten sitzt, kauft von ihm eine Zeitung und liest. Die Herren setzen sich an den Nebentisch. Jean verschwindet auf der anderen Straßenseite.

BEK-GRUBIERI: Flugzeugentführung! Dieser Unfug! Mit Gewalt werden die Palästinenser nie was erreichen. *Lacht höhnisch:* Wenn die mich fragen, ich würde ihnen raten, sich mit den amerikanischen Juden zu arrangieren und denen ein großartiges Geschäft vorzuschlagen. Dann haben die ihren Staat in einem Jahr.

FRANCHEVILLE: Das halte ich für absurd, Signor Präsident. Gibt es für das gedemütigte Volk etwas anderes als Gewalt um zu ihrem Recht zu kommen?

BEK-GRUBIERI: Sie deuten das Problem an, Monsieur Francheville. Das Recht. Haben Sie es denn überhaupt? Der Engländer Balfour hat 1916 den Juden einen Staat in dieser Region versprochen. Der Mufti in den dreißiger Jahren war der erste üble Terrorist, der sich nicht scheute, mit Hitler zu paktieren.* Es hat doch nie einen Staat Palästina gegeben.

Er schaut auf die Uhr, die er am rechten Hangelenk trägt. Nicole kommt, serviert Kim Kyung einen Tee.

NICOLE: Bon jour, Messieurs.

BEK-GRUBIERI: Bon jour, Nicole. Ich trinke einen Kaffee.

NICOLE: Und Sie, Monsieur Francheville?

FRANCHEVILLE *hat sich erhoben:* Im Prinzip auch einen Kaffee, aber bitte entschuldigen Sie mich einen Augenblick. Zuvor hätte ich in der Avenue Maria Theresia eine Kleinigkeit erledigt. Sind Sie dann noch hier?

BEK-GRUBIERI: Bin ich.

FRANCHEVILLE: Au revoir. *Er geht ab.*

NICOLE: Was für ein wunderschöner Tag heute, nicht wahr, Signor Präsident? Sie bekommen Ihren Kaffee. *Ab.*

Erneut kommt der Zeitungsjunge vorbei und ruft:

JEAN: Motkarl wird Europa-Präsident! Ein Deutscher kommt nach Luxemburg.
Bek-Grubieri winkt dem Jungen, kauft eine Zeitung.
JEAN: Auch das Neueste von der Flugzeugentführung, Signor Präsident.
BEK-GRUBIERI: Das interessiert mich im Moment wenig.
JEAN: Aber daß ein Deutscher Europa-Präsident wird?
BEK-GRUBIERI: Warum nicht? Deutschland gehört zu Europa.
JEAN: Finden Sie nicht, daß sich die Deutschen schon wieder zu breit machen? Man spürt doch förmlich ihre Hegemoniebestrebungen in der Landwirtschaft.
BEK-GRUBIERI: Diesen Katastrophenladen haben eher die anderen Agrarländer verschuldet mit den niedrigen Löhnen.
JEAN: Nicht alle können ihre Löhne so hoch schrauben wie die deutschen Arbeiter. Wir in Luxemburg –
BEK-GRUBIERI *unterbricht ihn:* Eines verstehe ich nicht, mein Junge. Wie kann ein so intelligenter Kerl nur dazu dienen, Zeitungen zu verkaufen anstatt drin zu schreiben?
JEAN: Weil man mich in der Redaktion unterdrückt. Diese Zeitung will mich nicht haben.
BEK-GRUBIERI: Du hast doch studiert, habe ich mal gehört.
JEAN: Ja, das habe ich. Aber was nützt das? Ich habe keine Anstellung, dabei schreibe ich Artikel genug.
Bek-Grubieri schüttelt den Kopf, schlägt die Zeitung auf und liest.
JEAN *geht ausrufend weiter:* Das Neueste von Flugzeug- Entführung! – Motkarl wird Europa-Präsident! *Ab.*
BEK-GRUBIERI: Immer derselbe verbrecherische Unfug! Die Palästinenser bringen einen um, und dann geben sie auf.
Er sieht Kim Kyung an, der gerade hinschaut.
BEK-GRUBIERI: Halten Sie das für richtig?
KYUNG: Ich habe nicht verstanden, Signor. Meinen Sie die Karriere des Deutschen zum Europa-Präsidenten?
BEK-GRUBIERI: Nein, die Luftpiraten. Jede Woche ein neuer Gewaltakt. Wenn das alle machen würden, um sogenannte Politik durchzusetzen, ist die Menschheit bald am Ende.
KYUNG *freundlich:* Gestatten Sie, daß ich mich nicht dazu äußere.

BEK-GRUBIERI: Und wenn Sie zufällig einer der Passagiere wären? Ich nehme nicht an, daß Sie den Weg aus Ihrer Heimat zu Fuß gelaufen sind.

KYUNG: Signor, wie ich schon sagte, ich möchte mich dazu nicht äußern.

BEK-GRUBIERI: Oder haben Sie was für die Kerle übrig? Ihrem Aussehen nach sind Sie doch da irgendwo aus Südostasien. Etwa aus dem kommunistischen Korea? Da könnte ich das vielleicht verstehen, aber noch lange nicht die Gewalt. Da stecken doch sicher die Russen dahinter. Im Trüben fischen, das verstehen die. Sie geben den Palästinensern Geld, um hier Unruhe zu schaffen.

KYUNG: Vielleicht. Vielleicht aber auch nicht.

BEK-GRUBIERI: Die bluffen doch nur, wenn sie daherreden, sie wollen sich mit den Passagieren in die Luft sprengen. Ich kenne die Kerle, das sind doch geborene Feiglinge.

Nicole kommt aus dem Bistro und serviert Bek-Grubieri den Kaffee. Kim Kyung nutzt die Zeit, faltet die Zeitung und geht in das Café hinein.

KYUNG: Madame Nicole, bitte bringen Sie mir später noch ein Glas Tee in das Separé? *Er geht.*

NICOLE: Gern, Mister Kyung.

BEK-GRUBIERI: Geht der Kerl etwa meinetwegen hinein?

NICOLE: Ich glaube ja. Mister Kyung weicht allen Leuten aus, wenn es sich nicht um seine Angelegenheit handelt.

BEK-GRUBIERI: Kyung heißt der? Ist das ein Koreaner oder ein Philippino? Eine recht zweifelhafte Figur, was?

NICOLE: Ein Koreaner aus Singapur. Er wartet auf meinen Bruder Boris, hofft aber auch, daß die Schauspielerin Yvonne Pathé herkommt. *Etwas leiser:* Er ist doch der Vater ihres unehelichen Sohnes Christian. Ein reicher Mann, scheint es. Er kommt alle halbe Jahr nach Luxemburg und wohnt dann im Hotel Atlantik. Ich glaube, er klagt wegen seiner Patente bei Ihrem Gericht, Signor.

BEK-GRUBIERI: Mit Patenten habe ich nichts zu tun.

NICOLE: Er ist der Bruder des Fabrikanten Kyung aus Singapur, mit dem er die ganz billige Fernsehbildplatte herausbringen will. Zum Ärger der Holländer und Japaner.

BEK-GRUBIERI: Ah der! Darüber habe ich was gelesen.

NICOLE: Das pikante ist, Signor Präsident, daß sich Yvonne aber inzwischen mit meinem Bruder Boris verlobt hat. Und Boris will doch mit einem Film auf Mister Kyungs Bildplatte ins Geschäft kommen.

BEK-GRUBIERI *lacht:* Ein Dreiecks-Verhältnis? *Höhnt:* Eine Liebes-Koaliton? Kanada, Frankreich, Korea? Warum nicht? Die Zeiten ändern sich. Erst Kinder machen, dann Patente klauen, dann in Europa Fabriken bauen ohne Beschäftigte. Unmoral wird zur Moral, wenn sie nur lange genug dauert. Zuhause zahlen die Kerle Hungerlöhne, dringen mit den Plagiaten in unsere Märkte ein und machen die kaputt.

NICOLE: Sie mißverstehen das, Signor. Nicht die Liebe ist das Agens, sondern eine wirtschaftliche Zusammenarbeit, um das Niveau des Films wieder zu heben. Sehen Sie, Kim Kyung und sein Bruder haben das Geld. Sie wollen mit der äußerst preiswerten Fernsehbildplatte und den billigen Abspielgeräten auf den europäischen Markt. Das kann man nur mit einem fertigen Film, dem viele weitere folgen sollen. Yvonne Pathé ist eine gute Schauspielerin, und Boris hat ein phantastisches Drehbuch über einen Mann, der drei Tage König von Albanien war.

BEK-GRUBIERI: Wenn der König von Albanien nicht besser wird als der Film, den Boris aus Hollywood mitgebracht hat, müssen Sie das „phantastisch" weglassen.

NICOLE: Vielleicht erzählt Ihnen Boris den Inhalt. Wenn also die drei, Boris, Kim und Yvonne solch einen Film drehen für die erste Fernsehbildplatte, und obendrein das Abspielgerät zum Einstandspreis anbieten, dann entsteht gegenüber den Holländern, Japanern und Amerikanern ein Fait accompli. Die Holländer müßten einen neuen Rechtsweg beginnen, und Sie als Gerichtspräsident wissen, wie lange der dauert: vier und fünf Jahre. Bis dahin haben die drei einen erheblichen Marktvorsprung.

BEK-GRUBIERI: Jetzt bin ich fast gespannt auf die Filmidee und wie Ihr Bruder die umsetzt. Hoffentlich nicht wieder so ein Schmachtfetzen.

NICOLE: Sind Sie nicht so hart, Signor Präsident. Immerhin hat es der Schmachtfetzen ermöglicht, daß wir von Vancouver nach Luxemburg übersiedeln konnten und wir drei Geschwister jeder eine bescheidene Existenz haben.

BEK-GRUBIERI *lächelt:* Existenz? Ihre Schwester Madeleine? Nennen Sie den Strich eine Existenz?

NICOLE: Zur Zeit verdient Madeleine damit mehr als ich in diesem Bistro und mein Bruder mit der Filmerei. Und dann hat der Sex doch heute einen ganz anderen Stellenwert bekommen. Wir bejahen unsere Körper. Warum soll man denn noch so prüde sein wie früher? Und nicht zuletzt die materielle Seite.

BEK-GRUBIERI: Ist das möglich? Sex als Wirtschaftsfaktor in Europa? Wenn Ihr Herr Papa einen Eros-Center baut und ein Spielkasino, könnte das vielleicht möglich werden.

NICOLE: Was glauben Sie denn, Signor Präsident, was mal alles nach Luxemburg zieht, wenn sie erst die Hauptstadt Europas ist? Die anderen Länder lassen sich wegen der Gehälter nicht lumpen. Das wird die finanziell kräftigste Gesellschaftsschicht, bei der man absahnen kann.

BEK-GRUBIERI: Madame Nicole, es macht mich nachdenklich, daß Sie bei dem Stichwort Europa zu allererst ans Geld denken, das abzusahnen ist. Auf diese Weise kommt Europa niemals zustande.

NICOLE: Wie würden Sie es denn machen?

BEK-GRUBIERI: Ich? Wenn ich nicht durch mein Amt an die Neutralität gebunden wäre, würde ich endlich d i e Europa-Partei gründen. Sieben Personen reichen für eine Gründung schon aus. Einer meiner Landsleute wäre ein idealer Vereinsgründer. Und dann würde geklotzt und nicht kleineuropäisch gekleckert wie bisher.

NICOLE: Denken Sie bei den sieben Personen auch an uns fünf Romanovs?

BEK-GRUBIERI: Sehr gern. Ihr Vater hat doch phantastische Energien in sich, er ist ein Organisationstalent. Er sollte vielleicht, statt ein Spielkasino und Bordell zu bauen lieber der Generalsekretär einer Europa-Partei werden.

NICOLE *lächelt:* Sie gehen davon aus, was er Ihnen alles von sich gesagt hat, nicht wahr? Aber meinen Vater sehe ich nicht als Generalsekretär. Dazu fehlt ihm der Tiefgang, wie ihn meine Mutter hat.

BEK-GRUBIERI: Ihre Frau Mutter in Ehren, aber so weit sind wir leider noch nicht, um mit einer Frau an der Spitze Europa zu beginnen. Die Damen in England und Island sind schon heute ein Risiko. Den einzigen Schießkrieg seit 1945 in Europa mußte diese Engländerin machen. Für die Ehre am Arsch der Welt – bitte verzeihen Sie den harten Ausdruck für die Falklandinseln – opferte sie Menschen, Material und Steuern. Ich kann mir Faustine Romanov, wenn auch edlen Geblütes aus der Dynastie derer von Sachsen-Coburg, als die Staatsfrau neben Männern wie Bush und Gorbatschow nicht gut vorstellen. Als zweite Vorsitzende, bitte sofort. Und Sie, Madame Nicole, machen die Kasse und – *er lächelt* – bringen die Millionen gleich mit für die Gründung. So was ist nicht billig.

NICOLE: Ihre Idee ist nicht schlecht, Signor Präsident. Und was tun Sie dabei?

BEK-GRUBIERI: Zu einer Partei gehört eine Gesellschaft von geistigem Format, sozusagen die Ideologie im Hintergrund. Das könnte ich machen, das würde ich machen. Ich werde dann eine Wilhelm Tell-Gesellschaft gründen zur Förderung des europäischen Geistes.

NICOLE: Wilhelm Tell? Das ist doch der Mann von Schiller, der dem habsburgischen Fürstenvertreter den Apfel vom Kopf geschossen hat, stimmt's?

BEK-GRUBIERI: Etwas anders war es schon, Madame Nicole. Ihr Auslandsaufenthalt entschuldigt die Bildungslücke. Wilhelm Tell mußte seinem Sohn den Apfel vom Kopf schießen. Und weil er darob sehr böse war, erschoß er den Fürstenvertreter und verhalf damit der Schweiz zu ihrer Gründung. Ein typisches Beispiel dafür, daß neben dem Geist, der die Materie bewegt, auch eine gesunde Portion Selbstbehauptung gehört. Und nicht die heutige Art und Weise, mit der sie Europa zusammenkleben wollen, wie über Landwirtschaft, Chemie, Kohle, Stahl und Atomenergie.

NICOLE: Soll ich aus der Andeutung von Pfeil und Bogen entnehmen, daß Ihre Geistesgesellschaft neben der Ideologie auch gelegentlich mal den einen oder anderen Querkopf eliminieren würde?

BEK-GRUBIERI: Das stünde zwar nicht in der Satzung, aber auszuschließen ist das nicht.

NICOLE *frivol:* Dann haben Sie sicher schon eine Abschuß-
liste im Kopf? Wer führt sie an? Wer steht Ihrer Europa-Idee
im Wege, daß er – – sagen wir so: vorzeitig das Zeitliche
segnen müßte?
BEK-GRUBIERI: Zu meinem Bedauern kein Mann.
NICOLE: Oh, ich begreife. Sind Sie ein Weiberfeind?
BEK-GRUBIERI *lächelt:* Nur im politischen Bereich und mit
den entsprechenden Einschränkungen. Nein, ich bin in erster
Linie ein Mann, der nicht über seinen Schatten zu springen
in der Lage ist. Der wohl aber den Punkt gefunden hat, wo
Europa wirklich begonnen werden muß. Wird einem nicht
übel dabei, wenn man zu Beginn über Bier und Wein und
über Kartoffeln streitet, wo eine Einheitlichkeit aus der vor-
absolutistischen Zeit sofort festgelegt werden müßte?
NICOLE: Sie sind der ideale Gesprächspartner für meine
Schwester. Sie ist nicht nur von der Europaidee begeistert,
sondern war in Vancouver als Sekretärin bei unserem Haus-
freund. Ein Moraltheologe, dessen großes Thema die Beseiti-
gung des Absolutismus ist. Madeleine wartet auf den starken
Mann für Europa.
  Derweil ist Madeleine aus dem Bistro gekommen und
  hat Nicoles letzten Satz noch gehört. Als Bek-Grubie-
  ri sie sieht, sagt er charmant:
BEK-GRUBIERI: Wenn man von einer schönen Frau spricht,
ist sie nicht weit.
NICOLE: Stell dir vor, Madeleine, Signor Bek-Grubieri befaßt
sich mit der Gründung einer geistigen Gesellschaft zur Förderung Europas.
MADELEINE: Tatsächlich? Wir warten ja alle so sehr auf das
neue Europa, daß ein großes mächtiges Reich entsteht als
Gegengewicht zum Sozialismus und Kapitalismus.
NICOLE: Weißt du noch, was unser Freund in Vancouver gesagt
hat? Der große Erlöser vom kleinkarierten Joch des Nationa-
lismus ist noch nicht geboren.
BEK-GRUBIERI: Wir müssen uns darum bemühen.
MADELEINE: Hätten Sie eine Verwendung für mich, Signor
Präsident? Ich kann nicht nur stenographieren und maschi-
nenschreiben.
BEK-GRUBIERI: Ihre Schwester deutete mir so was an. Kann
man mit Ihnen darüber reden?

MADELEINE: Jederzeit. Wohin darf ich Sie fahren? Mein Mercedes steht um die Ecke? Zu mir? Zu Ihnen?

BEK-GRUBIERI *steht auf:* Madame Nicole, ich komme später noch einmal vorbei. *Er nimmt Madeleine am Arm und geht mit ihr einige Schritte.* Wieviel?

MADELEINE: Aber doch nicht für Sie, Signor Präsident.
Sie wollen gerade gehen, da treffen sie auf den zurückkommenden Romanov.

BEK-GRUBIERI: Allein, Monsieur Romanov? Hat der Bulgare doch keine Ausreiseerlaubnis bekommen?

ROMANOV: Er kann ein Flugzeug genommen haben. Reisen wird er sicher, und man läßt ihn auch hinaus.

BEK-GRUBIERI: Was will er denn in Luxemburg?

ROMANOV: Die Deutschen weigern sich, die Identität meiner Frau anzuerkennen. Inzwischen hat sich herausgestellt, daß neben der Erbschaft in Deutschland noch rund 250 Millionen in der Schweiz auf einem Nummernkonto liegen.

BEK-GRUBIERI: 250 Millionen? Und die Nummer weiß Ihr bulgarischer Besucher?

ROMANOV: Das bleibt abzuwarten. Wir müssen erst die Identität nachweisen. Wir werden uns zunächst einmal einen Anwalt nehmen. Und darüber hätte ich mich gern mit Ihnen unterhalten, wenn Ihnen das recht ist?

BEK-GRUBIERI: Heute abend?

ROMANOV: Sehr gern. Kommen Sie in mein Café?

BEK-GRUBIERI: Mache ich. Sie wissen, mich interessiert das Schicksal Ihrer Familie. *Er geht mit Madeleine ab.*

ROMANOV: Unterhalten Sie sich gut, Signor Präsident.

NICOLE: Glaubst du, daß Dimitri Pomakoff mit dem Flugzeug kommt?

ROMANOV: Ich weiß es nicht, Nicole. Aber ich weiß inzwischen einen anderen Weg zur Identität von Mama.
Von der anderen Straßenseite kommt Francheville.

ROMANOV: Ah, da sind Sie ja, Monsieur. Kommen Sie, setzen wir uns. Was trinken Sie? Kognak, Kaffee? Sekt?

FRANCHEVILLE: Einen Kaffee bitte.

ROMANOV: Zwei Kaffee, Nicole. – Wo ist denn unser Mister Kyung?

NICOLE: Im Separé.

FRANCHEVILLE: Kyung heißt der? Ist das der Koreaner mit der neuen billigen Fernsehbildplatte?
ROMANOV: Ja. Wir sollten also nicht so laut sprechen. *Er lacht:* Vielleicht sitzt er mit einem Richtmikrofon im Separé und belauscht uns.
FRANCHEVILLE: Ebenfalls eines seiner geklauten Patente?
ROMANOV: Wie das so üblich ist, alles geklaut. Aber der kann uns vielleicht mit einer anderswo „geklauten" Erfindung behilflich sein. Mit einem abgewandelten Laserstrahl kann er Papier und Tinte künstlich altern. Außerdem hat er was mit meinem Sohn Boris vor in der Hoffnung auf das große Geld. – Ja, also Monsieur Francheville, wenn ich von Mister Matarand gegen eine Adoption auf meinen Titel „Großfürst" das Geld bekomme, beginne ich mit dem Bau des Spielkasinos. Ich habe –
 Er wird von dem vorbeigehenden Zeitungsverkäufer Jean unterbrochen.
JEAN *ruft aus:* Motkarl wird Europa-Präsident! Ein Deutscher kommt nach Luxemburg! – Ah, Monsieur Romanov!
ROMANOV: Hat der Roman-Abdruck schon begonnen?
JEAN: Immer noch nicht.
 Romanov kauft eine Zeitung, Jean geht weiter.
JEAN: Das Neueste von der Flugzeugentführung – – *Ab.*
FRANCHEVILLE: Sie schreiben auch Romane?
ROMANOV: Nein, der Junge macht sich einen Spaß daraus, Roman und Romanov in einen Topf zu werfen. Es handelt sich lediglich um die Übersetzung eines romanisierten Theaterstücks aus dem vorigen Jahrhundert. Es dient sozusagen als Stimulanz für das andere Bauvorhaben.
FRANCHEVILLE: Für den Eros-Center? Wie heißt der Roman?
ROMANOV: „Casanova und Faust".
NICOLE *ist gekommen mit den beiden Kaffees:* Erst sollte der Eros-Center ganz ordinär „Casanova" heißen, „neues Haus". Dabei ist das überhaupt nichts Neues. Wir haben Papa das dann ausgeredet. Jetzt wird das Bordell „Don Juan" heißen.
ROMANOV: Sprich nicht vom Bordell. Und halte dich da bitte raus.
NICOLE: Warum darf ich da nicht mitreden? Es soll doch schließlich meine und Madeleines Altersversorgung sein.

ROMANOV: Wenn der Center fertig ist. Was davor kommt, ist wenig für frauliche Belange geeignet. Sag mir lieber, warum Madeleine hier rumläuft und animiert?

NICOLE: Weil in der Avenue Rousseau gebaut wird.

ROMANOV: Na und? Haben da die Architekten, Bauherren und Ingenieure kein Geld und keine Gefühle?

NICOLE: Papa, mach das bitte mit Madeleine aus. *Ab.*

FRANCHEVILLE: Sie kennen sich hier gut aus, Monsieur. Regt die Straßenatmosphäre Ihren Geschäftssinn an?

ROMANOV: Das Café gehört mir. Und die Kellnerin und die Dame vorhin, die jetzt den Italiener bedient, sind meine Töchter.

FRANCHEVILLE *erstaunt:* Aha! Und eh – Ihre andere Tochter? Sie, eh – ja ja, könnte ganz nett sein. Aber wenn man weiß, wer ihr Vater ist? Da sind so Relikte von Moral, verstehen Sie?

ROMANOV *mit wegwerfender Handbewegung:* Wenn wir zu einem guten Abschluß kommen, Monsieur Francheville, kriegen Sie ein Schäferstündchen gratis. Madeleine wird sie die Relikte vergessen machen, als wären Sie mein Schwiegersohn. Sie versteht ihre Arbeit als notwendiger Teil einer morbiden Gesellschaft, die auf das Naturell der Männer und vor allem der jungen Leute nur Phrasen übrig hat und mit der Hölle droht.

FRANCHEVILLE: Weiß die Großfürstin davon?

ROMANOV: Sie war doch genau so, daher kenne ich sie. Als wir damals Spaß und Freude und Glück miteinander hatten, damals in Paris, da kamen die Deutschen. Aber sagen Sie selber: Sind meine Töchter nicht reizend? Nicole hat sogar einen Hang zum Intellektuellen. Nur gelegentlich wird sie politisch und dann – –

Nicole kommt und serviert Keks zum Kaffee.

ROMANOV: – und dann etwas gefährlich. Sie hat dann solche Ideen von Liberalität und Recht und Emanzipation, vielleicht – *er lacht* – weil eine unserer Nebenstraßen Avenue Rousseau heißt.

NICOLE: Liberté, Egalité, Fraternité. Dafür lohnt es sich doch zu kämpfen. Für eine bessere Welt, für Europa.

FRANCHEVILLE: Ist die heutige Welt nicht gut?

NICOLE: Nein, überhaupt nicht. Das ganze Drum und Dran ist nur eine Vorstufe des Fegefeuers auf der Erde. Die Ausbeutung des Menschen mit lediglich sanfteren Mitteln des Kapitals als der früheren Sklaverei. Nur weil es dabei ums Geld geht, fragt man nicht mehr nach der Moral, sondern fügt als Notwendigkeit hinzu, daß sich das Geld bewegen müsse.

ROMANOV: Da hören Sie ihre Politik, nicht wahr?

NICOLE: Du solltest dich mal in aller Ruhe mit dem Signor Bek-Grubieri unterhalten, von dem könntest du noch was lernen.

ROMANOV: Hoffentlich können wir zunächst mal seine Stellung am Gerichtshof benutzen. Über Europa reden können wir dann noch immer. So schnell funktioniert das nicht.

NICOLE: Du hast nur materielle Interessen. Du willst nur absahnen, und mit welch üblen Methoden. Pfui, Papa!

ROMANOV: Wir müssen an unsere Zukunft denken, mein Kind. Und die heißt nun mal Geld. *Nicole geht zurück.* – Wir kleinen Leute, Monsieur Francheville, wir können wohl kaum die Welt verändern, wenn wir nicht höhere Beamte sind.

FRANCHEVILLE: Ich bin nur zufällig ein höherer Beamter, Monsieur Romanov. Ich hatte in Paris meine gute Stellung im Registeramt, aber da wollten sie mich raushaben. So bin ich – *er lächelt* – eben nach oben gestolpert.

ROMANOV: Sehen Sie meinen Sohn Boris. Er ist nicht sonderlich talentiert, das große Geld zu machen. Er kann es nur großartig und verlustreich ausgeben. Sie wissen vielleicht inzwischen, daß die Deutschen die Erbschaft meiner Frau hintertreiben. Wenn der Bulgare nicht ein Dokument mitbringt, und das ist wahrscheinlich, dann muß ich zu anderen Mitteln greifen. Ich habe nämlich die Grundstücke für das Spielkasino und den Eros-Center auf unsere Namen eintragen lassen, aber noch nicht bezahlt. Es sei denn, Sie helfen uns, Monsieur Francheville.

FRANCHEVILLE: Und wie kann ich das?

ROMANOV: Sind eine Million Schweizer Franken für Sie diskutabel?

FRANCHEVILLE: Eine Million? Und was hätte ich dafür zu tun? Denken Sie an die Fälschung eines Dokumentes?

ROMANOV: Es ist keine Fälschung, sondern lediglich die Korrektur der Unterlassung an dem Tage, da die Deutschen in Paris einmarschierten. Meine Frau Faustine ist nicht nur durch die Heirat mit mir eine Großfürstin von Woronesch, sondern die Tochter des Königs Boris dem Dritten von Bulgarien und die Enkelin des Zaren Ferdinand von Sachsen-Coburg. Müssen wir mit einem so abscheulichen Leben bestraft werden für die Schäferstündchen vor vierzig Jahren? Und weil die Deutschen einen Krieg angefangen haben? Erst haben Lenin, Trotzki und Stalin meine Familie in Rußland zugrunde gerichtet, dann Hitler und seine Bande, jetzt tut es die deutsche Bürokratie.

FRANCHEVILLE: Sie haben mir das vor einigen Tagen schon angedeutet, die Schäferstündchen vor vierzig Jahren. Sie sind doch mit Ihrer Frau verheiratet, oder nicht?

ROMANOV: Stellen Sie sich das einmal vor! Und sogar drei Kinder. Und alle drei sind ihrem Groß- und Urgroßvater, den deutsch-bulgarischen Königen, wie aus dem Gesicht geschnitten. Aber wir haben weder für Nicole eine Geburtsurkunde noch habe ich mit Faustine ein Heiratszeugnis. Wir sind in der Eile, in letzter Stunde vor der Flucht aus Paris, von einem freundlichen Pfarrer getraut worden. Und ausgerechnet den haben die Deutschen umgebracht. Was ich brauche, ist eine Heiratsurkunde, die der Untersuchung eines Kriminallabors standhält.

FRANCHEVILLE: Ihre Frau ist in Sofia geboren? Dort gibt es ein Familienregister. Ich hatte mehrfach damit zu tun.

ROMANOV: Ja, genau so eines wie früher das Ihre in Paris. Wir haben die Geburtsurkunde, eine Abschrift aus Sofia, aber die Deutschen erkennen sie nicht an, weil meine Frau bereits ein gewisses Alter hat.

FRANCHEVILLE: Und nun möchten Sie von mir ein Dokument, das einer kriminalpolizeilichen Untersuchung standhält?

ROMANOV: Ein französisches Heiratszeugnis und einen Registerauszug aus Paris vor vierzig Jahren. Technisch möglich durch ihn da. *Romanov zeigt zum Separé.*

FRANCHEVILLE: Und was geschieht mit den echt-falschen Papieren?

ROMANOV: Unser Freund, der italienische Europa-Gerichts-Präsident, wird eine Kammer mit der Klage gegen die Deutschen beauftragen, – Sie verstehen, nach der Einleitung einer Klage durch einen renommierten Anwalt, – und die Klage wird zu unseren Gunsten entschieden auf auf Grund der vorgelegten Heiratsurkunde. Der Vorsitzende der Kammer ist ein Freund des Signor Bek-Grubieri.

FRANCHEVILLE: Das kostet doch sicher einiges. Haben Sie das Geld?

ROMANOV: Die Erbschaft in Deutschland beläuft sich auf über eine Milliarde.

FRANCHEVILLE: Es wird sehr schwierig sein. Hm? Eine Milliarde?

ROMANOV: Das hört sich nach mehr an, als es ist. Denken Sie bitte nicht, daß eine Million für Sie nur ein Hauch der Ewigkeit wäre, ein Taschengeld für eine Gefälligkeit. Das meiste sind verpachtete Ländereien und Waldbesitz, der immer kostspieliger wird. Mehr als die Hälfte geht für die Steuern und andere Unkosten in Deutschland drauf. Dagegen enthält es eine Reihe von schönen Herrenhäusern. Wenn es Ihnen hier in Luxemburg nicht mehr gefallen sollte, könnten Sie gern ein solches Haus bewohnen. Es sei denn, Sie haben eine Abneigung gegen die Deutschen.

FRANCHEVILLE: Nein, die habe ich eigentlich nicht. Und Ihr Angebot ist auch einigermaßen verlockend. Begnügen sich denn die Deutschen jetzt, nachdem sie einmal abgelehnt haben, mit einer Heiratsurkunde?

ROMANOV: Ja. Außerdem werden sie bereits im Vorfeld einer Klageerhebung hören, daß sie die Erbschaft herausrücken müssen und dabei viel Geld für den Prozeß verlieren werden. Wissen Sie, wir haben es mit einem deutschen Staatssekretär zu tun für ehemalige Reichsvermögen, der in der Aufgabe nicht die Erfüllung seines Lebens sieht.

FRANCHEVILLE: Er will noch höher kommen?

ROMANOV: Oder sich, wie vielleicht auch Sie, mit einem guten Geldpolster auf einen Herrensitz zurückziehen.

FRANCHEVILLE *lächelt:* Wie sagt man in Deutschland? Geld regiert die Welt. Ich denke die ganze Zeit darüber nach, wie es geschehen konnte, daß eine Erbin fast vier Jahrzehnte nicht weiß, daß sie eine Milliardärin ist.

ROMANOV: Denken Sie mal, so ist das Leben wirklich. Wir sind reicher, als wir ahnen. Da ziehen wir von Vancouver nach Luxemburg um, geizen mit jedem Pfennig, und da trifft Madeleine gleich den Bulgaren, der vor vierzig Jahren mit Faustine in Paris war.

FRANCHEVILLE: Was ohne die umstrittene Tätigkeit auf der Straße nicht passiert wäre.

ROMANOV: Ehe sie zur Sache kommen, stellt sich heraus, daß ihre Mutter so was wie eine historische Persönlichkeit ist.

FRANCHEVILLE: Sie deuteten mir das schon an. Ihre Frau war im Auftrag der bulgarischen Regierung in Paris, als die Deutschen kamen?

ROMANOV: Ja. Aber lieber Monsieur Francheville, kann ich jetzt davon ausgehen, daß Sie an einer Provision interessiert sind?

FRANCHEVILLE *lächelt:* Ein Herrensitz in Deutschland und eine Million Schweizer Franken in Zürich?

ROMANOV: Gut. Faustine und zwei bulgarische Offiziere hatten den Auftrag, in Zürich eine Summe von 80 Millionen vom Konto des bulgarischen Königs auf ein Nummernkonto zu übertragen, mit dem der Kauf einer vollständigen Traktorenfabrik und einer Werftausrüstung in Frankreich beglichen werden sollte. Übergabe der Nummer nach Ankunft des Schiffes in Warna. Inzwischen befand sich Frankreich mit Deutschland im Krieg. Trotzdem fuhr das Schiff von Marseille ab. In dem Augenblick trat Italien in den Krieg gegen Frankreich ein und torpedierte das Schiff vor Sizilien. Faustine und die zwei Offiziere warteten vergebens auf den Anruf aus Sofia. Und dann eroberten die Deutschen Paris.

FRANCHEVILLE: Der Zettel mit der Nummer ging verloren?

ROMANOV: Schlimmer noch: Faustine und ich, schnell getraut, mußten nach Spanien und Portugal fliehen. Und das hieß in Sofia: die Prinzessin ist mit einem Russen und dem Geld durchgebrannt.

FRANCHEVILLE: Der Russe waren Sie?

ROMANOV: Und obendrein erwarteten wir ein Baby.

FRANCHEVILLE: Wo blieben die beiden bulgarischen Offiziere?

ROMANOV: Sie reisten über Spanien, England, Schweden und so weiter zurück. Der eine fuhr nach Deutschland, wo in

Coburg der alte Zar Ferdinand wohnte. Der verstand unser Dilemma nur als Durchbrennen. Der andere wurde in Sofia Adjutant des Königs Boris dem Dritten. Und auf den warten wir jetzt.

FRANCHEVILLE: Sie hoffen, dieser Bulgare weiß noch die Nummer des Kontos in der Schweiz? Solche Nummern pflegen zehn bis fünfzehn Zahlen zu haben.

ROMANOV: Wenn nicht, dann à fond perdu die Schweizer Millionen. Darum müssen wir mit einer Heiratsurkunde an den Besitz in Deutschland herankommen.

FRANCHEVILLE: Und Signor Bek-Grubieri? Erhält auch er einen Herrensitz in Deutschland und ein Schweizer Konto?

ROMANOV: Ja.

FRANCHEVILLE: Weiß der schon von seinem Glück?

ROMANOV: Heute abend. Zuvor bedarf es der Heiratsurkunde mit dem Registerauszug.

FRANCHEVILLE: Und Mister Kyung hat so einen Apparat, eine gestohlene Erfindung, mit der man derzeitiges Papier und Tinten und dergleichen auf exakt das gewünschte Jahr verändern kann?

ROMANOV: Ja. Es gibt hervorragende Muster für solche echtfalschen Dokumente. Denken Sie an Ihren Herrensitz.

FRANCHEVILLE: Oh, den habe ich noch nicht vergessen.

Sie werden unterbrochen, als Boris Romanov und Anette Walrami vor dem Café erscheinen.

BORIS: Hallo, Papa. Bon jour, Monsieur Francheville. – *Er stellt die Dame vor:* Das ist die Madame Walrami vom luxemburgischen Fernsehen.

FRANCHEVILLE: Bon jour, Madame. Ich habe Ihre letzte Produktion gesehen, ich fand das Stück recht amüsant.

WALRAMI: Danke. Wir waren mit dem Regisseur nicht so sehr zufrieden, er ließ seine Darsteller zuviel extemporieren und nivellierte damit den Stoff.

ROMANOV: Bon jour, Madame. *Zu Boris:* Drinnen sitzt dein Koreaner.

BORIS: Wir sind mit ihm verabredet. Ist der Bulgare schon da?

ROMANOV: Er kommt sicher mit dem Flugzeug.

BORIS: Madame Walrami, am besten, wir gehen zu dem Mister in das Separé. Drinnen können wir ungestört sprechen.

Francheville hat sich derweil halblaut mit Anette Walrami unterhalten und ist aufgestanden.

FRANCHEVILLE: Dann schicke ich Ihnen noch heute das Skript.

WALRAMI: Wir sind immer auf der Suche nach guten Autoren.

Francheville geleitet Frau Walrami ins Bistro.

ROMANOV: Ich glaube, Boris, der Koreaner lauert Yvonne auf.

BORIS: Wenn er erfährt, daß die Luxemburger meinen Film finanzieren, wird er sich mit Yvonne arrangieren.

ROMANOV: Mach aber keine finanziellen Angebote, mein Sohn. – *Leiser:* Wir sind erst einmal pleite.

BORIS: Wieso? Ich denke, du hast einen reichen Amerikaner zu adoptieren und der hat Dollars.

ROMANOV: Dem ist plötzlich der Titel „Großfürst von Woronesch" nicht mehr so viel wert.

BORIS: Erwartest du den Titelhändler denn nicht?

ROMANOV: Der war schon hier. Er hat einen englischen Earls-Titel an der Hand, bei dem ich aber leer ausgehe.

BORIS: Dann bliebe nur noch der Bulgare, wenn der die Nummer in der Schweiz noch weiß.

Romanov hebt unwissend die Hände. Boris geht ins Café.

S e p a r é

Ein kleiner Raum mit zwei Tischen und sechs Stühlen; die Tür zum Bistro und ein Fenster zur Straße: dem Café. – Anette Walrami und Kim Kyung sitzen sich gegenüber, Nicole steht in der Tür, als Boris eintritt.

NICOLE *zur Boris:* Trinkst du auch einen Kaffee?

BORIS: Ja. – *Nicole ab.* – Bon jour, Mister Kyung.

KYUNG: Bon jour, Mister Romanov.

BORIS *setzt sich:* Mister Kyung, ich weiß, daß es in Ihrer Heimat Sitte ist, erst auf Umwegen zur Sache zu kommen. Leider aber ist meine Zeit begrenzt.

WALRAMI: Meine auch. Monsieur Boris traf mich eben auf der Straße und schleppte mich hierher.

KYUNG: Bitte sehr, Madame Walrami, ganz wie Sie wünschen. Ich glaube nicht, daß Sie mitgekommen sind, um uns eine Absage zu erteilen.

BORIS: Im Gegenteil. Radio Television Luxemburg wird sich an unserem Albaner-Königs-Film beteiligen und Ihrer Fernsehbildplatte auf drei Jahre den Vortritt lassen. Das heißt, wir können morgen mit den ersten Vorbereitungen beginnen.

KYUNG: Gut. Und wer spielt die beiden Hauptrollen?

WALRAMI: Kurt Borkenbach aus Deutschland und Yvonne Pathé aus Frankreich.

KYUNG: Mit Yvonne Pathé bin ich nicht einverstanden.

BORIS: Mister Kyung, Madame ist über unsere familiären Beziehungen unterrichtet. Gegen die darstellerischen Qualitäten von Yvonne kann es keine Zweifel geben.

KYUNG: Mein Sohn Christian braucht Yvonne als Mutter.

BORIS: Wenn Sie auf dem Standpunkt beharren, werden wir morgen nicht beginnen. Die meisten Filmschauspielerinnen sind verheiratet und haben Kinder. Das dürfte nicht das wirkliche Problem sein.

WALRAMI: Welches ist es dann?

BORIS: Mister Kyung meint, daß durch die Publicity nach Singapur durchsickert, daß er der Vater des Kindes ist.

KYUNG: Nein, aber es gefällt mir nicht, daß Sie mir mit Yvonne meinen Sohn Christian entfremden.

BORIS: Ich habe Ihnen Yvonne nicht genommen, sondern die beiden Tatsachen, daß Sie sie nicht geheiratet haben und immer nur zur Kurzbesuchen bei ihr waren. Wahrscheinlich aber steckt die Tatsache dahinter, daß Sie anderweitig gebunden sind. Aber, Mister Kyung, wir sitzen uns hier nicht als Rivalen gegenüber, sondern als Geschäftspartner mit einer Idee, um der man nach unserem westlichen Verständnis private Dinge zurücksteckt.

WALRAMI: Messieurs, Ihre Familienangelegenheiten sind gewiß eine ernste Angelegenheit und bedürfen der Klärung. Aber ich kann Ihnen dabei nicht behilflich sein. Meine Aufgaben für Ihren Film und für Ihre Bildplatte sind nun erfüllt. Ich habe den Stoff bei unserer Direktion durchgesetzt, und die gewünschte finanzielle Beteiligung wird akzeptiert. Wir bestehen auf Yvonne Pathé.

Nicole tritt ein und serviert drei Kaffee.

NICOLE *zu Boris leise:* Monsieur Poussin ist wieder da, er sitzt draußen bei Papa.

WALRAMI: O, dem Herrn möchte ich im Moment nicht begegnen. *Sie trinkt einen Schluck Kaffee.* Hat Ihr Bistro einen Hinterausgang?
BORIS *lacht:* Will er auch Ihnen einen Titel andrehen? Ich hörte, daß die Habsburger neuerdings Geld brauchen.
WALRAMI: Nein. Monsieur Poussin meint, er müsse für seine Mission, wie er das nennt, im Fernsehen auftreten. Zur Progammzeit, nicht als Werbung. Dafür hat bei uns aber keiner Verständnis.
NICOLE: Trinken Sie in Ruhe Ihren Kaffee, Madame. Mein Bistro hat natürlich einen Hinterausgang.
KYUNG: Ist Monsieur der berüchtigte Titelhändler?
WALRAMI: Berüchtigter sind seine sogenannten Nachrichten, wenn ihn zufällig eine Kamera erwischt. Dabei ist er eine sehr zwielichtige Person. Er gibt sich als Franzose aus und ist doch nur ein Flame aus Belgien.
BORIS *zu Kyung:* Was ist mit Ihnen? Möchten Sie nicht ein französischer Baron sein? Kleinigkeit. Auch Beaumarchais hat sich den Titel Pierre de Caron gekauft, und er war doch nur ein Uhrmacher aus der hintersten Provinz.
KYUNG *lächelt:* Ist das nicht sehr kostspielig?
NICOLE: Für Sie ein Taschengeld, Mister Kyung. Sicher würde es sich gut anhören, mit „Mister Konsul" angesprochen zu werden. Oder wenn Ihr Sohn Christian ein Baron von Roqueville de Francaise würde.
KYUNG: Vielleicht komme ich nach Erscheinen der ersten Fernsehbildplatte darauf zurück.

Anette Walrami trinkt den Kaffee aus, erhebt sich und reicht Kyung und Boris die Hand. Dann geht sie mit Nicole in das Bistro.

Bistro

Eine kleine Theke mit drei Hockern; der Hinterausgang ist ein schmaler Durchlaß mit einem Vorhang. Vom Separé kommen Frau Walrami und Nicole. Neben der Theke steht Faustine Romanov.

NICOLE *überrascht:* Mama! Du hier?
FAUSTINE: Psssst! Ich sah den Konsul Poussin draußen, da habe ich den Hintereingang benutzt.

NICOLE: Mama, das ist Madame Walrami von Radio Television Luxemburg. Sie ist dort die Filmproduzentin.
WALRAMI: Bon jour, Madame Romanov.
FAUSTINE: Bon jour, Madame. Sie wollen mit meinem Sohn den Film produzieren? Taugt der Stoff denn was?
WALRAMI: Die Direktion hat inzwischen zugestimmt. Es könnte eine turbulente Komödie werden.
FAUSTINE: Dann sollten Sie aber auf einem französischen Regisseur bestehen und meinem Sohn nur die Kasse überlassen.
WALRAMI: Das ist nicht möglich, Madame. Boris Romanov ist der Drehbuchautor, und wir haben unter der Voraussetzung verhandeln müssen, daß er auch der Regisseur ist.
FAUSTINE: Haben Sie seinen Hollywoodfilm gesehen?
WALRAMI *seufzt:* Sicher. Wir werden mit Boris noch einige diesbezügliche Gespräche führen. Aber, – pardon, – da Sie die Kasse erwähnten. *Sie lächelt:* Wieviel ist denn drin?
FAUSTINE: Drin? Nichts. Aber Schulden.
WALRAMI: Boris sprach von einem reichen Bulgaren, der seinen Anteil finanzieren würde.
FAUSTINE: Auf den warten wir seit gestern abend. Aber ich zweifle, ob der reich ist. Und wenn, ob der einen Film finanziert?
WALRAMI *weicht aus:* Wir werden sehen. Au revoir, Madame.

Nicole führt Anette Walrami durch den hinteren Ausgang ab. Faustine will in das Separé gehen, bleibt stehen, als von dort Stimmen laut werden.

STIMME BORIS: Yvonne liebt Sie nicht mehr, Mister Kyung. Und ich habe mich mit ihr verlobt. Das ist hierzulande ein Rechtszustand, an den Sie nicht rütteln können.
STIMME KYUNG: Wollen Sie mir mit einem Rechtszustand meinen Sohn wegnehmen?
STIMME BORIS: Sie berufen sich auf Recht? Wenn es um die Patente geht, die Sie und Ihr Bruder und ihr alle da aus dem fernen Osten geklaut habt, dann gehen Sie mit dem Recht auf die lange Reise eines Patentstreites und machen bis dahin die bestehenden Märkte kaputt.
STIMME KYUNG: Monsieur Romanov, das sind zwei ganz verschiedene Dinge. Das eine sind Macht und Kapital, das andere sind unsere Familien- und Blutbande.

Mit einem Seufzer öffnet Faustine die Tür zum Separé und tritt ein.

Separé

FAUSTINE: Bon jour, Mister Kyung. Ich habe nicht etwa gelauscht, wohl aber war Ihr Gespräch draußen deutlich zu hören. Was Sie da über die verschiedenen Dinge gesagt haben, trifft leider zu. Aber die Entscheidung sollten Sie Yvonne Pathé allein überlassen.

KYUNG: Madame, ich habe die Liebe von Yvonne verloren, ja. Aber daß sie die Hauptrolle in einem Film spielt und unser Kind vernachlässigt, dem muß ich widersprechen.

FAUSTINE: Mister Kyung, – Boris, mein Junge. Schließt einen Kompromiß. Gebt das Filmthema Albanerkönig auf. Ich habe eine viel bessere Idee, nämlich die, die sich in diesen Tagen und Stunden in und um dieses Café abspielt. Mister Kyung, hat mein Sohn schon gesagt, daß er sich rechtmäßig König Boris der Vierte von Bulgarien nennen darf? Und daß er mit seinen Schwestern Nicole und Madeleine ein Schloß mit einem Milliardenvermögen erben kann, wenn, ja wenn die Deutschen nicht genau wie Sie eben denselben Unterschied machen würden? Macht und Kapital einerseits, und Familie und Blutsbande andererseits? Sie haben ein Kind gezeugt und sind Vater. Aber das Recht auf Ihren Sohn bekommen Sie nicht, weil Sie sich nicht schnell genug das Papier eines Standesbeamten besorgt haben. Wahrscheinlich mußten Sie auf Geschäftsreise gehen statt zum Traualtar. Ich habe schon vor vierzig Jahren ein großes Vermögen geerbt, und weil einer Hochzeit in Saus und Braus der Einmarsch der Deutschen in Paris zuvorkam, fehlt auch mir das Papier, das man nun einmal eine Heiratsurkunde nennt.

KYUNG *beeindruckt:* Ich habe nur Gerüchte vernommen, ja.

FAUSTINE: Ich kenne einen kanadischen Autor, der euch beiden eine romantisch-bittere Komödie darüber schreiben könnte. Mit mehr Esprit als dieses lächerliche Drehbuch, das die Hochstapelei in Albanien von 1913 kolportiert.

BORIS: Mama, den Albanerkönig haben die Luxemburger angenommen. Wir können noch heute mit den Vorbereitungen anfangen. Deine, unsere Familiengeschichte, die muß erst mal geschrieben werden, wenn sie überhaupt schon beendet ist. Denn dazu gehört der bulgarische Offizier, der kommen soll, aber noch nicht da ist, und wo keiner weiß, ob die ihn in Bulgarien überhaupt haben abreisen lassen. Und wenn er weder das Dokument hat noch die Nummer des Kontos in der Schweiz weiß, dann ist nicht nur das Happy-end für den Film geplatzt.

KYUNG: Da die Auswahl für die Filmstoffe sehr problematisch ist, weil wir sie mit den Luxemburgern abstimmen müssen, könnten wir Ihre Geschichte vielleicht als zweite oder dritte Fernsehbildplatte vorsehen, denn dann dürften wir unabhängig von den sogenannten Qualitätsbestimmern beim Kino und beim Fernsehen sein.

FAUSTINE *seufzt:* Sie haben recht, die Ware ist wertlos und fade geworden. Dumm, wie die Produzenten nun einmal sind, haben sie sich riesige Apparate geschaffen, die beschäftigt werden müssen. Und der Boden, auf dem das alles steht, ist morsch. Bei jedem zweiten Film, den ich sehe, weiß ich in kurzer Zeit, wie er endet.

BORIS *lächelnd zu Kyung:* Mamas Qualitätspegel ist das Nikkerchen vor dem Fernsehschirm. Ein Film, bei dem sie nicht eingeschlafen ist, kann nicht gut sein.

Draußen entsteht Unruhe. Boris schaut durch das Fenster.

BORIS: Ach herrje, Yvonne ist da. Mit dem Drehbuch. *Ab.*

FAUSTINE: Ich werde dafür sorgen, Mister Kyung, daß Sie Ihren Sohn bekommen und wenn Sie wollen, auch die Yvonne. Für meinen Sohn ist Demoiselle Pathé viel zu schade. Der braucht entweder süffisante Salondamen oder eine Putzfrau, die sich nichts sagen läßt. Lassen Sie Yvonne die Rolle spielen, sie ist ohnehin nicht sehr umfangreich, und wenn der Film zuende gedreht ist, reisen Sie mit Frau und Sohn nach Singapur.

KYUNG: Ich glaube, Sie haben recht. – Kann ich irgendetwas für Sie tun, ich meine Ihr Problem mit den Deutschen?

FAUSTINE: Ich danke Ihnen für Ihre Hilfsbereitschaft. Ich glaube, meinem Mann ist da was eingefallen. Er sitzt draußen mit einem höheren französischen Beamten, der möglicherweise Zugang zu einem Archiv in Paris hat, aus dem eventuell ein Dokument hergestellt werden kann.

KYUNG: Das es nie gegeben hat?
FAUSTINE: So ungefähr. *Beide gehen ab ins Bistro.*

Café außen

Romanov, Francheville und Poussin sitzen an den Tischen, Boris steht in der Tür. Yvonne Pathé, mit einem dicken Drehbuch in der Hand, steht da und „sagt ihre Meinung".

YVONNE: Film nennst du so etwas? Das ist eine dumme Klamotte, noch nicht einmal mit Niveau. Und was macht es schon aus, für Monsieur Poussin eine kleine Rolle hineinzuschreiben! Und wenn sie noch so klein ist, wenn er nur den einen Satz zu sagen hätte: „Bon jour, Majestät, die Pferde sind gesattelt."

BORIS: Das geht nicht mehr, weil wir morgen mit dem Film beginnen. Und was soll ein Titelhändler in meiner Story?

ROMANOV *ironisch:* Der König von Albanien hat sich doch auch selber einen Titel zugelegt. Mit dem Unterschied, daß er nicht dafür bezahlt hat, sondern drei Tage später mit der Staatskasse durchbrannte.

FRANCHEVILLE: Das allein wäre schon eine Komödie wert. *Zu Boris:* Ich würde mir das durch den Kopf gehen lassen.

YVONNE: Siehst du, alle anderen haben mehr Ahnung vom Film als du.

Faustine und Kyung kommen aus dem Bistro, gehen an Boris vorbei und setzen sich.

POUSSIN *verteidigt sich:* Ich lege gar keinen Wert auf eine Rolle in dem Film. Das war so eine Idee von Yvonne. Im übrigen betreibe ich ein seriöses Unternehmen. Titel werden in aller Welt angeboten und sind in aller Welt gefragt. Es gibt Staaten, deren Außenhandel nicht so viel hergibt, daß sie sich überall teure Auslandsvertretungen leisten können. Korea läßt sich ja auch eine Botschaft in Luxemburg schenken.

YVONNE: Ob mit oder ohne Titelhändler, der Film ist phantasielos. Eine gute Idee, aber was der Drehbuchautor daraus gemacht hat, ist Stümperei. Wo bleibt denn da der Esprit, der Gehalt, die Aussage?

FAUSTINE: Hatte denn der König von Albanien in den drei Tagen seiner Hochstapelei was gehaltvolles auszusagen?

BORIS: Eine Frau hat damals in Albanien überhaupt keine Rolle gespielt. Es ist schon genug Anachronismus, wenn wir neben der Krönung auch noch eine Hochzeit hinzugefügt haben.
ROMANOV: Und das auch nur, weil es für die Herstellung des Films nicht viel mehr kostet –
YVONNE: – und eine Frau da sein muß, die nur „Ja" sagt.
BORIS: Yvonne, du kannst auf die Rolle verzichten. Andere kommen mit Kußhand und verlangen weit weniger Gage.
Yvonne wirft Boris das Drehbuch vor die Füße.
YVONNE: Bitte sehr, Mister Filmproduzent! Ich bin doch nicht darauf angewiesen, mein Geld bei einer kanadisch-luxemburgisch-koreanischen Konglomerat-Produktion zu verdienen!
FRANCHEVILLE *sieht Poussin an:* Ich habe den Eindruck, daß eher etwas anderes dahintersteckt.
POUSSIN: Ganz bestimmt, Monsieur Francheville. Nicht umsonst ist Yvonne mit mir hierhergekommen.
BORIS: Nun hört mal auf zu spekulieren. Dieser Film ist die Basis für ein weltweites Unternehmen, das die ganze Branche Kino und Fernsehen hinwegfegen wird. Vorhin war Anette Walrami hier und hat uns die Zustimmung von Radio Television Luxemburg mitgeteilt. Morgen geht es los!
YVONNE: Ohne mich! Hast du denn das Geld beisammen? Ist euer Bulgare gekommen? Hat er die Zig-Millionen mitgebracht? Seid ihr schon die Multi-Millionäre? Kim, was mit dir? Es muß dir doch gefallen, wenn ich den Unfug nicht spiele?
KYUNG: Daß du die Hauptrolle nicht spielen willst, gefällt mir sehr. Daß der Film Unfug wird, dem kann ich nicht zustimmen. Tatsächlich wird mein Partner Boris morgen mit dem Film beginnen. Aber dann sind w i r schon abgereist.
YVONNE: Was? Wer sind denn „wir"?
KYUNG: Du, Christian und ich.
YVONNE: Nach Paris?
KYUNG: Nach Singapur. Auf dich und Christian warten eine Villa mit zwei Dienern.
ROMANOV: Na bitte, das ist doch d i e Lösung. Da kann ich mich gleich anschließen, ich habe in Singapur zu tun.
FAUSTINE: Ich würde auch reisen an Ihrer Stelle, Yvonne. Und sollte es Ihnen dort nicht gefallen, zurückreisen können Sie jederzeit.

BORIS: Moment! Und ich habe nichts mehr zu sagen? So ein Verlobter wäre heute nur noch eine Schachfigur, die man beliebig opfern kann? Und der kleine Christian erst? Das ist ein Franzose. Was soll der in Singapur?

POUSSIN: Mister Kyung, Monsieur Romanov hat mir angedeutet, daß für Ihren Sohn ein französischer Adelstitel in Frage käme.

KYUNG *lächelt:* Monsieur Titelhändler, das war nicht mein Gedanke.

Romanov winkt Kim Kyung ein wenig abseits; die anderen unterhalten sich halblaut weiter.

KYUNG: Hat Ihre geplante Reise nach Singapur mit meinem Laser-UV-Gerät zu tun?

ROMANOV: Ja. Ich bekomme die französische Heiratsurkunde aus dem Jahre 1940. Das Problem ist nur das Papier und die Tinte, die alt gemacht werden müssen.

KYUNG: Soll ich denn nicht den Apparat herkommen lassen?

ROMANOV: Meinen Sie nicht, es wäre besser, wenn ich als Tourist nach Singapur reise und wir die Bearbeitung dort vornähmen?

KYUNG: Sicher ist das billiger als der Tranport hierher.

ROMANOV: Eben. Und Sie brauchten dem Zoll auf deren Fragen keine Erklärungen abzugeben. Wer bedient den Apparat?

KYUNG: Ein koreanischer Ingenieur.

ROMANOV: Und was müßte ich dem Ingenieur dafür bezahlen?

KYUNG *winkt ab und lächelt:* Das ist nicht der Rede wert. Ich dachte, vielleicht könnten auch Sie mir behilflich sein mit einem preiswerten Kredit in Luxemburg. Sie haben doch in Ihren Plänen den Bau der koreanischen Botschaft. Wenn man das Gebäude nun ein wenig erweitern würde, dann könnte ich in der Erweiterung eine kleine Montagefabrik einrichten für die Übertragung auf die Fernsehbildplatte und die Zusammensetzung der Abspielgeräte.

ROMANOV: Sie denken immer gleich praktisch, Mister Kyung. An welche Höhe hatten Sie denn bei dem preiswerten Kredit gedacht?

KYUNG: Fünf Millionen bei zehnjähriger Tilgung.

ROMANOV: Gut. Wenn ich das Dokument aus Paris habe, können wir reisen.

Die Szene wendet sich wieder Faustine und Poussin zu; Yvonne und Boris haben sich gesetzt und reden leise miteinander.

FAUSTINE: Verhandeln Sie noch mit dem Amerikaner Matarand?

POUSSIN: Nein. Erstens hat sich herausgestellt, daß seine amerikanische Herkunft bezweifelt wird; vermutlich ist er nur ein eingewanderter Elsässer. Zweitens hat Mister oder Monsieur Matarand angeblich ein Angebot aus England. Ein heruntergekommener Adeliger bietet ihm den Titel Earl of Oldsfield mit einem Herrensitz in Kent an. Für eine edle Adoption zum Großfürsten will er nichts mehr zahlen.

FAUSTINE *zu Romanov, der sich neben sie gesetzt hat:* Du hörst, dein Wert als Großfürst sinkt. Du kannst dir die Kasino- und Bordellfinanzierung aus dem Kopf schlagen. An die Verpflichtungen, die du dabei eingegangen bist, wage ich gar nicht zu denken.

ROMANOV *versucht heiter zu sein:* Mal rauf, mal runter.

FAUSTINE: Natürlich, Monsieur Großfürst! Das habe ich nun schon vierzig Jahre gehört. Mit dem Erfolg von Null und Schulden.

ROMANOV *zu Poussin:* Müssen wir Matarand abschreiben?

POUSSIN: Vielleicht doch nicht ganz. In dem Gespräch, das ich mit ihm geführt habe, fiel der Name unseres Freundes Luigi Bek-Grubieri. Matarand horchte auf. Bek-Grubieri, fragte er, ist das der Triestiner? Spricht der deutsch? Hinkt der ein wenig? Ich antwortete, daß er meiner Meinung nach mehr österreichisch spreche und allerdings ein wenig hinke. Matarand stand auf: Dann kenne ich ihn. Wir lagen in Eschringen zusammen im Lazarett.

ROMANOV: Wie kommen ein Amerikaner und ein Italiener zusammen in ein deutsches Lazarett?

POUSSIN: Weil Matarand damals kein Amerikaner war, sondern als Soldat aus dem Elsaß auf deutscher Seite kämpfte, und Luigi Bek-Grubieri als deutscher Fliegeroffizier aus Österreich bei der Bombardierung der Maginot-Linie abgeschossen und am Bein verwundet wurde.

ROMANOV: Sieh mal einer an! *Zu Faustine:* Und mir hälst du vor, daß ich angeblich die Staatsbürgerschaften wie ein Hemd wechsle. Ich bin Russe von Geburt. Franzose, weil meine Eltern sich naturalisieren ließen. Kanadier, weil ich flüchten mußte und Luxemburger, weil ich dort ein Haus hatte.

FAUSTINE *zu Poussin:* Ich habe das beobachtet, daß Signor Bek-Grubieri ein wenig hinkt. Aber er hat nie ein Wort gesagt, daß er einmal ein deutscher Fliegeroffizier war. Andererseits ist es möglich, daß österreichische Triestiner – –, – was ist, Victor?

Romanov hat sie unter dem Tisch mit dem Fuß angestoßen, und Faustine unterbricht sich.

ROMANOV: Daß er das nie erwähnt hat, läßt darauf schließen, das was mit ihm nicht ganz echt ist. Vielleicht brauchen wir gar kein französisches Heiratszeugnis. Wahrscheinlich genügt nur seine Gefälligkeit, die Klage gegen die Deutschen einzuleiten.

FRANCHEVILLE: Womit sich eine echt-falsche Urkunde aus dem Jahre 1940 erübrigen würde?

ROMANOV: Ich glaube ja. Tut mir leid, Monsieur.

FRANCHEVILLE *erhebt sich:* Nicks Herrensitz, nicks Konto. Ja, ich glaube, ich habe noch in meinem Amt zu arbeiten. Monsieur Romanov, es hat mich sehr gefreut. Vielen Dank für den Kaffee. Wenn sich die Lage noch ändern sollte, Sie wissen, wo ich ich zu erreichen bin.

FAUSTINE: Bitte einen Augenblick, Monsieur Francheville. Ich möchte noch kurz mit Ihnen sprechen.

ROMANOV *zu Faustine:* Ich hatte ihm das Angebot schon unterbreitet. Es fällt aus.

FAUSTINE: Das meine ich im Moment nicht, ich habe etwas ganz persönlicher Art.

FRANCHEVILLE: Wollen wir hineingehen, Madame? Das ist gewiß keine Angelegenheit, die man zwischen Tür und Angel bespricht.

Faustine und Francheville gehen in das Café. Dabei stößt Faustine an das Drehbuch.

FAUSTINE *zu Boris:* Mal wieder am Boden, mein Liebling?

BORIS *hebt es auf:* Sehr richtig! So wenig, wie man eine Filmrolle einfach dahinschmeißt, weil die Darstellerin nicht lange genug vor der Kamera stehen kann, – – und die Diva einfach nach Singapur abreist.

YVONNE: Das mit Singapur hat Kim gesagt, Boris. Ich kann doch nicht von heute auf morgen eine Weltreise antreten.
KYUNG: Vielleicht ist das dein Fehler, Yvonne. Was hält dich denn noch in Luxemburg?
YVONNE: Kim, ich bin Schauspielerin, Mutter und Hausfrau, und keine Abenteurerin. Schlag dir das mit der Villa in Singapur und zwei Dienern und dem kleinen französischen Baron aus dem Kopf. Ich will hier leben. Eher beteilige ich mich an dem Eros-Center von Victor Romanov.
KYUNG: Als feine Dame für die miesen Kerle aus Europa?
YVONNE: Ist das deine feine Visitenkarte? Miese Kerle? Was warst du denn damals? Was hast du alles erzählt? Ein großbürgerlicher Kyung, aus den besten Familien des Landes? So einer hat es leichter, sich an eine Pariser Schauspielerin heranzumachen?
ROMANOV: Yvonne, ich bitte Sie, Sie werden gewöhnlich. Ich gebe zu, daß auf einer gewissen gesellschaftlichen Ebene sich alles und immer wiederholt. Aber es ist mein Bemühen, diese Naturkraft auf ein viel höheres Niveau zu bringen.
Der Zeitungsverkäufer Jean kommt wieder vorbei:
JEAN: Das Neueste von der Flugzeugentführung! Die Finanzen des Großherzogs von Piemont werden durchleuchtet!
POUSSIN *steht ruckartig auf:* Gib eine Zeitung her!
Er bezahlt, sucht den Artikel und liest ihn schnell.
Derweil kommen Madeleine und Bek-Grubieri wieder; man sieht, daß er den Fuß nach sich zieht.
ROMANOV *zu Poussin:* Hat der Roman-Abdruck schon begonnen?
BEK-GRUBIERI: Trinken wir noch einen Tee, Madeleine?
MADELEINE: Gern. – Papa, ist der Bulgare nicht gekommen?
YVONNE *will gehen:* Vergessen Sie mein Angebot nicht, Monsieur Romanov.
Madeleine und Bek-Grubieri setzen sich. Nicole erscheint kurz, Bek-Grubieri bestellt. Derweil sagt Boris:
BORIS: Yvonne, ist das endgültig mit dir und dem Film?
YVONNE: Den Kitsch mache ich jedenfalls nicht mit.
BORIS: Und unsere Verlobung?
Faustine und Francheville kommen wieder nach draußen und setzen sich.

YVONNE: Das weiß ich nicht so recht. Jedenfalls fahren wir nicht nach Singapur. Im Moment interessiert mich viel mehr, was euer erwarteter Besucher aus Bulgarien bringt.
BEK-GRUBIERI: Ach ja, der Bulgare. *Zu Faustine:* Ihre Tochter hat mir davon erzählt. Glauben Sie, daß sich seine Reise für Ihre Sache lohnt?
FAUSTINE: Man muß eben alles versuchen, Signor Präsident. Können Sie uns nicht helfen? Kann man nicht vom Gericht gegen diese deutsche Ablehnung vorgehen? Glauben Sie mir, ich b i n die Tochter von Boris dem Dritten und die Enkelin von Ferdinand von Sachsen-Coburg. Und das Testament ist einwandfrei.
BEK-GRUBIERI: Eines verstehe ich nicht. Wie konnten Sie denn ohne Heiratsurkunde mit Mann und drei Kindern durch so ein Leben gehen?
ROMANOV: Haben Sie denn Ihre Geburtsurkunde in der Brieftasche, Signor Bek-Grubieri? Oftmals ändert sich was im Leben, das man gar nicht gewollt hat.
FAUSTINE: Wir dachten damals in Paris nur an eines: Weg vor den Deutschen. Und daran, wo ich mein Baby in Ruhe zur Welt bringen konnte. Wissen Sie, was 1940 in Paris los war?
POUSSIN: Er weiß es, Madame Romanov. Der Signor gehörte zu der kämpfenden Truppe; ein strahlender Sieger marschierte durch den Arc de Triomphe. Das gibt dem Ganzen nach so langer Zeit doch einen besonderen Reiz: ein deutscher Offizier vor vierzig Jahren, ein europäischer Gerichts-Präsident heute.
BEK-GRUBIERI *pikiert:* Etwas korrekter bitte, Monsieur Titelhändler. Ich war österreichischer Soldat, der sich dem Kriege nicht entziehen konnte. Aber ich bin nicht durch den Triumphbogen marschiert, sondern lag verwundet im Lazarett im Elsaß. Wenn Sie das Chaos in Frankreich meinen: Ich habe keine Flüchtlinge oder Juden vor mir hergetrieben, im Gegenteil: ich habe mehreren Juden geholfen, zu fliehen. Das kann ich beweisen.
FAUSTINE: Signor Präsident, das glauben wir Ihnen ohne den geringsten Zweifel. Unser Aufenthalt in Paris war von ganz anderer Art. Zwei Ausländer, in letzter Minute von einem Priester getraut, mußten fliehen. Aber – was sagt den ein Mann der Justiz zu einer solchen Ablehnung der Deutschen? Ich habe ein Vermögen geerbt und soll es nicht haben, weil

die Geburtsurkunde aus Sofia nicht anerkannt wird und ein Heiratszeugnis aus Paris fehlt. Früher wäre das ein Casus belli gewesen, ein Kriegsgrund.

BEK-GRUBIERI *lächelt:* Ich bin sicher, daß sich ein Krieg aus dem Anlaß vermeiden läßt.

FAUSTINE: Was wäre denn im umgekehrten Fall? Nehmen Sie an, i c h hätte eine größere Summe im Besitz, die angeblich den Deutschen gehörte. Würden die sich damit abfinden, wenn die erst beweisen müßten, daß ich eine Geldperson von damals bin?

ROMANOV: Ich will dir sagen, was die deutsche Bürokratie tun würde. Die beschafften sich im Eilverfahren eine einstweilige Verfügung, wo immer auf der Welt. Und dann kommen sie mit einem Vollstreckungsurteil und einem Gerichtsvollzieher zur Bank, während ein anderer Gerichtsvollzieher deine Wohnung durchwühlt, die Matrazen aufschneidet und Bargeld sucht.

BEK-GRUBIERI: Sie haben Grund zu klagen, und eine gute Aussicht, hier in Luxemburg Ihr Recht zu bekommen.

FAUSTINE: Wirklich? Was wäre denn, Signor Präsident: eines Tages stehen wir plötzlich vor Ihnen. Neben uns der Vertreter des deutschen Finanzministers. Wie würden Sie denn urteilen?

ROMANOV: Wobei Geld keine Rolle spielt.

BEK-GRUBIERI: Die Sache fängt an, mich zu interessieren. Allerdings bin ich offiziell Richter und kein Anwalt, um ein Verfahren einzuleiten. Aber den Anwalt könnte ich Ihnen nennen. Ein Freund von mir ist ein überzeugter Mann des Rechts und obendrein ein begeisterter Europäer. Aber jetzt – *Bek-Grubieri schaut auf die Armbanduhr, die er am rechten Handgelenk trägt* – habe ich noch einen Termin wahrzunehmen. Ich wollte nur einen Tee trinken, und so verrinnt die Zeit. Ich komme gegen Abend noch einmal her? Und Sie könnten mir mal die Unterlagen zeigen, um Ihnen weiterzuhelfen.

ROMANOV: Wunderbar. Ich bringe eine Kopie des Testamentes mit und den deutschen Ablehnungsbescheid. Und, so ganz nebenher, Signor Präsident, wir lassen uns nicht lumpen.

BEK-GRUBIERI *lächelt:* Sie haben ja schon ein Nummernkonto in der Schweiz.

ROMANOV: Eine Million mehr oder weniger, die Welt ist rund.
MADELEINE: Papa, denke auch an die Ambitionen des Signors, für Europa die Wilhelm Tell-Gesellschaft zu gründen.
ROMANOV: Da sind wir nicht kleinlich.
BEK-GRUBIERI: Ich sehe, wir stimmen in unseren Bemühungen um Europa überein. Hatten Sie einen Anwalt, als Sie in Deutschland waren?
FAUSTINE: Nein. Wir hofften, dem würde nichts entgegenstehen und könnten gleich dort bleiben.
BEK-GRUBIERI: Bis heute Abend. Au revoir!
Bek-Grubieri geht quer über die Styraße und trifft auf der Ecke den Dimitri Pomakoff. Dessen Blick fällt zuerst auf den hinkenden Gang Bek-Grubieris.
POMAKOFF *spricht Bek-Grubieri an:* Bon jour, Monsieur. Bitte entschuldigen Sie, daß ich Sie anspreche. Können Sie mir sagen, wo ich die Avenue Franklin De Roosevelt finde?
Dabei zieht Pomakoff seinen großen breitrandigen Hut und setzt ihn wieder auf.
BEK-GRUBIERI: Monsieur, Sie stehen auf der Avenue. Hier eben beginnt sie. Wohin möchten Sie denn?
POMAKOFF: Zum Café Sanssouci.
BEK-GRUBIERI: Das ist dort drüben, wo die Leute sitzen. Sind Sie etwa der Mann aus Bulgarien?
POMAKOFF *zieht erneut den Hut:* Ja. Dimitri Pomakoff.
Bek-Grubieri reicht Pomakoff die Hand, was den erstaunt. Pomakoff fällt die Uhr auf.
BEK-GRUBIERI: Sehr erfreut, Monsieur Pomakoff. Ich bin Luigi Bek-Grubieri. Ich glaube, man erwartet Sie schon.
Bek-Grubieri geleitet ihn die wenigen Schritte zum Café; Pomakoff fällt der hinkende Gang auf.
POMAKOFF: Sehr freundlich, Monsieur Bek-Grubieri.
BEK-GRUBIERI: Mesdames, Messieurs, – ich habe die Ehre, Ihnen den langerwarteten Gast zu bringen.
Alle wenden sich Dimitri Pomakoff zu, eine allgemein freudige Erwartung.
FAUSTINE *begeistert:* Dimitri! – Er ist es! – Er ist da!
Pomakoff zieht seinen Hut und verbeugt sich tief vor Faustine.
POMAKOFF: Königliche Hoheit, – Ihr ergebener Diener.

FAUSTINE *umarmt ihn:* Leutnant Pomakoff! Wie freue ich mich!

POMAKOFF: Die Freude ist ganz meinerseits. Nach vierzig Jahren bin ich mal wieder im Westen. Hoheit, wie geht es Ihnen?

BEK-GRUBIERI *räuspert sich:* Wie ich schon sagte, bis heute Abend. Au revoir! *Ab.*
Und er schaut noch einmal auf die Armbanduhr am rechten Handgelenk, und Pomakoff bemerkt das erneut.

FAUSTINE *selig:* Ach, Leutnant Dimitri, – was soll ich nur sagen! Ich bin keine königliche Hoheit mehr. Ich bin doch eine durchgebrannte Prinzessin. Wenn ich nicht irre, hatten wir als Kinder ein sehr freundschaftliches Verhältnis. Sagte ich nicht immer Dimitri?

POMAKOFF: Dimitri Dimitrovitsch. Und ich sagte Faustina Faustakowitch. Ja, wir haben bereits als Kinder miteinander gespielt und Dummheiten gemacht.

FAUSTINE: Da sitzen die Männer, diese sonderbaren Kerle. Erinnerst du dich an Victor Romanov, den russischen Emigranten?

POMAKOFF *zeigt auf Romanov:* Das kann nur der da sein. *Verneigt sich tief:* Gospodin, Ihr ergebener Diener.

ROMANOV: Du brauchst dich nicht zu bücken, Dimitri. Der Romanov hat nichts mehr zu sagen. – Junge, du lebst noch!
Sie umarmen sich und klopfen sich auf die Schultern.

POMAKOFF: Victor, du hast zwar alles verloren, aber doch das größere Los gezogen: die Faustine! Ich dummer Kerl habe auf Ehre gemacht und bin zurückgefahren. Fast zehn Jahre haben sie mich eingesperrt. – Und du? Wie ist es dir in Kanada ergangen?

ROMANOV: Mal oben, mal unten, mal arm, mal reich. Und das sind meine Kinder. *Er zeigt auf Boris, Nicole und Madeleine.* Nicole, – sie war damals unterwegs, wenn du dich entsinnen kannst.

POMAKOFF: Ich erinnere mich. *Verbeugt sich vor Nicole.* Madame sind groß geworden. Und sehr hübsch.

NICOLE: Danke, Monsieur Pomakoff. Ich freue mich, Sie kennenzulernen. Mama hat oft von Ihnen gesprochen. Ich führe jetzt dieses Café. Darf ich Ihnen eine Stärkung bringen? Sie hatten gewiß eine anstrengende Reise.

POMAKOFF: Danke, ja. Ich mußte zweimal umsteigen und immer lange warten. Daher auch die Verspätung, die ich zu entschuldigen bitte. In Sofia flogen wir zwei Stunden später ab.

POUSSIN *ironisch:* Das ist aber noch sehr pünktlich.

POMAKOFF: In Rom streikte das Personal. In Paris war die Anschlußmaschine weg. Die nächste war ausgebucht. Ja, zurück fahre ich mit dem Zug. Balkan-Expreß. Es dauert länger, geht aber nicht so auf die Nerven. Ja, was trinke ich? Einen Mokka, wenn Sie haben? *Nicole geht ab.*

FAUSTINE: Und das ist Boris der Vierte. Er war Filmproduzent in Hollywood und beginnt morgen mit einem Streifen hier in Luxemburg.

POMAKOFF: Filmproduzent? Filme gibt es auch in Bulgarien. Sie sind schrecklich langweilig. Monsieur Boris, ich begrüße Sie. Mir ist vor einigen Minuten eine phantastische Filmidee eingefallen. Mit einem solchen Film stechen Sie in ganz Europa in ein Wespennest. Ein Film, der in den ersten Minuten mit einem Mord beginnt.

BORIS *heiter:* O, das ist eigentlich nicht so neu.

POMAKOFF: Mein Mord ist aber historisch. Wie der ganze Film. Bitte, sagen Sie mir, der Mann, der mich eben dort über die Straße führte, wie hieß der? Beckengruber?

ROMANOV: Nein, Bek-Grubieri. Ein Doppelname. Ein Tristiner. Man hat dort so komische Doppelnamen aus deutsch und italienisch. Er ist der Präsident des europäischen Gerichtshofes.

POMAKOFF: Gerichtspräsident? Oh, dann habe ich mich sicher geirrt.

BORIS: Sie müssen mir noch heute Ihre Filmidee erzählen, Monsieur Pomakoff. Ein historischer Mord in der ersten Minute! Das verspricht, spannend zu werden. Ist auch eine wichtige Frauenrolle dabei? *Er zeigt auf Yvonne.* Das ist meine Verlobte, Yvonne Pathé aus Paris, eine bekannte Schauspielerin. *Pomakoff verneigt sich – irrtümlich – vor Madeleine: ein kleiner Irrtum. Faustine korrigiert:*

FAUSTINE: Nein, Dimitri, das ist nicht Yvonne, das ist die Madeleine.

POMAKOFF: Ah, Madeleine. – *Zu Yvonne:* Entschuldigen Sie, das war die lange Reise. – *Und zu Madeleine:* Bon jour, Madame Madeleine! Mein Freund Todor hat mir begeistert von Ihnen berichtet.

MADELEINE: Wirklich, Monsieur Pomakoff? Wenn Sie möchten, werde ich versuchen, auch Sie von mir zu begeistern.

POMAKOFF, *der Bescheid weiß, verlegen:* Ja, aber – er hat – er hat – mir alles erzählt. Todor ist mein Freund, der vor vierzig Jahren mit in Paris war.

MADELEINE: Sie waren vierzig Jahre nicht im Westen, Monsieur? Dann ist es verständlich, wenn Sie das nicht auf Anhieb richtig verstehen. Sie können nicht wissen, daß hier in der Zeit einige kleinere Revolutionen stattgefunden haben. Etwas kleiner als die großen Revolutionen in Ungarn, Polen, vielleicht auch bei Ihnen. Man redet frei darüber. Wir bejahen heute die Natur und das Leben und den Menschen. Der Signor Bek-Grubieri, der Sie hergebracht hat, war vor einer Stunde bei mir und hat sich sehr wohlgefühlt. Und gerade ist er dabei, eine neue, eine große geistige Revolution vorzubereiten.

POMAKOFF *noch immer etwas verlegen:* Ah so, – ja, da sind wir wohl etwas zurückgeblieben in Bulgarien.

ROMANOV: Wir planen sogar ganz offiziell ein ordentlich geführtes Haus. – Da sind noch drei Herren, mit denen ich Sie bekanntmachen möchte: – Monsieur Francheville ist das, der Vertreter Frankreichs in Luxemburg.

FRANCHEVILLE: Bon jour, Monsieur Pomakoff.

ROMANOV: Und das ist Konsul Poussin, von Haus aus ein Belgier, aber in der ganzen Welt daheim. Wieviele Staatsbürgerschaften besitzen Sie?

POUSSIN: Fünf. Bon jour, Monsieur Pomakoff.

ROMANOV: Und zuletzt – nein, eigentlich müßte er an erster Stelle stehen: Mister Kim Kyung aus Korea.

POMAKOFF: Bon jour, Mister Kyung. Norden oder Süden?

KYUNG: Bon jour. Süden. Aber wir leben schon lange in Singapur. Wir sollten uns gelegentlich unterhalten, wenn Sie im Westen bleiben.

POMAKOFF: Ich werde nicht im Westen bleiben, Mister Kyung. In meinem Alter verpflanzt man sich nicht mehr. Ich lebe zufrieden an meiner Schwarzmeerküste, wenn auch nur als Strandwächter.

FAUSTINE: Immerhin solltest du wissen, Dimitri, daß Mister Kyung einer der Erfinder der Fernsehbildplatte ist.

BORIS: Und damit wird er, wegen des extrem niedrigen Preises, die ganze Fernsehindustrie revolutionieren, da schon von einigen Revolutionen die Rede war.

MADELEINE: Pardon, Monsieur Dimitri, in der Eile hatte ich vorhin die russische Revolution ganz vergessen.

ROMANOV: Überflüssig, Madeleine. Dimitri Pomakoff weiß, daß Lenin, Trotzki und Stalin mich um Besitz und Vermögen gebracht haben. Das war schon vor vierzig Jahren Thema Nummer eins. – Ich möchte ja diesem Wiedersehen nach so langer Zeit nicht ausweichen, kein Spielverderber sein. Aber mich interessiert brennend, ob es auch kein Mißverständnis gibt. Als Faustine in Deutschland war und sagte: ich bin die Erbin, da wurde ihr bedeutet: Da kann jeder kommen und das sagen. Ich meine, Dimitri, kannst du dich an ein unveränderbares Merkmal bei Faustine erinnern? Wir haben gerade einen französischen Beamten bei uns, der Zeuge ist, daß wir uns nicht abgesprochen haben. Irgend etwas, das beweist, daß du dich nicht in Faustine irrst. Haare sind keine Beweismittel, das Gesicht verändert sich im Laufe der Jahre.

POMAKOFF: Ich habe mir so was gedacht, Victor, und mich erinnert. Die Prinzessin hat an der rechten oder linken Wade hinten einen großen Hundebiß. Wir spielten damals als Kinder mit einem Hund. Und dem haben wir mit einer langen Leine ein blechernes Nachtgeschirr an den Schwanz gebunden. Ein ganz dummer Streich, ich weiß, so was sollte man nicht getan haben. Der Hund wurde nämlich sehr ärgerlich und biß der nächsten Person, die er sah, ins Bein.

ROMANOV *lacht:* Die rechte Wade! Faustine, zeig sie mal her. Die ist gut erkennbar.

POMAKOFF: Ich erinnere mich so gut daran, weil ich Angst hatte, der Hund könnte viel höher zugebissen haben. Aber wir haben Glück gehabt. Und vierzig Jahre danach auch.

Zum Ergötzen aller hat Faustine das Kleid gehoben und den Strumpf heruntergezogen: die Narbe.

FAUSTINE: Wie schade, daß unser Gerichtspräsident schon gegangen ist. *Zu Francheville:* Sind Sie schon einmal von einem Hund gebissen worden?

FRANCHEVILLE *lacht:* Ich war leider immer ein braver Junge.
ROMANOV: Faustine meint, ob Sie klar erkennen, daß das ein Hundebiß ist und nicht ein Menschenbiß. Sie würden damit erheblich zur Identität beitragen, verstehen Sie?
FRANCHEVILLE: Ich bezeuge, daß das ein Hundebiß war und sicher auch über fünfzig Jahre alt ist.
POMAKOFF: Identität? Faustine ist Faustine! Darauf schwöre ich tausend Eide.
FAUSTINE: Deine Eide sind für die Deutschen keine Beweise.
POMAKOFF: Ja ja, das wurde in dem Brief schon angedeutet. Was muß denn noch alles bewiesen werden?
FAUSTINE: Daß ich eine bulgarische Königstochter bin.
POMAKOFF: Mir würde man das nicht glauben?
BORIS: Wenn es bei den Deutschen um Geld geht, zweifeln die sogar noch, daß es je einen Hitler gegeben hat.
Der Zeitungsjunge Jean ruft wieder aus:
JEAN: Motkarl kommt nach Luxemburg! Ein Deutscher wird Europapräsident! Das Neueste von der Flugzeugentführung!
POMAKOFF: Ah, schon wieder die Palästinenser?
ROMANOV: Ja. – Also, Dimitri, die Deutschen verlangen ein Dokument aus der Zeit, bevor das Königreich Bulgarien aufgelöst wurde.
POMAKOFF: Mehr nicht? Das Dokument liegt doch im Safe bei einer Zürcher Bank.
ROMANOV: Und das Geld, Dimitri? Sicher mit einer unendlich langen Nummer, die keiner mehr kennt.
POMAKOFF: Keiner? Ha ha! Die Nummer fängt mit 723 an. Das ist die Nummer des Safes mit der Hinterlegungsurkunde. Die andere Nummer, die des Geldkontos, beginnt mit 612.
FAUSTINE: Was?! Du hast die Nummern behalten?! Sie war zwölf Ziffern lang.
POMAKOFF: Sie zu behalten ist doch nicht schwer. Aber Nummer ist Nummer. Ich weiß nicht, ob ich die hier – in aller Öffentlichkeit – so dahersagen kann. Wenn zum Beispiel der Zeitungsverkäufer da zuhört, schnell in die Schweiz fährt, – das wäre doch sehr leichtsinnig, oder?
MADELEINE: Jean würde das nie tun.
ROMANOV: Kennst du ihn so gut?
NICOLE *will ablenken:* Papa, das gehört nicht hierher.

MADELEINE: Warum soll Papa es nicht wissen: Jean ist mein Verlobter.

BORIS: Wollen wir nicht lieber über die Safes in Zürich sprechen?

POMAKOFF: Ist das so wichtig? – Sicher, wenn man eine Zinsrechnung aufmacht, ja, das käme schon was dabei raus. Tausend Schweizer Franken war damals die Kaution. Das könnte, bei guter Verzinsung, heute so um die zehntausend Schweizer Franken ausmachen.

ROMANOV: Wieso sind das zwei Nummern?

POMAKOFF: Mit dem Geld der einen Nummer wurden die Traktorenfabrik und Werftausrüstung bezahlt. Unter der zweiten Nummer ist das Dokument hinterlegt, daß die Faustine berechtigt ist, das Geld vom bulgarischen Konto auf das Nummernkonto zu übertragen. Dabei fällt mir ein, Faustine, daß auf dem Dokument deine fünf Finger abgedruckt sind, wie das bei Verbrechern üblich ist.

FAUSTINE: Hat Todor denn die Nummer an die französischen Fabrikanten übergeben?

POMAKOFF: Nein, wir hatten die Weisung, dies erst nach einem Anruf aus Sofia zu tun.

ROMANOV: Die Weisung kam nie, denn das Schiff wurde von den Italienern torpediert. Was geschah mit den Nummern?

POMAKOFF: Todor hat sie weisungsgemäß bei seiner Rückkehr dem Finanzminister Croff übergeben. Todor hat mir aber gesagt, daß die gesamten Finanzakten 1943, als sich Bulgarien von den Deutschen trennte, verbrannt wurden.

BORIS: Und die achtzig Millionen? Wo sind die geblieben?

POMAKOFF: Darüber weiß ich nicht Bescheid. Ich weiß nur, weil ich vom Augenblick meiner Rückkehr nach Sofia der Adjutant des Königs war, daß Boris der Dritte nicht über das Geld verfügt hat. Er war der Käufer der Fabrik und der Werftausrüstung, die jetzt noch vor Sizilien auf dem Meeresgrund liegt, mit dreißig braven französischen Seeleuten und Montagearbeitern.

BORIS: Boris der Dritte war mein Großvater. Wenn es das Geld noch gibt, bin ich, sind wir die Erben. Was ist mit ihm geschehen?

ROMANOV: Er ist im August 1943 ums Leben gekommen. Sein Tod wurde nie geklärt.

POMAKOFF: Er wurde ermordet. Von einem österreichisch sprechenden deutschen Fliegeroffizier, der Luitpold Beckengruber hieß, Linkshänder war und seit einer Verwundung das eine Bein etwas nach sich zieht.

MADELEINE *überrascht:* Unser Gerichtspräsident zieht das Bein etwas nach sich und ist Linkshänder.

ROMANOV: Warst du dabei, als er ermordet wurde?

POMAKOFF: Nicht dabei. Aber ich kam unerkannt hinzu, als der König, im Bett liegend, mit einem kleinen Revolver von hinten durch den Kopf erschossen worden war. Der deutsche Fliegeroffizier wechselte noch ein paar Worte mit einem Sanitäter, der die Wunde säuberte, ein Pflaster darauflegte, das leicht blutige Kopfkissen wechselte und dann einem Sanitätsoffizier Platz machte, der als Todesursache Herzstillstand diagnostizierte.

FAUSTINE: Mein Vater wurde also doch ermordet. Ist das zu beweisen, Dimitri? Bist du der einzige, der das weiß?

POMAKOFF: Nein, auch der Mann, der vor einer Viertelstunde hier war. Ich habe ihn sofort wiedererkannt: an seiner Stimme, an seinem leicht hinkenden Gang, als Linkshänder. Der Mörder damals hatte noch die Waffe in der Hand, als ich den Raum betrat. Gesehen hat er mich nicht.

MADELEINE: Der Signor Präsident ist allerdings Linkshänder. Aber ob der so was gemacht hat? Kaum zu glauben!

BORIS: Was soll's noch? Tot oder ermordet, das ist längst verjährt. Und in Zürich liegen also über achtzig Millionen unter einer Nummer?

POMAKOFF: Ja, es sieht so aus.

BORIS: Und da kommen Sie her? Da fahren Sie nicht einfach nach Zürich, wo über achtzig, mit Zinsen in vierzig Jahren rund hundertsechzig, plus Zinseszinsen, macht etwa zweihundertfünfzig Millionen, zu haben sind? Wo Sie nur die Nummer in Ihrem Kopf auf einen Zettel zu schreiben brauchen und Sie wären ein gemachter Mann?

POMAKOFF *entrüstet:* Junger Mann, wenn Sie wirklich der Enkel des Königs Boris sind, dann sollten Sie sich –

BORIS *lacht ihn aus:* Bei der letzten Karnevalsveranstaltung in Aachen bin ich als Boris der Vierte aufgetreten und habe eine Büttenrede gehalten!

POMAKOFF: Schämen Sie sich! Von Familienwürde, Stolz und Ideal halten Sie wohl nichts, was?

BORIS: Damit kann ich keinen Film finanzieren.

POMAKOFF: Können Sie das überhaupt?

BORIS: Hören Sie mal! Für wen halten Sie mich?

POMAKOFF: Was sind Sie für ein Mensch?! In dem Moment, wo Sie Geld hören, da klumpt sich in Ihrem Hirn die Masse zusammen, die nur noch denkt, wie komme ich an das Geld?

BORIS: Sie etwa nicht? Nur weil Sie nicht auf Draht waren und hier angetanzt sind wie ein dummer Balkanese?

POMAKOFF: Nein! Weil mir das Geld nicht gehört! So wenig wie Ihnen! Dieses Geld wurde von den rumänischen Bürokraten in fünfundzwanzig Jahren den bulgarischen Bauern in der Süddobrudscha im Schweiße ihres Angesichtes erpreßt. Die Rumänen haben dieses arbeitsame Bauernvolk geknechtet und fast ausgeblutet. Dabei hatten diese Leute nichts mit dem sinnlosen Balkankrieg zu tun, den die beiden Deutschen, Karl von Rumänien und Ferdinand von Bulgarien angezettelt haben, nur weil sie sich über die Beute aus dem vorigen Krieg nicht einig wurden. Ihr Großvater – Friede sei mit dem Ermordeten – hat die achtzig Millionen auf friedlichem Verhandlungswege von Rumänien zurückverhandelt, nebst dem Lande, wo es erarbeitet wurde. Und Gott und Ihre Mutter sind Zeugen, daß es nicht heimlich ins Ausland, in die Schweiz gebracht wurde, sondern für eine Fabrik und eine Werft in Achtopol geplant war, damit es den Bauern einmal besser gehen möge. Und das wollen Sie für Filme verjubeln? Ich vergreife mich nicht am bulgarischen Volksvermögen!

FAUSTINE: Danke, Dimitri. Wir haben weder in Zürich noch in Paris ein Luxusleben geführt. Denn damals zogen schon die Wolken des schlimmsten aller Kriege herauf.

BORIS *beindruckt:* Ich wußte doch von alledem nichts. Nur, daß Du mit Papa durchgebrannt bist.

FAUSTINE: Aber ohne Geld. Und geflüchtet vor den Deutschen.

BORIS: Und du weißt vierzig Jahre nicht, daß du in Deutschland ein Vermögen geerbt hast?

ROMANOV: Mein Junge, von damals bis heute muß es den Anschein haben, daß wir aus lauter Liebe zu einem tristen Leben verurteilt worden sind. Es klingt wie eine Tragikomödie, denn ich werde von Lenin, Trotzki und Stalin enteignet und deine Mutter von der heutigen deutschen Bürokratie.

YVONNE: Das kommt mir fast so vor wie ein moderner Film von Krieg und Frieden. Von Reichtum und Armut.

BORIS: Verzeihen Sie mir bitte, Monsieur Pomakoff. Aber ist das die Filmidee, von der Sie vorhin gesprochen haben mit einem historischen Mord in der ersten Minute?

POMAKOFF: Ja, das ist der Film vom Königsmord.

YVONNE: Der müßte aber auch mit einem Mord enden: dem Selbstmord des Filmproduzenten, weil man weiß, was von der historischen Wirklichkeit übrig bleibt.

BORIS: Ich verspreche, mich genau an die historische Wahrheit zu halten.

POMAKOFF: Wenn Sie darüber einen Film drehen, der nach vierzig Jahren aufdeckt, daß der Mörder eines europäischen Königs nicht nur als freier Mann herumläuft, sondern in dieser Hälfte Europas als Gerichtspräsident fungiert, dann wird noch mehr los sein als der Stich in ein Wespennest.

ROMANOV: Wartet damit, Boris, Dimitri. Wir brauchen den Gerichtspräsidenten noch, um an die Milliardenerbschaft heranzukommen.

MADELEINE: Wichtiger noch als ein solcher Film ist die Spende für die Wilhelm Tell-Gesellschaft, die der Signor Präsident gründen will. Europa ist nur mit den Mitteln eines geistigen Impulses ehrlich und überzeugend zu errichten.

Vorhang

2. Akt

Bistro

Auf einem Hocker sitzt Poussin bei einem Drink. Nicole kommt aus dem Separé. Durch den hinteren Eingang tritt eilig Romanov ein, ohne Poussin zu sehen.

ROMANOV: Meine Frau spinnt! – *Er sieht Nicole:* Deine Mutter dreht durch! Total! – *Sieht Poussin:* Ah! Bon jour, Monsieur Poussin.

POUSSIN: Bon jour, Monsieur Romanov.

NICOLE: Was ist denn passiert?

ROMANOV: Meine Frau faselt plötzlich was von der geistig-moralischen Erneuerung Europas. Und das in einem Augenblick, da ich wichtige finanzielle Entscheidungen zu treffen habe wegen der vier Bauten.

NICOLE: Soll ich mal mit Mama sprechen?

ROMANOV: Auf gar keinen Fall!

NICOLE: Du mißverstehst sie vielleicht.

ROMANOV: Wieso ich? Sehe ich so blöd aus?

NICOLE: Weil Boris das vorhin ganz anders erzählt hat.

ROMANOV: Boris? Der spinnt doch noch mehr als Mama!

NICOLE: Das glaube ich nicht. Ich war dabei, als er Mama bat, seinen Film zu finanzieren. Mama versteht es auch sehr gut, daß ich nicht immer nur Kellnerin sein will.

ROMANOV: Sei bitte so gut und halte dich da raus. Du läßt dich in fünf Minuten von Mama um ihre Finger wickeln und würdest sofort in dasselbe Horn stoßen von diesser verrückten geistigen Erneuerung. Dieses Café brauchen wir noch so lange, bis es in das Luxushotel integriert ist.

NICOLE: Und das heißt, einer muß die Arbeit tun, und das noch mindestens zwei Jahre. Und der eine, richtiger d i e eine, darf nichts kosten, und so was macht am besten die Tochter. Madeleine muß weiter auf den Strich gehen, damit du Kleingeld hast, und damit dein Plan der europäischen Edelhurerei bekannt wird. Mama hat doch nicht so Unrecht mit der moralischen Erneuerung. Was sagen Sie dazu, Monsieur Poussin? Da sind wir über Nacht steinreich, aus achtzig Millionen sind zweihundertfünfzig geworden, und der Herr Gemahl der Erbin sagt: gib mal her das Geld, das mache ich schon, ihr seid doch viel zu kleinkariert, geht mal lieber schön arbeiten.

ROMANOV: Hälst du Mama für geeignet, vier solch großartiger Bauten durchzuführen?

NICOLE: Vier? Ist denn zum Hotel, Bordell und Spielkasino noch ein Bau dazu gekommen?

ROMANOV: Nenn den Eros-Center bitte nicht Bordell, du beleidigst damit deine Schwester. Dazugekommen ist der Bau einer Botschaft für Korea mit der europäischen Zentrale für Kim Kyungs Fernsehbildplatte.

POUSSIN: Eine Botschaft? Zu vermieten an die Koreaner?

ROMANOV: Auch das Luxushotel wird verpachtet. Das Spielkasino werde ich selber leiten. Und wegen des Eros-Centers hatte ich Sie hergebeten. Allerdings zu einer Zeit, da der Frau noch nicht die abstruse Idee gekommen war mit der Erneuerung der Aufklärung! Ich muß lachen!

POUSSIN: Was ist denn unter geistig-moralischer Erneuerung zu verstehen?

NICOLE: Das hat einmal ein deutscher Politiker gesagt, als der unerwartet an die Macht kam. Als er seinem Volke die dabei üblichen Versprechungen machte, meinte er, er müsse auch für die fast ausgestorbenen Intellektuellen ein Schlagwort hinzufügen. Da fiel ihm das vokalreiche Wort mit o und a ein, moralisch. Da der aber nie ein Wort allein sagt, brachte er drei Wörter hervor, die er selber nicht richtig verstand: geistig moralische Erneuerung.

POUSSIN *zu Romanov:* Und davon hat Ihre Frau zufällig was abgekriegt?

ROMANOV: In einem Kabarett! Stellen Sie sich das vor! Dort wurde der Politiker der Erneuerung durch den Kakao gezogen, und meine Frau hat den Unsinn für bare Münze genommen. Sie ahnen vielleicht, wes Geistes Kind die ist.

POUSSIN *lächelt:* Und weil sie die Münzen hat, will sie eine Erneuerung des europäischen Geistes veranstalten?

ROMANOV: Sie sagen es. Und ich habe nicht das geringste Rechtsmittel, um sie daran zu hindern.

POUSSIN: Wie wäre es mit einer einstweiligen Verfügung zur Entmündigung, und zugleich dem Sperren der Gelder?

ROMANOV: Ich kann keine Gelder sperren lassen, die über ein Nummernkonto der Schweiz laufen, wo nur meine Frau und dieser Bulgaroff die Ziffern wissen.
POUSSIN: Kann Ihnen Signor Bek-Grubieri behilflich sein?
NICOLE: Aber Monsieur Poussin! Papa kann doch nicht den Mörder seines Schwiegervaters um Hilfe bitten, die leidtragende Tochter zu entmündigen.
POUSSIN: Mörder? Wieso? Wegen dieser dummen Beschuldigung eines Strandwärters, der Präsident hätte den König von Bulgarien ermordet? Das war ein Kriegsopfer, wie viele Millionen und Abermillionen.
ROMANOV: Er trägt sich inzwischen mit Rücktrittsgedanken.
POUSSIN: Das wäre sehr dumm, denn es wäre ein schuldiges Eingeständnis durch die Hintertür. Das kann doch nie mehr bewiesen werden. Es ist doch längst verjährt. Außerdem war Krieg. Ist denn dieser Pomakoff nur hergekommen, um die europäische Einigung zu stören? Da steckt doch wieder Moskau dahinter. Wo ist dieser Kerl? Dem muß mal derb und deutlich klargemacht werden, daß hier im Westen ein anderer Wind weht als an seiner Schwarzmeerküste.
ROMANOV: Der hockt mit meiner Frau zusammen. Sie warten auf den deutschen Staatssekretär, und der muß noch rumgekriegt werden, damit wir etwas schneller als mit einer Klage zu dem ganz großen Geld kommen.
POUSSIN: Das wird sich alles noch einrenken. Ihre Frau wird zur Vernunft kommen. Vielleicht sagen Sie mir dennoch, was Sie von mir wünschen.
ROMANOV: Sie sollten der Direktor des Eros-Centers werden.
POUSSIN: Hätte ich da finanzielle Mitel aufzubringen?
ROMANOV: Im Gegenteil, feste Bezüge und Gewinnbeteiligung.
POUSSIN: Wie Sind die Prioritäten?
ROMANOV: Erstens das Luxushotel, zweitens der Eros-Center, drittens das Spielkasino, viertens die koreanische Botschaft mit der Filiale für Kyungs Fernsehbildplatte.
POUSSIN: Einverstanden. Was wird aus diesem Café?
ROMANOV: Es wird vor das Luxushotel gesetzt. Dieses Haus wird abgerissen, –
POUSSIN *unterbricht ihn:* Gehört das Haus denn Ihnen?
ROMANOV: Diesmal ja. Hier entsteht der Eros-Center.

NICOLE: Abgerissen? Was mache ich denn dann?

ROMANOV: Spazierengehen. Eben hast du dich noch beklagt, arbeiten zu müssen, jetzt bangst du um deine Existenz? Du kriegst dein Pflichtteil von zehn Millionen, genau so wie Madeleine und Boris. Dann kannst du dir in Ruhe einen Mann suchen, und meinetwegen eine Existenz.

NICOLE: So?! Das erfahre ich so ganz nebenher! Einen Mann! Ha! *Sie wird wütend:* Und eine neue Existenz! Ich habe eine Existenz von dir aufgehalst bekommen und darf mit Madeleine zusammen deine Spinnereien finanzieren. Ich brauche keinen Mann! Schon gar nicht einen Kerl, der sich an meine Rockschöße klammert und als Parasit dahinlebt.

POUSSIN: Gestatten, Nicole, in Kürze werde ich Direktor des Eros-Centers sein.

NICOLE: Wollen Sie mir durch die Blume beibringen, daß eine männliche Puffmutter um meine Hand anhalten will?

POUSSIN: Ich könnte es auch direkt sagen.

NICOLE: Lächerlich! Sie würden auf der Stelle die einzige Antwort erhalten: Nein!

POUSSIN: Das kann sich doch noch alles zum Guten wenden. Monsieur, wer wird denn aus Deutschland erwartet?

ROMANOV: Ein Staatssekretär Stadelmayer aus München. Die Deutschen haben es noch in der Hand, ob zu den zweihundertfünfzig Millionen in der Schweiz noch eine oder fast zwei Milliarden an Landbesitz hinzukommen.

POUSSIN: Und das entscheidet dann der Staatssekretär?

ROMANOV: Ja, ein Herr Stadelmayer aus München.

POUSSIN: Akademiker? Karrierist? Aufsteiger?

ROMANOV: Hm? Ihre Frage regt bei mir einen Gedanken an.

POUSSIN: Ich glaube ihn zu erraten. Nur ein einfacher Staatssekretär?

ROMANOV: Ohne Chance auf einen Ministerposten. Soviel wir wissen, war der früher mal ein simpler Landrat. Hätten Sie was für so einen Typ? Ich bezahle.

POUSSIN: Seit bekanntgeworden ist, daß Matarand nur ein eingewanderter Amerikaner ist, steht der Earl of Oldsfield wieder zur Verfügung.

ROMANOV: Kostet?

POUSSIN: Alles in allem eine halbe Million.

ROMANOV: Vor zwei Tagen war es noch eine viertel Million.

POUSSIN: Manchmal ändern sich die Preise sehr schnell.
ROMANOV: Stunden Sie mir das Geld, bis meine Frau wieder zur Vernunft gekommen ist?
POUSSIN: Im Prinzip ja. Aber zuvor hätte ich noch zwei Fragen: Erstens, kommt denn Ihre Frau noch zur Vernunft? Und zweitens: Will denn dieser Herr Stadelmayer auch ein Earl of Oldsfield werden?

Separé

Dort sitzen sich Boris und Kim Kyung gegenüber.
BORIS: Sorgen Sie sich nicht um das Geld, Mister Kyung. Ich kriege meine Mama schon rum. Die hatte immer schon solche idealistisch-verschrobenen Phasen, die dauern drei bis vier Tage, und dann kommt der Realismus zurück.
KYUNG *besorgt:* Ich habe die Reise nach Singapur nur verschoben, um mit Ihnen über die anderen Filme zu reden. Mein Bruder hat mir ein Telex geschickt, daß er mit der Fabrikation beginnen muß. Und hier wird es fraglich, ob wir auch Filme für die Fernsehbildplatte haben?
BORIS: Mister Kyung, den König von Albanien werden wir auf Platz vier oder fünf verschieben. Wir fangen an mit dem Königsmörder-Film. Ich habe schon einen englischen Drehbuchautor beauftragt. Danach drehen wir den Klassiker Wilhelm Tell von dem Schiller. Das versöhnt doppelt: mit dem Mörder, der europäischer Gerichtspräsident war und den deutschen Konsumenten, denen Wilhelm Tell eine Herzenssache ist. Sie haben sicher inzwischen erfahren, daß zur Förderung der europäischen Einigung sowohl eine Partei gegründet wird wie eine geistige Tell-Gesellschaft. Wir machen mit dem Film die flankierenden Maßnahmen, das wird ein gutes Geschäft für den Anfang.
KYUNG *entsetzt:* Was?! Und was sagen die Luxemburger, was Frau Walrami, die sich alle Mühe gegeben hat für uns?
BORIS: Ich habe der alten Schreckschraube eine kurze Mitteilung zukommen lassen, daß wir nicht mehr an einer Produktion interessiert sind. Die Luxemburger sind passé. Deren finanzielle Beteiligung ist indiskutabel geworden. Für den Königsmörder setze ich 3,5 Millionen an, für den Tell und „Auf Europas Straßen" je 2,5 Millionen. Für das Betriebsbüro,

Haus, Wagen und Personal brauche ich den Rest von 1,5 Millionen. Das ist genau die Summe, die Mama uns Kindern als Abfindung zukommen lassen muß. In anderen Ländern heißt das Pflichtteil. Alle weiteren Filme werden mit den Einnahmen aus Ihren Bildplatten finanziert.

KYUNG: Mit einer kurzen Mitteilung stellen Sie Frau Walrami von Radio Luxemburg in die dunkle Ecke. Muß ich annehmen, daß Sie mir gegenüber auch eines Tages eine solch schnöde Haltung einnehmen werden?

BORIS: Überhaupt nicht, wenn wir die familiäre Beziehung mal beseite lassen. Ich denke mir, daß Sie meiner Mutter ein überschaubares Finanzkonzept vorlegen, etwa ein Dreißig-Millionenkredit für nur einen Verwaltungszins. Damit kann Ihr Bruder in Singapur mit der Fabrikation der Bildplatten und der Abspielgeräte beginnen. Sagen wir für den Anfang zehntausend Stück für den Königsmörder-Film. Weiter je achttausend Stück für den Tell und die Straßen Europas. Die Überspielungsanlage kommt in den Anbau der koreanischen Botschaft, und drehen tun wir Filme bei den Holländern in Hilversum.

KYUNG *unruhig:* Sie sprechen von einem Film, für den Sie nicht einmal ein Drehbuch haben? Sie nennen zwei weitere Filme und ein Produktionslimit? Und mir eröffnen Sie eine Kreditaufnahme von dreißig Millionen? Daß Sie dann noch ausgerechnet bei den Holländern die Filme drehen wollen, die mir und meinem Bruder so viele Patentschwierigkeiten machen, das beunruhigt mich total.

BORIS: Über die dreißig Millionen brauchen Sie gar nicht mehr nachzudenken, lediglich über den Transport Ihrer Bildspielapparatur. Ich werde die Filme produzieren.

KYUNG: Von denen Sie zwar sagen, was sie kosten sollen, aber nicht, wie Sie anfangen und enden.

BORIS: Falsch, Mister Kyung, falsch. Der Anfang ist schon da: Ein deutscher Offizier erschießt meinen Großvater in seinem Bett. Nach dem Kriege gelingt es dem Mörder, alle Spuren zu verwischen, obwohl ihm die Geheimdienste auf den Fersen sind. Das wird spannend. Der Täter macht Karriere, das lieben die Leute. Kurz vor dem Ende – aber das haben Sie ja selber miterlebt: ein Landstreicher erkennt in dem Präsidenten, weil der Linkshänder ist und hinkt, den Königsmörder. Das Ende

ist nur keine Gerichtsverhandlung, sondern ein Wochenmarkt, wo der Mörder als Moritatensänger auftritt.
Boris begeistert sich derart, daß er aufsteht, den Moritatensänger darstellt und singt:
BORIS: Luigi kam nach Luxemburg, und wurde Präsidende.
Doch kam auch die Vergangenheit, und machte dem ein Ende.
Seitdem verdient er sich sein Geld mit alten Moritaten.
Bedenke: auch dem Mörderheld kann die Karrier' mißraten.
KYUNG: Das ist doch nicht Ihr Ernst?
BORIS: Ich räche meinen Großvater mit einem Film.
KYUNG: Das können Sie Signor Bek-Grubieri nicht antun! Er ist ein Freund Ihrer Familie!
BORIS: Nach dem Recht der Natur und meiner bulgarischen Herkunft müßte ich ihn bereits gerächt haben. Blutrache. Ich kann aber weder mit einer Pistole umgehen noch mit einem Messer. Es wirkt doch weit besser, ihn in einem Filmende als Moritatensänger bloßzustellen.
KYUNG: Der Präsident wird den Film verbieten lassen.
BORIS: Ho, Mister Kyung! Würde er doch bloß in das offene Messer rennen! Wir würden uns goldene Nasen verdienen. Ahnen Sie denn nicht, was d a s für eine Reklame wäre? Denn dann müßte er, von unserem Anwalt vor ein Gericht gestellt, beweisen, daß er nicht der Königsmörder ist.
Yvonne Pathé tritt ein, bleibt an der Tür stehen.
KYUNG: Meinen Sie im Ernst, daß man nach vierzig Jahren dem Herrn Pomakoff Glauben schenkt?
BORIS: Ja, ich habe das größte Vertrauen zum europäischen Recht.
KYUNG: Monsieur Romanov, ich glaube, ich werde mich aus der ganzen Angelegenheit zurückziehen. Diese Reise hat mir nichts als Ärger gebracht.
BORIS: Was denn, Sie machen hundert Meter vor dem Ziel schlapp? Mister Kyung, mit Ihrer Erfindung und der Ihres Bruders beginnt eine neue Medien-Ära! Das Heimkino ist endgültig da, mit fünf Mark ist man dabei. Soviel kostete vor fünfzig Jahren die Schallplatte. Und wir beginnen künstlerisch mit einem Paukenschlag und decken eine der übelsten Schweinereien dieses Jahrhunderts auf. Da haben Sie Bedenken?
YVONNE: Was für Bedenken hat er? – Boris, ich habe es mir überlegt. Ich spiele doch die Rolle in dem Albanien-Film.

BORIS: Tut mir leid, der Film ist fürs erste geplatzt. Wir drehen nicht den Albaner Königsfilm, sondern den Mörderfilm an meinem Großvater. So, wie du die Szene vor dem Café erlebt hast. Ich investiere 3,5 Millionen in die persönliche Rache. Du spielst die Rolle von Mama, die mit einem Russen durchbrennt und am Ende Milliardärin ist. Wie im richtigen Leben! Und dazwischen geht es rund.

YVONNE: Wo ist das Drehbuch?

BORIS: Da sitzt schon ein englischer Autor dran. Ich fliege in den nächsten Tagen zu ihm und werde ihm mit Fakten einheizen.

KYUNG: Yvonne, ich habe ihm meine Bedenken genannt. Der Albaner Königs-Film ist durch die Mitwirkung von Radio Luxemburg gesichert, der Königsmörder-Film überhaupt noch nicht. Er hat der Frau Walrami ein paar schnöde Sätze geschrieben.

BORIS: Quatsch! Der Albanerkönig ist viel zu provinziell für den Beginn eines neuen Zeitalters.

YVONNE: Kriegst du denn die 3,5 Millionen von deiner Mama, um die Luxemburger Beteiligung so einfach in den Wind zu schießen?

BORIS: Anfangs hat Mama ein wenig verrückt gespielt. Aber jetzt werden Nicole, Madeleine und ich je zehn Millionen Pflichtteil bekommen. Darüber hinaus wird Mama uns Kredite geben. Papa für sein Spielkasino und Luxushotel und Eros-Center und Koreanische Botschaft, wo auch die europäische Zentrale für die Fernsehbildplatte untergebracht wird. Nicole und Madeleine beteiligen sich an dem Spielkasino und Eros-Center. – Ah, da sehen Sie, Mister Kyung, das hätte ich fast vergessen. Für den Eros-Center braucht Papa eine ganze Flugzeugladung koreanischer Mädchen, so um die hundertzwanzig Stück. Die lernen im Schnellverfahren englisch, französisch und deutsch und werden dann hier eingesetzt. Die können Sie da drüben viel besser auftreiben als wir. *Er erhebt sich wieder.* Von hier und heute beginnt die neue Epoche in der Kunst, in den Medien, und meinetwegen auch im Geistigen, wenn Mama unbedingt ihre moralische Aufrüstung durchsetzen will. Wir werden mit den Filmen auf der Fernsehbildplatte das trottelige Europa auf Trab bringen!

YVONNE *entsetzt:* Deine Mutter finanziert also von den Dobrudscha-Millionen ein Bordell mit Koreanerinnen?

BORIS: Warum denn nicht? Da ist heutzutage nichts mehr dabei. Was glaubst du, Yvonne, wenn in Kürze die Entscheidung fällt, daß Luxemburg die Hauptstadt Europas wird, was dann an sexueller Potenz freigesetzt wird? Wir müssen da entgegensteuern, damit nicht die luxemburgischen Bürgermädchen und Frauen der höheren Beamten die freien Kapazitäten ausfüllen müssen und deren Wohnzimmer und die Hotels zu Ersatzbordellen herabgewürdigt werden. Wenn morgen das Geld aus der Schweiz kommt, geht es hier rund.

Café außen

Francheville sitzt dort allein; Nicole kommt aus dem Bistro und seviert ihm einen Kaffee.

NICOLE: Schon zweimal hat Mister Kyung seine Rückreise nach Singapur verschoben.

FRANCHEVILLE *spöttisch:* Hat Monsieur Poussin noch keinen passenden Grafentitel für seinen illegalen Sprößling?

NICOLE: Den hat er auch noch nicht. Aber daran ist ihm viel weniger gelegen als an dem sensationellen Geschäft mit meinem Bruder. Diese Fernsehbildplatte zu so niedrigem Preis wie früher das Kino ist nur interessant, wenn es auch Filme darauf gibt. Und da gehen ihre Meinungen auseinander. Boris will großartige Sachen machen, Filme die unter die Haut gehen, die Zeitprobleme bewältigen. Er will die Klassiker wieder aufleben lassen, geplant hat er schon den Wilhelm Tell. Dann den Don Carlos und den Nathan den Weisen und Torquato Tasso. Dann den französischen Existentialismus mit Camus und Sartre, dann das amerikanische New Age, das englische Free Cinema, den ostdeutschen sozialistischen Realismus und den westdeutschen realistischen Sozialismus. Mister Kyung aber will alte Pornofilme aufkaufen und überspielen mit den alten chinesischen Blut- und Gewaltfilmen.

FRANCHEVILLE: War Ihr Bruder denn mal wieder knapp bei Kasse?

NICOLE: Stark bei Kasse war der nie. In Hollywood hat er zweimal pleite gemacht. Jetzt setzt er auf die Abfindung von Mama und will damit drei Filme finanzieren.

FRANCHEVILLE: Und danach?
MADELEINE *tritt auf:* Ah, bon jour, Monsieur Francheville. Ist das nicht ein herrlicher Tag heute? Man möchte am liebsten das Fahrrad nehmen und ins Grüne fahren.
FRANCHEVILLE: Bon jour, Madeleine. Warum tun Sie es nicht?
NICOLE: Madeleine, nimm Platz. Mama hat sich angemeldet und will uns allen was mitteilen. Wahrscheinlich so etwas wie eine Testamentseröffnung.
FRANCHEVILLE: Ich erhielt auch eine kurze Mitteilung von ihr, daß ich herkommen möchte.
Nicole geht ab in das Bistro; es erscheint Jean.
JEAN: Die Finanzen des Großherzogs von Piement in der Durchleuchtung! – Die Palästinenser haben aufgegeben!
JEAN: Bon jour, Madame Nicole! Der Roman Ihres Vaters hat begonnen.
Francheville läßt sich eine Zeitung geben, will bezahlen.
JEAN: Danke, lassen Sie nur. Nehmen Sie es als Belegexemplar.
Madeleine kommt aus dem Bistro, und von der Straße tritt Bek-Grubieri auf und setzt sich.
BEK-GRUBIERI: Bon jour, Mesdames, Messieurs. Steht schon was über mich in der Presse?
MADELEINE: Bis jetzt noch nicht. Und das möchten wir doch wirklich alle vermeiden.
JEAN: Werden Sie zurücktreten, Signor Präsident?
BEK-GRUBIERI: Wozu? Ich habe mit der Sache doch gar nichts zu tun. Ich werde mich wegen der unsinnigen Beschuldigung lediglich einige Tage beurlauben, um die falschen Vorwürfe zu widerlegen.
NICOLE: Was darf ich Ihnen bringen, Signor?
BEK-GRUBIERI: Einen Kaffee.
NICOLE: Darf man fragen, was es mit der in Frage gestellten Identität Ihrer Person auf sich hat? Sind Sie nun ein Deutscher, ein Österreicher oder ein Italiener? Waren Sie als Offizier in Bulgarien?
BEK-GRUBIERI: Die Frage ist schnell beantwortet. Unsere Familie ist seit altersher österreichisch. Die Mutter stammt aus Triest und der Vater aus Braunau. Er hieß Beckengruber und sie Grubieri. Nach dem gewaltsamen Einmarsch des Alois

Schicklgruber alias Adolf Hitler gab es zwischen den Familien Beckengruber und Schicklgruber, beide aus Braunau, einen Namensstreit. Mein Vater, – und mit ihm alle Familienangehörigen, änderten den Namen ab in Bek-Grubieri. Habe ich mich verständlich ausgedrückt?
Nicole geht in das Bistro ab.
FRANCHEVILLE: Nach dem Kriege wurden Sie dann sicher als Triestiner ein Italiener?
BEK-GRUBIERI: Genau so war es.
FRANCHEVILLE: Und gewiß haben Sie Dokumente darüber, daß Sie als deutscher Fliegeroffizier niemals während des Krieges in Bulgarien waren?
BEK-GRUBIERI: Deshalb fliege ich nach Wien, um mein Soldbuch zu holen, welches das deutlich verneint.
JEAN: Aber der Bulgare will sie wiedererkannt haben.
BEK-GRUBIERI: Junger Mann, es ist in den letzten Jahren so üblich geworden, daß man einfach falsche Beschuldigungen daherredet, um sich wichtig zu machen. Mir ist seinerzeit nichts darüber bekannt geworden, daß der bulgarische König ermordet wurde. Aber – was Sie nicht wissen können – in jenen Augusttagen 1943 hatte der bulgarische König, ein Kriegsverbündeter der Deutschen, Kontakt zu den Russen aufgenommen zwecks einer russischen Invasion an der Schwarzmeerküste. Wenn die deutsche Heeresleitung das abgewehrt hat und der verräterische König dabei umgekommen ist, dann ist das als eine ganz normale Kriegshandlung anzusehen.
NICOLE *serviert Bek-Grubieri den Kaffee:*   Waren Sie denn überhaupt niemals in Bulgarien?
BEK-GRUBIERI: Madame, Sie greifen einer amtlichen Untersuchung voraus. Das wird alles korrekt beantwortet.
NICOLE: Korrekt in welchem Sinne? Sie verstehen vielleicht unser Interesse, denn der König war unser Großvater, der den Krieg zu der Zeit als verloren ansah und Bulgarien vor den Russen retten wollte.
BEK-GRUBIERI: Das Letzte ist eine Sache für Historiker. Das Erste – – aber, Madame, ist denn das Dokument nun gefunden, daß Ihre Frau Mama die Tochter des Königs ist?
FRANCHEVILLE: Ja. Ein einwandfreies Avis der damaligen bulgarischen Regierung mit allen fünf Fingerabdrücken der

linken Hand. *Er lächelt:* Deutlich wie die Daktyloskopie in einem Verbrecheralbum. Es ist bereits von Interpol auf seine Echtheit und Identität mit der Person untersucht worden. Es gibt überhaupt keine Zweifel mehr. Madame Romanov hat den deutschen Staatssekretär hergebeten, um den Modus vivendi der Erbschaftsübergabe auszuhandeln.

BEK-GRUBIERI: Tatsächlich? Freut mich für Sie, Mesdames. Nun denn, – also ich gebe Ihnen mein Wort, daß – wenn überhaupt! – Ihr Großvater auf die fragliche Weise ums Leben kam, – daß i c h nicht der Pistolero war, wie das der Bulgare behauptet.

FRANCHEVILLE: Für die Erbschaftsangelegenheit ist das auch nicht mehr relevant.

BEK-GRUBIERI: Dann wird aus der Klage vor dem europäischen Gerichtshofes nichts?

FRANCHEVILLE: Wahrscheinlich nicht. Ebenso wie Madame auch keine echt-falsche Heiratsurkunde mehr aus Paris braucht. *Francheville lächelt bitter:* Ja, Signor Präsident, die Honorare und Herrensitze sind uns entgangen.

NICOLE: Ach, Signor Präsident, wie spät ist es denn schon?
Bek-Grubieri schaut auf die Armbanduhr, die er jetzt am linken Handgelenk trägt.

BEK-GRUBIERI: Es ist gleich zwölf Uhr.

NICOLE: Dann werden Mama und Monsieur Pomakoff kommen.

BEK-GRUBIERI *trinkt den Kaffee aus:* Sie werden verstehen, daß ich dem Herrn erst bei der offiziellen Untersuchung begegnen möchte. *Er steht auf:* Au revoir! *Ab.*

NICOLE: Habt ihr das gesehen? Jetzt trägt er die Uhr auf einmal am linken Handgelenk.

MADELEINE: Ist das so wichtig? Rechts oder links?

NICOLE: Er drückt sich. Warum läuft er plötzlich davon? Vor einigen Tagen hatte er um diese Zeit sein Vergnügen mit dir.

MADELEINE: Warum bist du plötzlich so feindlich gegen ihn eingestellt? Es wäre schade, wenn der Signor dadurch von seinem großen Engagement der europäischen Einigung abkäme und es nur deshalb weder die Wilhelm Tell-Gesellschaft gibt noch der Freund die Europartei gründen kann.

NICOLE: Ich zweifle inzwischen daran, ob dieser Signor der richtige Mann ist, um an die Spitze Europas zu treten.

MADELEINE: Er ist nur von Dimitri Pomakoff einer Sache beschuldigt worden, die ewig lange zurückliegt und doch recht fragwürdig zu sein scheint.

NICOLE: Mehr nicht? Plötzlich war er Österreicher, plötzlich ist er Rechtshänder, plötzlich weiß er was über den Krieg in Bezug auf den König von Bulgarien. Plötzlich hat er mal einen anderen Namen gehabt. Und so einer soll ein großartiger europäischer Führer werden? Es geht bei ihm wohl mehr ums Geld.

FRANCHEVILLE *heiter:* Vielleicht könnten Sie, Mesdames, was die Kosten angeht, bei Ihrer Frau Mama intervenieren. Ob sie Spenden gibt für die europäische Geistesgesellschaft und die Partei, die gegründet werden soll. Denn das ist doch sehr kostspielig bei so teuren Herren.

NICOLE: Mama wird ihr Geld nicht zum Fenster hinauswerfen.

FRANCHEVILLE: Als teilweise Deutsche wäre das ganz legitim. Und es würde sich gerade für Deutschland gut ausnehmen, wenn außer dem Geld noch – *er lächelt* – von dort die geistig-moralische Erneuerung beginnen würde.

MADELEINE: Monsieur Francheville, es befremdet mich, daß Sie von Geld sprechen und die Ideologie ins Lächerliche ziehen. Sie können doch Europa nicht zusammenkaufen oder -spenden! Haben Sie einmal darüber nachgedacht, daß erst ein europäisches Bewußtsein geschaffen werden muß, weil die Nationalstaaterei lediglich durch den Tourismus, sonst aber überhaupt nicht überwunden ist? Daß es noch Konfliktherde in Nordirland und im spanischen Baskenland gibt? Daß die Schotten wieder mal separatistische Ideen äußern und die Tiroler, daß die Balten ihre Kleinstaaten wieder einrichten wollen? Und was ist ein Europa ohne die sozialistischen Länder inclusive der bulgarischen Heimat meiner Mama? Was ist ein Europa bei der Neutralität der Schweiz, Österreichs und Schwedens?

NICOLE: Ich habe mir auch Gedanken gemacht, Madeleine, aber ein wenig andere. Was ist, wenn dieser österreichische Gerichtspräsident aus Braunau und Triest, mal deutscher Offizier und jetzt Italiener, auf das viele Geld nur scharf ist, um Bomben und Terror zu finanzieren? Denn die Verbrecher sind noch lange nicht aus der Welt. Als ich mich das letztemal mit ihm darüber unterhielt, machte er Andeutungen, daß er gegebenenfalls auch sogenannte Querulanten seiner Idee beseitigen würde. Ist dir denn bekannt, daß Mussolini und Hitler genau so einfach begannen und am Ende halb Europa in Flammen stand?

MADELEINE: Ich werde darauf dringen, daß Boris in seinen Filmen zwingend die Frage aufwirft, ob man an ein Europa denken kann, bei dem fast die Hälfte der Staten nicht dabei sein will oder kann. Mama scheint auf dem richtigen Wege zu sein, wenn sie die Politiker dazu bringen will, erst mal über sich selber nachzudenken.

NICOLE: Sie soll sich nur die richtigen Männer aussuchen und nicht so windige Gestalten wie Poussin, den Signor und auch Papa um sich zu sammeln. Madeleine, an deiner Stelle würde ich gleich die Straße aufgegeben und mich dem jungen Verehrer zuwenden. *Sie deutet auf Jean, der brav zugehört hat.*

JEAN: Danke, Madame Nicole.

FRANCHEVILLE: Plaudern wir lieber über unsere Innenleben, als dem schnöden Mammon nachzulaufen.

MADELEINE: Aber Europa ist wichtig.

FRANCHEVILLE: Ohne Zweifel, Madame. Aber wenn Ihr Bruder einen so tollen Film macht und damit einen europäischen Gerichtspräsidenten kompromittiert?

MADELEINE: Die Wahrheit kompromittiert niemand.

FRANCHEVILLE: Und wenn sich alles als falsch herausstellt?

MADELEINE: Monsieur, man merkt, daß Sie ein Jurist sind und kein Engagement beweisen wollen.

JEAN: Allein die Sache mit seinem Namen ist doch obskur. Ich muß arbeiten. Au revoir. *Er will gehen.*

MADELEINE *erhebt sich:* Ich gehe mit dir, Jean.

NICOLE: Und wenn Mama kommt? Sie erwartet dich hier.

MADELEINE: Es gibt momentan nur ein Thema, und das ist der Streit um das Geld für einen angeblichen Königsmörder, der Europa gründen will. Ich liebe Mama, und was sie tut, wird schon richtig sein. *– Sie seufzt. –* Ach, Nicole, warum streiten wir uns über ein Land, wo wir nie gelebt haben? Wir waren zufrieden, als wir nicht wußten, daß wir reich waren. Wir hatten gelegentlich unsere Quengeleien um einige Dollar oder Francs. Aber jetzt mit Millionen und Milliarden herumzuwerfen, das gefällt mir überhaupt nicht. Ich werde nicht mehr auf Männer ausgehen. Ich habe das Bedürfnis, einmal Frau zu sein. – Komm, Jean, wir verkaufen deine Zeitungen gemeinsam. *Sie geht mit Jean ab und ruft aus:* Die Finanzen des Großherzogs weiter umstritten!

JEAN und MADELEINE *zusammen:* Motkarl kommt nach Luxemburg.

NICOLE: Hatte ich Sie vorhin so verstanden, daß Mama auch Sie hergebeten hat?

FRANCHEVILLE: Ja. Sie möchte – Sehen Sie mal den Mann da!

Georg Stadelmayer, mit Tirolerhut und Spazierstock, tritt auf. Von der Straße her fragt er:

STADELMAYER: Grüß Gott! Verzeihen Sie, finde ich hier die Frau Faustine Romanov?

NICOLE: Ja. Sind Sie der Staatssekretär aus Deutschland?

STADELMAYER: Ja, das bin ich. Georg Stadelmayer.

NICOLE: Bitte nehmen Sie Platz. Darf ich Sie mit Monsieur Francheville bekannt machen? Er ist der Vertreter Frankreichs in Luxemburg.

STADELMAYER: Angenehm. Herr Romanov hat mir bereits am Telefon Ihren Namen genannt.

FRANCHEVILLE: Aha. Ich weiß bisher noch nichts. Ich wurde nur gebeten, mich hier einzufinden.

STADELMAYER: Aber Sie sind der Rechtsberater, nicht wahr?

FRANCHEVILLE *lächelt:* Sieht man mir das an? Vor einigen Minuten hat das eine andere Dame bei mir festgestellt.

NICOLE: Was darf ich Ihnen bringen, Monsieur Stadelmayer?

STADELMAYER: Einen Tee, wenn's beliebt.

NICOLE: Haben Sie schon ein Hotelzimmer gemietet?

STADELMAYER: Wozu? Ich bin Gast der deutschen Botschaft.

FRANCHEVILLE: So offiziell erscheinen Sie?

STADELMAYER: Es geht um eine beträchtliche Summe, Herr Kollege. Die Erbschaft der Frau Romanov ist inzwischen zu einer Bundessache geworden und ich habe die Vollmacht des Bundesinnen-, des -justiz und des -außenministers.

FRANCHEVILLE: Parbleu! Muß ich dem entnehmen, daß die Deutsche Bundesrepublik immer noch nicht gewillt ist, der Madame Romanov ihr Erbe zur Verfügung zu stellen?

STADELMAYER: Das vorgelegte Dokument, diese Hinterlegungsurkunde von 1940, muß noch geprüft werden.

FRANCHEVILLE: Es ist bereits von Interpol für echt erklärt worden. Die bulgarische Regierung hat damals die Fingerabdrücke der linken Hand der Prinzessin Faustine, verehelichte Madame Romanov, sorgfältig aufgetragen. *Er lacht:* Vielleicht ahnte man vor vierzig Jahren bereits die heutige deutsche Bürokratie.

STADELMAYER: Ihre Bemerkung halte ich für geschmacklos.

FRANCHEVILLE: Der von Ihnen unterzeichnete Bescheid ist für mich ein schlimmer Ausdruck eines staatlichen Büros. Das ist Bürokratie, wie der griechische Namensteil es ausdrückt.

STADELMAYER: Ich bin Beamter und vertrete deutsche Interessen.

FRANCHEVILLE: Sie dürften bereits eine Kopie der Interpol-Untersuchung von Ihrem Botschafter bekommen haben. Also betreiben Sie nur die Verzögerung. Nach dem europäischen Recht –

STADELMAYER: – bulgarischem Recht. Und das ist für uns nicht bindend.

FRANCHEVILLE: Ich bin sicher, der Europäische Gerichtshof ist da anderer Meinung.

STADELMAYER *lächelt:* Der Herr Bek-Grubieri oder der Gerichtshof?

FRANCHEVILLE *winkt ab:* Madame Romanov ist in diesem Moment dabei, vor dem Gerichtshof Klage zu erheben.

STADELMAYER: Kann Sie die hohen Gerichtskosten aufbringen?

FRANCHEVILLE: Sie kann es, Herr Stadelmayer. Die Schweiz, die Bank in Zürich, hat das Geld von dem Nummernkonto bereits freigegeben.

STADELMAYER: Aha! Dann ist die Nummer doch aufgetaucht?

FRANCHEVILLE: Das schafft eine andere Lage für Sie, wie?

STADELMAYER: Vielleicht. – Aber, sagen Sie bitte, ist denn Herr Bek-Grubieri inzwischen zurückgetreten?

FRANCHEVILLE: Warum? Weil ein ehemaliger bulgarischer Offizier behauptet, der König sei damals vom heutigen europäischen Gerichtspräsidenten ermordet worden?

STADELMAYER: Man hat bei uns recherchiert. Signor Luigi Bek-Grubieri trägt diesen Namen erst seit 1951, als die Stadt Triest italienisch wurde. Es stimmt, daß er derzeit italienischer

Staatsbürger ist, es stimmt aber auch, daß er zuvor Luitpold Beckengruber war und als ein Major den Krieg beendete.

FRANCHEVILLE: Dann ist auch der Streit mit der Familie Schicklgruber eine Erfindung von ihm?

STADELMAYER: Wer ist denn Schicklgruber? Der bulgarische Hinterwäldler?

FRANCHEVILLE *sieht Stadelmayer belustigt an, hebt dann die Hand zum Hitlergruß.* Oh, Sie dürften eigentlich dem Alois alias Adolf noch zugewinkt haben.

STADELMAYER: Hitler?

FRANCHEVILLE: Sie sind noch nicht aus der Geschichte raus. Aber lassen wir die mal beiseite. Da Sie der Vertreter der Bundesrepublik sind, möchte ich die Deutschen warnen. Sehen Sie sich den bulgarischen Hinterwäldler einmal an. Immerhin war er Offizier und begleitete vor vierzig Jahren Prinzessin Faustine bei der Transaktion von achtzig Millionen Schweizer Franken. Dagegen kann der Fall des Major Beckengruber zu einem Europaskandal werden, der keinem Deutschen lieb sein kann.

STADELMAYR: Unsinn! Es war Krieg. Da galten andere Gesetze. Der König war Verbündeter des Deutschen Reiches –
Nicole kommt und serviert Stadelmayer den Tee. Sie bleibt in der Tür stehen und hört zu.

STADELMAYER: *fortfahrend:* – – und wurde, als er mit den Russen Kontakt aufnahm, zum Verräter. Und was mit solchen Verbrechern legal geschieht, das können Sie in der Haager Landkriegsordnung nachlesen.
Stadelmayer macht die Handbewegung des Hängens.

NICOLE: Wenn das die Auffassung der Bundesregierung ist, geben Sie den Mord zu. Daß der Täter über den Triester Weg zum Präsidenten des Europäischen Gerichtshofes geworden ist, zeigt, daß ihr Deutschen mit den Italienern wieder eine Vorherrschaft in Europa anstrebt.

STADELMAYER *steht auf, setzt den Hut auf und will gehen:* Ich habe Anweisung, mit Madame Romanov zu verhandeln und auch mit Ihrem Rechtsvertreter. Aber solchen Quatsch über europäische Politik höre ich mir nicht von einer Kellnerin an.

FRANCHEVILLE: Madame Romanov wird Ihre Tochter sicherlich zu den Verhandlungen hinzuziehen.

NICOLE: Ich bin Nicole Romanov, die Enkelin des Ermordeten.

STADELMAYER: Oh, das habe ich nicht gewußt. Pardon.

NICOLE: Da Monsieur Francheville schon so etwas wie eine Warnung ausgesprochen hat, werde ich noch deutlicher. In zwei Stunden hätte ich die internationale Presse hier, wo der Präsident als Königsmörder entlarvt wurde. Mit dem Tatzeugen. Es ist Saure-Gurken-Zeit, die Medien haben Platz und Zeit, sich genüßlich dem Skandal hinzugeben.

STADELMAYER *hat sich wieder gesetzt:* Sie nötigen die deutsche Bundesrepublik, Madame. Sie wollen zwar ein Milliardenerbe von ihr haben, aber eine Rücksichtnahme kennen Sie offenbar nicht.

NICOLE: Wirklich? Ist es Nötigung, wenn ich die Ermordung meines Großvaters öffentlich ausspreche?

STADELMAYER: Das werden Sie weder direkt noch über den Umweg der Behauptung Ihres Landsmannes beweisen können.

NICOLE: So wenig wie Sie oder ihre Historiker einen Verrat Bulgariens im Jahre 1943.

STADELMAYER: Nur würde Ihre haltlose Beschuldigung zu einem Straftatsbestand.

NICOLE: Wir Romanovs lassen uns mit Vergnügen anklagen. Hier in Luxemburg. Mein Café wird dann voll werden.

STADELMAYER: Denken Sie ernsthaft, daß dieser Bulgaroff von der Schwarzmeerküste gegenüber dem Präsidenten des Gerichtshofes glaubwürdig erscheint?

FRANCHEVILLE: Herr Stadelmayer, wenn dieser bulgarische Strandwärter seine Aussage macht, wird der italienische Präsident deutscher Herkunft hier der Angeklagte sein.

STADELMAYER: Wir verkraften die späten Kriegsverbrecher, sollte er denn einer sein. Der Klage der Frau Romanov sehen wir gelassen entgegen. Als Jurist werden Sie wissen, wie lange es dauert, wenn wir den gesamten Rechtsweg ausschöpfen.

FRANCHEVILLE: Um zuletzt die sehr hohen Gerichtskosten zu bezahlen? Hätten Sie denn einen Kompromißvorschlag? Einen Vergleich?

STADELMAYER: Madame, trinken wir zusammen einen Wein?

Separé

Romanov, Poussin und Bek-Grubieri sitzen am Tisch.
Nicole steht in der Tür.

ROMANOV: Kaffee bitte. Und wir möchten nicht gestört werden. Auch nicht von Mama, sollte Sie kommen.
NICOLE: Aber über Ihr Geld redet ihr ohne sie.
ROMANOV: Wir sind in einer leicht kritischen Lage.
NICOLE: Ich weiß. Der deutsche Staatssekretär hat Weisung, die Erbschaft durch einen langen Rechtsweg zu verzögern.
BEK-GRUBIERI: Wenn nicht sofort gehandelt wird, gerate ich in eine sehr mißliche Lage. Hier gehen inzwischen Dinge vor, die keinem von uns nützen.
POUSSIN: Wo ist denn Monsieur Francheville?
NICOLE: Er ist vor einer Stunde mit dem Deutschen Essen gegangen.
ROMANOV: Schick ihn sofort rein, wenn er kommt.
NICOLE: Ja. *Sie geht hinaus.*
BEK-GRUBIERI: Die Verhandlungen mit dem Deutschen müssen so lange hingehalten werden, bis die Klage von der Kammer bestätigt und zugelassen ist.
ROMANOV: Wird sie denn das auch? Und noch mehr das Urteil?
BEK-GRUBIERI *wird nervös:* Ich habe die Geschäftsverteilung eigens dahingehend abgeändert.
POUSSIN *zu Romanov:* Madame wäre aber die Klägerin. Wird Sie die Klage denn unterschreiben, ehe möglicherweise der Staatssekretär einen faulen Kompromiß anbietet?
ROMANOV: Monsieur Poussin, ich habe die Vollmacht.
Er zieht aus dem Jackett einige zusammengefaltete
Papiere hervor und gibt sie Bek-Grubieri.
ROMANOV: Das sind die Vollmacht, die Interpol-Expertise und eine Kopie der Hinterlegungsurkunde.
BEK-GRUBIERI *sieht die Papiere kurz an:* Geld, sagten Sie, spielt keine Rolle?
ROMANOV: Nein. Noch im Laufe des Tages werde ich zur Bank gehen, um das Konto für die Überweisung aus der Schweiz einzurichten.
BEK-GRUBIERI: Ist Ihnen klar, daß gewisse Gelder besser nicht über Konten reguliert werden sollten?

POUSSIN: Das werde ich besorgen, Signor Präsident. Sie denken an Beaulino, der die Europa-Partei gründen wird?
BEK-GRUBIERI: Ja. Seine Kammer wird die Beschwerde zulassen und auch – – Haben Sie einen Anwalt?
ROMANOV: Monsieur Francheville wird sich beurlauben lassen. Allerdings braucht er noch Ihre Zulassung.
BEK-GRUBIERI: Die kann er noch heute haben. Aber da wäre noch eine Sache, die ich zuvor geklärt wissen möchte. Ihr Sohn will da einen Film über seinen Großvater drehen.
POUSSIN: Die Sache ist längst im rechten Lot. Rumänien hat damals eine unfeine Rolle gespielt. Der Königsmörder stammt aus deren Offizierskorps, – und in dem Film ist der Mann heute zweiter oder dritter Mann beim Warschauer Pakt. Wir haben zwei Fliegen mit einer Klappe geschlagen und den Sozialisten gezeigt, wo es lang geht.
BEK-GRUBIERI: Es scheint, als wären Sie ein noch besserer Drehbuchautor als Boris. Aber eine Diskussion entfacht ein solcher Film so oder so. Ich kann nur helfen, wenn der Film überhaupt nicht gedreht wird. Ein hinkender Fliegeroffizier, ein Königsmörder gleich welcher Nationalität, durch den Bulgaren kommt jedes Gespräch auf meine Person. Zu gern möchte man mal wieder einen großen Mann stürzen sehen. Und wer erst gestürzt ist, richtet sich selten in die alte Position wieder auf.
POUSSIN: Und an dem Titel und die Tätigkeit als Präsident liegt Ihnen mehr als an ein ruhiges beschauliches Leben in einem schönen Haus in der Toskana?
BEK-GRUBIERI *seufzt, lächelt:* Wissen Sie, das würde voraussetzen, daß ich erst ein Herrenhaus in der Toscana habe mit Mercedes und Dienerschaft und dann zurücktrete.
NICOLE *tritt ein und serviert drei Kaffee:* Er ist da.
ROMANOV: Bitte ihn herein.
Nicole geht, dann tritt Francheville ein. Kurze knappe Begrüßung, Francheville setzt sich.
POUSSIN: Was haben Sie aus dem Deutschen rausgeholt?
FRANCHEVILLE: Offiziell lassen es die Deutschen auf eine Klage ankommen. Sie schlagen aber einen Kompromiß vor.
ROMANOV: Welchen?
FRANCHEVILLE: Er hat es mir nicht direkt gesagt. Er will mit Madame Romanov unter vier Augen sprechen. Ich hatte

aber den Eindruck, daß es dabei um die Erbschaftssteuer geht, die in diesen Falle fast fünfzig Prozent beträgt.

ROMANOV *steht erregt auf:* Dann müssen wir sofort handeln! Meine Frau ist so naiv und läßt sich darauf ein.

FRANCHEVILLE: Haben Sie denn eine Vollmacht von Ihr?

Bek-Grubieri sucht aus den Papieren die Vollmacht heraus und reicht sie Francheville.

ROMANOV: Monsieur Francheville, wollen Sie für uns die Klage einreichen?

FRANCHEVILLE *schiebt Romanov die Vollmacht hin:* Ich bin Beamter der französischen Regierung und kann keine Klage einreichen. Zumal nicht mit einer solchen Vollmacht, von der Madame sofort sagen würde, daß auf jeden Fall sie sie nicht unterschrieben hat.

ROMANOV: Lassen Sie sich beurlauben.

FRANCHEVILLE: Ich kann mich nicht beurlauben lassen, ich kann höchstens kündigen. Aber das wäre endgültig, und es würde zu einem finanziellen Aspekt für mich werden.

ROMANOV: Geld spielt jetzt keine Rolle mehr.

FRANCHEVILLE: Ist das Schweizer Geld schon in Luxemburg?

ROMANOV: Heute abend. Dann verfüge ich darüber.

BEK-GRUBIERI: Ich gebe zu bedenken, daß der Streitwert sehr hoch ist.

POUSSIN: Zweifeln Sie an einem positiven Urteil?

BEK-GRUBIERI: Kaum. Aber das meine ich jetzt nicht. Ich beabsichtige noch immer, gleichzeitig mit der Gründung der Europa-Partei meines Freundes Beaulino die Wilhelm Tell-Gesellschaft ins Leben zu rufen.

ROMANOV *setzt sich wieder, lächelt Bek-Grubieri an:* Ich habe verstanden, Signor Präsident. Ist eine Million für Sie eine Verhandlungsbasis?

BEK-GRUBIERI: Zwei, da ist die Europa-Partei drin eingeschlossen. Sie wissen, was die für Kosten macht.

FRANCHEVILLE: Wenn ich Ihnen nun zusage, für Sie als Anwalt aufzutreten, könnten wir dann auch über meine Kosten sprechen? Ich würde mich dann keineswegs zur Ruhe setzen, sondern eine Kunst-Akademie für Europa einrichten.

ROMANOV: Auch zwei.

BEK-GRUBIERI *leicht empört:* Monsieur Romanov, wollen Sie Richter und Anwalt gleich honorieren? Ich persönlich zum Beispiel nehme überhaupt nichts, wenn die Angelegenheit mit dem Toskanahaus geregelt ist. Mein Freund und Kollege Beaulino aber, der Ihr Richter sein wird, gründet d i e Partei, die Europa endlich vorwärts bringt.

FRANCHEVILLE *steckt lächelnd zurück:* Ich bitte Sie, Messieurs, haben wir es nötig, um Honorare zu feilschen? Mir genügt auch eine Million für den Anfang.

ROMANOV: Sie haben recht. Eine Million, zwei oder drei?

POUSSIN: Ich bin zwar kein Jurist, aber gehe ich richtig in der Annahme, daß man solche Gespräche mit einem deutschen Staatssekretär nicht allein führt?

ROMANOV: Schon verstanden, Direktor Poussin. Für Sie hatte ich eigentlich mehr an eine familiäre Lösung gedacht.

POUSSIN: Sie meinen Nicole?

ROMANOV: Ja. Gefällt Sie Ihnen?

BEK-GRUBIERI: Na bitte, alles bleibt in der Familie.

POUSSIN: Wie gut wir uns doch verstehen.

FRANCHEVILLE: Eine Familien-Entente cordiale.

ROMANOV: Weil Sie gerade davon sprechen, Monsieur. Sie sind Witwer, nicht wahr? Und nicht mehr der Jüngste.

FRANCHEVILLE: Das erste ist richtig, das zweite ein wenig umstritten.

ROMANOV: Eigenartig, auf solche Männer steht meine Tochter Madeleine. Hatten Sie eigentlich noch nie Gelegenheit, mit ihr mal – – darüber zu sprechen?

Bistro

Nicole steht hinter der Theke, Anette Walrami sitzt auf einem der Hocker.

WALRAMI: Ihre Mutter hatte mir einige Zeilen geschrieben.

NICOLE: Wegen Boris? Sie will sich gewiß entschuldigen für sein dummes Verhalten dem Sender und Ihnen gegenüber.

WALRAMI: Seine Absage hat uns alle unangenehm berührt. Der Filmstoff des König von Albanien ist zwar nicht der große Wurf, aber die Produktion hätte eine solide Grundlage sein können für uns Luxemburger und Ihren Bruder.

NICOLE: Und Boris könnte erstmals einen Film ohne Pleite zuende drehen, ohne daß Mama hinterher seine Schulden abzahlen müßte.

WALRAMI: Hat er denn in Hollywood Pleite gemacht? Ihre Mama hat seine Schulden bezahlt? Ich dachte, Ihr Vater wäre ein reicher Mann? Gehört ihm denn nicht dieses Haus?

NICOLE *lacht:* Papa und eigenes Geld? Nein, das haben Madeleine und ich verdient. Und Mama, die als Haushälterin und später als Sekretärin in Vancouver gearbeitet hat. Papa und Boris können nur Geld ausgeben.

WALRAMI: Wie sind Sie denn nach Luxemburg gekommen?

NICOLE: Die Großfürsten von Woronesch hatten seit über hundert Jahren hier ein Haus. Die Sowjet-Union hat vergessen, es rechtzeitig zu enteignen. Als sich Europa in Luxemburg etablierte, wurde es abgerissen. Das erfuhr Madeleine zufällig in Vancouver. Da haben uns die Luxemburger dieses Haus als Ersatz gegeben, mit einem heruntergekommenen Café. Und ich als Tochter koste nichts und Madeleine verdient das Kleingeld auf der Straße.

WALRAMI: Durch Prostitution?

NICOLE: Dieses Gewerbe, angeblich das älteste der Welt, ist heutzutage Auffassungssache. Ich kenne die Damen, sie gehen hier ein und aus. Viele Frauen aus besseren Kreisen gehen auf den Strich, weil es ihnen Spaß macht. Auf der Straße erfuhr Madeleine von dem Haus in Luxemburg, auf der Straße traf sie den bulgarischen Offizier Todor. Von ihm hörte sie, daß Mama die Erbin eines deutschen Herzogtums war. Der Uropa Ferdinand von Sachsen-Coburg, der Zar von Bulgarien, hatte sie enteignet. Als er starb, setzte die Uroma unsere Mama wieder als Erbin ein. Nur kannte sie nicht die Adresse in Kanada. Und als Uroma starb, haben die Deutschen dann Mama für verschollen erklärt.

WALRAMI: Das ist ja unglaublich! Ihre Mutter und Sie und Ihre Geschwister haben fast vierzig Jahre nicht gewußt, daß sie ein deutsches Herzogtum und viel Geld in der Schweiz besitzen?

NICOLE: Wirklich nicht. Mama ist damals nach der nicht stattgefundenen Transaktion bulgarischer Gelder vor den Deutschen nach Kanada geflohen. Und Uropa Ferdinand, der bekanntlich ein alter Nazi war und in Coburg lebte, hat in

Unwissenheit der wirklichen Vorgänge in Paris, – kein Anruf aus Sofia, getobt: Meine Enkeltochter ist mit dem Russen und dem Geld durchgebrannt! Tatsächlich aber hatte Papa sie in Paris noch geheiratet. Die beiden kamen arm wie Kirchenmäuse in Übersee an. Sie haben dort in Familie gemacht: zuerst ich, dann Boris, dann Madeleine.

Madeleine und Yvonne sind eingetreten. Kurze Begrüßung; sie setzen sich neben Anette Walrami.

NICOLE: Als unsere Eltern in einer alten Zeitung von der Enterbung lasen, schrieben sie an ihren Vater, dem König Boris. Aber der war gerade erst – offiziell heißt das: – – „auf ungeklärte Weise ums Leben gekommen". 1945 wurde Bulgarien kommunistisch, Uropa Ferdinand und Uroma verstarben, und wir wußten nichts von alledem.

MADELEINE: Vierzig Jahre in schlichten, einfachen, bürgerlichen Verhältnissen, immer zu wenig Geld. Mama ging als Putzfrau, wurde dann Haushälterin und später Sekretärin bei einem ehemals deutschen Moraltheologen. Papa hat die ganze Zeit so gut wie gar nichts getan, Boris wurde ein Hollywood-Hallodri.

NICOLE: Madeleine und ich haben die Schule besucht und wurden von dem Moraltheologen erzogen, denn Mama nahm uns mit zur Arbeit in sein Haus. Ich war einige Jahre eine schlecht bezahlte Reporterin bei einer deutschsprachigen Zeitung in Kanada.

YVONNE: Und mein Verlobter ist ein verrückter Kerl, der nie seine Grenzen kennt und eine Dummheit nach der anderen macht. Jetzt will der englische Drehbuchautor für den Königsmörderfilm eine Anzahlung haben, und mich pumpt Boris an um zehntausend Franc, der ich mir momentan nicht einmal ein neues Kleid kaufen kann.

MADELEINE: In Boris drückt sich die totale Degeneration russischer Fürsten aus, hat Herr Kreidewolf gesagt. Das ist der Moraltheologe, dem ich meine polyglotte Weltanschauung verdanke.

WALRAMI: Also ich verstehe Ihren Bruder nicht. D a s ist doch ein Film, wo sich die Frauen Europas und sicher auch der übrigen Welt vor dem Fernsehschirm ausweinen können. Obendrein noch mit einem Happy-end und soviel Geld, von dem unsereins nicht mal zu träumen wagt.

MADELEINE: Möchten Sie denn Boris zurückhaben?
WALRAMI: Der Albaner Königs-Film war für uns ein fester Bestandteil der Produktion. Zwar keine große Frauenrolle dabei, aber die gab es damals auch noch nicht.
YVONNE: Außer Clara Zetkin und Rosa Luxemburg.
WALRAMI: Ja. Sind Sie noch mit Boris verlobt?
YVONNE: Ich habe mich endgültig von dem Koreaner getrennt.
MADELEINE *zu Frau Walrami:* Hat Mama auch Sie hergebeten? Das könnte ein gutes und ein schlechtes Zeichen sein.
WALRAMI: Das gute Zeichen brauche ich. Boris Verhalten hat mich beim Sender in eine schwierige Lage gebracht.
NICOLE: Vielleicht kommt es doch noch zu dem Albanerfilm. Die Männer haben vorhin im Separé etwas ausgebrütet, das klang nach einem Prozeß gegen die Deutschen unter der Bedingung, daß der Königsmörderfilm unterbleibt.
YVONNE: Wo ist denn der deutsche Staatssekretär?
NICOLE: Der ist mit Papa und dem komischen Poussin zum Essen gegangen. Sie wollen ihm den englischen Earls-Titel mit Herrensitz in England andrehen, wenn er den Leuten in Deutschland klarmacht, daß man uns das gesamte Vermögen überläßt.
MADELEINE: Uns? Glaubst du noch daran, Nicole? Papa macht doch alles über unsere Köpfe hinweg, er ist ein richtiger Despot. Ich habe das langsam satt. W i r haben alles in Bewegung gebracht, er sahnt immer nur ab. Weißt du, es würde mich nicht wundern, wenn Papa mich am Ende mit dem Monsieur Francheville verkuppelt, damit alles in der Familie bleibt.
NICOLE: Und ich den öligen Titelhändler Antoine Poussin heiraten müßte. Dabei ist der Kerl noch nicht einmal ein Belgier, sondern ein Beutedeutscher aus Ostoberschlesien mit dem richtigen Namen Antek Possewitzki.
MADELEINE: Weißt du was, Madeleine? Ich bin drauf und dran Mama vorzuschlagen, ein zweitesmal durchzubrennen ohne Papa und Boris und mit den Millionen und Milliarden.
NICOLE: Das ist gut! Denn ich habe es auch satt, noch länger die alberne Frau Wirtin zu spielen.
YVONNE *lächelt:* Darf ich mich als eure Haushälterin anschließen? Dabei hätte ich sicher die Zeit, über das alles ein Drehbuch zu schreiben, was hier zuletzt vor sich gegangen ist.
WALRAMI: Können Sie denn schreiben?

YVONNE: In der Schule haben wir es jedenfalls gelernt.
WALRAMI: Auch ein Drehbuch?
YVONNE: Was glauben Sie, Madame Walrami, was dazu gehört, ein Drehbuch über eine Sache zu schreiben, wo ich ein, wenn auch noch so winziges, Teil bin? Kleinigkeit.
WALRAMI: Dann tun Sie es doch bitte nicht erst als Haushälterin auf den Bahamas, sondern hier und recht bald. Ich stelle Ihnen beim Sender einen Raum mit Schreibmaschine zur Verfügung.
YVONNE: Einen Film über das ganze Theater? Angefangen in Vancouver?
NICOLE: Ja, Theater ist das richtige Wort. Mit all den Verbrechern, angefangen mit Victor Romanov, Antek Possewitzki alias Antoine Poussin, dem Patentdieb Kim Kyung, dem Prinzen von Bulgarien Boris dem Vierten, dem Fliegeroffizier Luitpold Beckengruber alias Luigi Bek-Grubieri und als heiteren Abschluß den Dimitri Pomakoff und das viele Geld. *Zu Frau Walrami:* Meinen Sie das so, Madame, wenn Sie von den Tränen der Frauen in dieser Welt sprechen?

Von draußen hört man die Stimme der Faustine.

STIMME FAUSTINE: Nicole! Bringst du mir bitte eine Tasse Tee?
MADELEINE: Aha, Mama ist da. Ich glaube, jetzt ist was los.

Café außen

Faustine sitzt dort allein und trinkt Tee. Victor Romanov kommt von der Straße. Faustine schiebt ihm einen Stuhl hin wie „vor die Tür".

ROMANOV: Du wolltest mich sprechen?
FAUSTINE: Ich lasse mich von dir scheiden.
ROMANOV: Bist du verrückt geworden?
FAUSTINE: Vielleicht. Und da ich noch die bulgarische Staatsbürgerschaft besitze, gilt auch bulgarisches Recht: weder du noch Boris erhaltet auch nur einen müden Franc von dem vielen Geld.
ROMANOV: Du bist wirklich irre! Die Klage gegen die Bundesrepublik Deutschland auf eine Auszahlung von fast zwei Milliarden und die Übergabe des Herzogtums in Coburg hat allerbeste Aussicht auf Erfolg.

FAUSTINE: Ich habe Monsieur Francheville angewiesen, die die Klage zurückzunehmen.
ROMANOV *entsetzt:* Und was wird aus – *mir, will er sagen.*
FAUSTINE: Bist du nicht alt genug, um allein lebensfähig zu sein? Boris wird es noch lernen. Nicole und Madeleine kommen mit mir nach Achtopol.
ROMANOV: Achtopol? Ist das die Südseite vom Nordpol?
FAUSTINE: Kennst du nicht? Das habe ich mir gedacht. Mein Vater wurde dort von einem gewissen Beckengruber alias Bek-Grubieri ermordet. Jetzt wird dort von dem Geld, das den Bauern der Dobrudscha gehört, eine Traktorenfabrik gebaut. So, wie vor vierzig Jahren geplant.
ROMANOV: Und meine Bauten hier in Luxemburg? Für Europa?
FAUSTINE: Es steht dir frei, in Europa Bordelle zu bauen. Aber nicht von meinem beziehungsweise dem bulgarischen Geld. Was interessieren mich ein Luxushotel, ein Bordell, ein Spielkasino und eine koreanische Botschaft?
ROMANOV: Dann bin ich – – bin ich – am Ende!
FAUSTINE: Das glaube ich auch. An meinem Ende mit dir steht ein neuer Anfang mit Dimitri Pomakoff. Vierzig Jahre Strafe für das Durchbrennen mit einem russischen Kulaken, der sich Großfürst nannte und mich abrackern ließ, sind genug. Jeder Mörder kommt nach dreißig Jahren und früher frei. Und ich habe nicht gemordet, sondern drei Kinder geboren, ernährt und großgezogen. Vierzig Jahre Putzfrau, Knechtschaft und Demütigungen durch einen Herrenmenschen mit Ehebrüchen und Scheckfälschungen reichen aus, Schluß zu machen.
Nicole kommt aus dem Bistro. Sie bindet die Schürze ab, behält sie aber in der Hand.
ROMANOV: Deine Mutter zerstört unsere Familie. Sie will mit dem ganzen Geld in den Hinterhof Bulgariens durchbrennen.
NICOLE: Zurück nach Achtopol, ich weiß. Madeleine und ich kommen mit. Uns erwartet dort eine großartige national-ökonomische Aufgabe.
ROMANOV *faßt sich an den Kopf:* Drehen Frauen, wenn sie in die Jahre kommen, immer derart durch?
NICOLE: Wenn die Männer es ihnen in den vielen Jahren vorgemacht haben? Die Männer sind alle Verbrecher, singt man. Nur sind die dummen Frauen ihre Mütter und Männer.

BORIS *kommt hocherfreut von der Straße:* Mama! Papa! Die Amerikaner und die Engländer sind begeistert! Ich habe einen Verleihvertrag mit den Warner Brothers und einen Fernsehvertrag mit der BBC.

FAUSTINE: Wunderbar, mein Sohn. Wann kommt deren Geld?

BORIS: Ich finanziere die Filme selber, zusammen mit Kim Kyung. Wir richten außerdem eine Montagehalle ein für die Fernsehbildplattenabspielgeräte. Damit sparen wir eine Menge Geld für den Transport.

FAUSTINE: Dann hast du mit deiner bisherigen Arbeit doch noch gute Geschäfte gemacht?

BORIS: Schon. Aber ich nehme die ersten fünf Millionen von dem Schweizer Geld. Ich fliege heute abend mit Kim nach Zürich.

ROMANOV: Ich fürchte, Boris, man wird euch in Zürich kein Geld auszahlen.

BORIS: Wieso denn nicht?

FAUSTINE: Kennst du die Nummer des Kontos?

BORIS: Mama, deswegen bin ich ja überhaupt noch mal her gekommen. Du wirst sie mir schnell aufschreiben.

FAUSTINE: Das werde ich nicht tun. Ich werde deine Spinnereien nicht weiter bezahlen.

BORIS: Spinnereien? Wer spinnt denn hier? Du oder ich? Mama, ich habe bereits eine Viertelmillion in den neuen Film investiert. Der Drehbuchautor, der Regisseur, zwei Hauptdarsteller, die Sekretärinnen, ich habe mir einen neuen Mercedes gekauft, – – was ist denn plötzlich in euch gefahren?

NICOLE: Daß es kein Geld gibt, außer daß es nach Bulgarien zurückkommt.

BORIS: Sind denn Hotel, das Spielkasino, der Eros-Center und die koreanische Botschaft mit einemmal Spinnereien?

FAUSTINE: Ja.

BORIS: Mama, das verstehe ich nicht.

FAUSTINE: Wie kannst du auch, da du keinen Verstand hast?

BORIS *setzt sich erschöpft hin:* Soll das heißen, Mama, ich kriege kein Geld?

NICOLE: Das soll es heißen.

BORIS: Warum denn nicht?

NICOLE: Wenn du ein Boris der Vierte geworden wärest, dann würde das Geld deinen bulgarischen Untertanen gehören. Weil es aber weder einen König noch Untertanen gibt, wird von dem Geld am Schwarzen Meer eine Traktorenfabrik gebaut.

BORIS *entsetzt:* Mama! Dann bin ich – bin ich – erledigt!

FAUSTINE: Das hat dein Vater auch schon festgestellt. Aber ihr seid beide noch nicht so erledigt, daß ihr nicht das tun könnt, was ich vierzig Jahre für euch getan habe: arbeiten. Ich überlasse euch das Haus und das Café.

BORIS: Du spinnst wirklich, Mama! In diese Bruchbude muß man mehr reinstecken für Reparaturen als an Mieten und Einnahmen aus dem Café rauskommen.

NICOLE: Mama spinnt nicht. Nicht du fliegst nach Zürich, aber wir fahren heute abend mit dem Zug nach Bonn und später weiter nach Achtopol. Dimitri Pomakoff wird uns folgen, sowie die Scheidung unserer Eltern hier durch ist. Und wenn ihr schön brav arbeitet, könnt ihr uns einmal im Jahr besuchen: zwei Wochen Ferien am Schwarzen Meer.

BORIS *schaut seinen Vater an:* Scheidung? Willigst du etwa in eine Scheidung von Mama ein?

Madeleine und Anette Walrami kommen aus dem Café.

FAUSTINE: Ah, Madame Walrami. Wie geht es Ihnen? Steht der Albaner Königsfilm noch zur Disposition?

MADELEINE: Mama, Pierre Francheville kommt etwas später. Er schreibt gerade die Klage-Rücknahme an den neuen Gerichtspräsidenten.

WALRAMI: Bon jour, Madam. Die Nachricht ist noch nicht gesendet, der Signor Bek-Grubieri ist zurückgetreten. Er ist nach Rom beordert, um sich gegen den Vorwurf des Mordes an dem König Boris dem Dritten zu rechtfertigen.

FAUSTINE: Das ist zwar spät, aber notwendig. Bitte entschuldigen Sie, wenn ich Sie heute vormittag warten ließ. Ich bin jedoch überzeugt, daß Sie von meinem Vorschlag begeistert sind.

BORIS *will spotten:* Radio Television Luxemburg soll einen Vorfilm drehen über den Bau einer Traktorenfabrik am Ende der Welt.

WALRAMI *geht auf den Ton ein:* Einen Werbespot für Ihren Königsmörderfilm? Ich glaube nicht, daß unsere Direktion daran interessiert ist.

MADELEINE *reicht Faustine einen Umschlag:* Die Fahrkarten nach Bonn. Der Zug fährt um 18 Uhr 10. Was nehmen wir mit an Gepäck?
FAUSTINE: Jeder nur eine Tasche für Zahnbürste, Kamm, Lippenstift und Handtuch. Wir beginnen morgen endlich ein neues Leben ohne die Verbrecher und kleiden uns neu ein.
ROMANOV: Vergeßt die Spiegel nicht, damit ihr euch erinnert, wie drei alte Schachteln aussehen.
Faustine steht auf und bittet Anette Walrami, ihr ins Bistro zu folgen. Nicole reicht Boris die Schürze und das Kellnertuch. Madeleine holt aus ihrem Täschchen einige zerknitterte Geldscheine und gibt sie Romanov.
MADELEINE: Mein letztes Handgeld.
Dann folgen Madeleine und Nicole den Damen in das Bistro. Die Männer stehen betroffen da, sehen die Schürze und das Handgeld an.
ROMANOV *zählt das Geld:* Betriebskapital.
BORIS *hebt die Schürze:* Arbeitskleidung.
Romanov will auch in das Bistro gehen, dreht sich aber ruckartig um.
ROMANOV: Nein! Wo steckt der Koreaner? Wo ist Yvonne ihr Sprößling?
BORIS: Was willst du tun, Papa?
ROMANOV: Jetzt werde ich brutal! Wenn es ums Geld geht, hört die Freundschaft auf. – Komm mit!
Während Romanov und Boris zur einen Seite abgehen, kommen von der anderen Seite Pomakoff und Stadelmayer und singen:
STADELMAYER: „War das 'ne große Freude, als ihn der Herrgott schuf.
Ein Kerl wie Samt und Seide, nur schade, daß er suff.
BEIDE: Hei – di – hei – do – heida, – "
Sie setzen sich, beide sind angeheitert.
STADELMAYER: Frau Wirtin! Haben Sie Champagner?
NICOLE *kommt aus dem Bistro:* Messieurs, haben Sie Grund zu feiern?
POMAKOFF: Yes, Madam. Mein deutscher Freund ist seit einer Stunde ein Brite namens Earl of Oldsfield.

Separé

*Faustine und Anette Walrami, Yvonne protokolliert.
Pomakoff und Stadelmayer treten ein, der Sekt ist
noch ein wenig spürbar.*

WALRAMI *erfreut:* Aber das wäre ja die Alternative zum Nobelpreis! Mit noch mehr Geld! Madame Faustine, ganz sicher nehme ich die Aufgabe an. Ich bin begeistert!

STADELMAYER: Grüß Gott, meine Damen.

POMAKOFF: Bon jour, Prinzessin. Ich höre, du willst heute abend noch verreisen?

FAUSTINE: Ja, Dimitri. Wir sehen uns in Achtopol wieder. Bitte setze dich. Sie auch bitte, Herr Stadelmayer.

STADELMAYER *noch heiter:* Königliche Hoheit, darf ich Ihnen etwas mitteilen. – *Er zögert.* – Sag du es, Dimitri.

POMAKOFF: Dieser deutsche Staatssekretär ist seit einer Stunde der George Perranporth Earl of Oldsfield.
Die Damen sind erstaunt und lächeln.

YVONNE: Bravo! Hat Antek Possewitzki alias Antoin Poussin ein gutes Geschäft mit Ihnen gemacht?

STADELMAYER: Geschäft? Das ist ein Ehrentitel! Ich werde kündigen und in England leben. Ich bin reich.

FAUSTINE: Das ist noch nicht sicher, Earl of Oldsfield. Werden Sie mal schnell wieder nüchtern. Nehmen Sie bitte zur Kenntnis, daß ich die Scheidung eingereicht habe, daß ich wieder bulgarische Staatsbürgerin bin und Sie mich schlicht und einfach mit Faustine ansprechen dürfen. Oder wenn das nicht zu der neuen feinen englischen Art paßt, dann sagen Sie Missis Kohary. Das ist nämlich der uralte Name unserer Familie. Und nun, Earl of Oldsfield-Stadel-Mayer, hat Ihnen unser Freund und Kollege schon die Kopie der Klage-Rücknahme gegeben?

STADELMAYER: Ja. Und ich bin ganz erstaunt. Ich habe mir sofort überlegt: Um den Querelen mit dem österreichischen Königsmörder zu entgehen, wird die Bundesrepublik umgehend handeln und Ihnen die volle Erbschaft zur Verfügung stellen. Dann wird das Finanzamt gleich die Erbschaftsteuer von knapp zwei Milliarden einbehalten. Sie wissen, nach deutschem Recht beträgt sie fünfzig Prozent.

YVONNE: Wir haben die anders errechnet.

WALRAMI: Die Zinsen, Herr Stadelmayer können Sie doch nicht mitrechnen. Ich habe mich inzwischen erkundigt. Der Einheitswert des Landbesitzes mit Gebäuden beträgt 1,5 Milliarden. Die Konten bei diversen Banken betragen etwa 2 Milliarden und sind seit der Testamentseröffnung 1950 bereits versteuert. Sie sind ein Zugewinn nach der Erbschaft und werden nicht angerechnet. Lediglich auf die 1,5 Milliarden würde eine Erbschaftsteuer von 34,3 Prozent entfallen, die von Ihnen genannten 50 Prozent sind erst seit 1975 nach einer Steuerreform geltendes Recht. Aber ich betone: w ü r d e.

FAUSTINE: Das Finanzamt wird auch auf das Geld verzichten müssen. Ich verlange nicht die Übergabe oder eine Auszahlung, sondern die B e zahlung für die drei internationalen Stiftungen.

STADELMAYER: Da schmiert's uns aa, wie? – *Räuspert sich.* Ich weiß nicht, was Sie unter „internationale Gründungen" verstehen.

FAUSTINE: Ich habe gestern abend einen Preis, eine Stiftung und eine Akademie ins Leben gerufen. Aus den Mitteln, die aus der Verpachtung des Landbesitzes in Deutschland stammen, werden die genannten gemeinnützigen Stiftungen finanziert.

STADELMAYER: Darf ich wissen, um was für einen Preis es sich handelt? Wem dient die Stiftung? Welcher Art soll die Akademie sein?

FAUSTINE: Yvonne, du hast gestern alles protokolliert. Bitte lies es ihm vor.

YVONNE: Madame Faustine Kohary hat eine Akademie ins Leben gerufen zur geistigen Erneuerung der Aufklärung mit dem Sitz in Genf.

STADELMAYER *baß erstaunt, ihm fällt nur ein:* Genf?

YVONNE: Genf. Dort wurde vor rund 275 Jahren einer der Väter der Aufklärung geboren, Jean-Jacques Rousseau. Dort scheiterte vor rund 60 Jahren der US-Präsident Woodrof Wilson mit dem Völkerbund, weil ein Österreicher lieber die halbe Erde in Schutt und Asche zu legen bereit war als über die Rettung der Erde vor der totalen Ausbeutung nachzudenken.

STADELMAYER *fällt fast vom Stuhl:* Geistige Erneuerung der Aufklärung? Was ist denn das?

FAUSTINE: Gestatten Sie mir eine Gegenfrage. Was war denn vor Jahren die geistig-moralische Erneuerung, die Ihr Regierungschef versprach?

STADELMAYER: Wollen Sie das jetzt etwa machen? Das war doch nur so eine Phrase! So was sagt man im Wahlkampf daher, ohne es ernst zu nehmen.

POMAKOFF: Demnach ist auch bei euch der Wahlkampf so was ähnliches wie Wahlbetrug?

STADELMAYER: Oh Gott! Alter Freund! Dreh mir nicht die Worte im Mund herum. Das wäre das Ende meiner Karriere, wenn ich das laut sagen würde. Wo mir schon der englische Ehrentitel die Dienstaufsichtsbeschwerde einbringen wird.

FAUSTINE: Glauben Sie denn, Earl of Stadelmayer, daß Sie noch höher klettern in Ihrer Karriere? Mehr als Minister, Ministerpräsident oder Bundeskanzler können Sie doch nicht werden. Ein Bundespräsident Stadelmayer?

POMAKOFF: Aber Georg, reicht denn bei dir, ohne eine geistige Erneuerung, die Intelligenz für eine derartige Karriere?

STADELMAYER: Kannst du mir wenigstens erklären, was deine neue Braut mit der Erneuerung der Aufklärung meint? Ich verstehe das nicht.

POMAKOFF: Faustine ist überzeugt, daß die Väter der Aufklärung vor 250 Jahren und die ersten Aktivisten im Jahrhundert danach das eine nicht gemeint haben, daß die Nachkommen einzig dazu da sind, nur ihre Vorteile zu suchen. Die beiden Staaten, in denen die Aufklärung wuchs, wurden die übelsten Imperialisten. Zuletzt sieh dich selber an: Karriere auf Kosten der anderen. Geld um jeden Preis für die Zerstörung der Zukunft. Die Macht des Stärkeren bei der Unterdrückung der Schwächeren.

STADELMAYER: Davon sprechen aber heute fast alle, daß es so nicht weitergehen kann.

POMAKOFF: Und welcher Politiker zieht die Bremse? Der Franzose, der aufhört, die gefährlichen Atomkraftwerke zu bauen? Der Staatspräsident wäre in wenigen Wochen von der Atomlobby gestürzt. Die Engländer, die noch immer glauben, die Meere wären frei und damit rein mit den giftigen Abfällen? Und nicht zuletzt die Industriellen, die Fluorchlorkohlenwasserstoffe produzieren und damit die Sonnenschutzschicht zerstören? Jeder fürchtet die Masse der Frauen, gäbe es keine

Haarsprays mehr. Und so wie du zusammenbrichst, wenn du laut sagst, daß dein Regierungschef ein Schwätzer ist mit der geistig-moralischen Erneuerung, so –

FAUSTINE *unterbricht ihn:* Das reicht, Dimitri. Denn wir sind bei dem Punkt angelangt, warum eine Erneuerung des Lebensbewußtseins notwendig ist. – *Zu Stadelmayer:* Sie verstehen doch Ihr gegenwärtiges Dasein auch als das Maß aller Dinge und – wenn Sie ein guter Christ sind – auch als die Krone der Schöpfung.

STADELMAYER: Ja. So hat es Gott gewollt.

FAUSTINE: Möglich. Aber dann hat der Mensch es niemals erreicht.

STADELMAYER: Ihnen gefällt wohl nicht das deutsche Gesetz über die Erbschaftsteuer?

FAUSTINE: Im Gegenteil, Herr Stadelmayer. Jemand, der so gut wie nichts geleistet hat, aber viel erbt, soll zahlen. Ich bin sogar sicher, daß Gott, der den Menschen erschaffen hat, genau so denkt. Schließlich hat er ihm ja nach seinem Ebenbild den Verstand übertragen. Und da liegt denn wohl der Abnutzungsfehler, den ich meine. „Der Verstand schöpft seine Gesetze nicht aus der Natur", schrieb Kant, der große Mann der Aufklärung, „sondern er schreibt sie der Natur vor." Das, Herr Stadelmayer, sehen wir als des lieben Gottes dritten Irrtum an.

STADELMAYER: Madam, Sie begehen Gotteslästerung. Gott ist unfehlbar.

POMAKOFF: Moment, Georg, meinen wir auch denselben Gott? Meinst du vielleicht den Moskauer Generalsekretär oder den Washingtoner Filmschauspieler oder den Römischen Vereinsvorsitzenden?

STADELMAYER: Ich meine den Gott, der die Welt erschaffen hat.

POMAKOFF: Den da, mit dem langen Bart im Nachthemd?

STADELMAYER: Du bist ein Zyniker! Gott h a t die Welt erschaffen.

POMAKOFF: Ich bin ein Zyniker, zugegeben. Wenn der Mann, den du meinst, die Welt erschaffen hätte, dann wäre die Menschheit nur der Stuhlgang der Erschaffung. Und die darin enthaltenen Mikroben hätten sich zur Krone der Schöpfung erklärt, und eine winzige kleine Abspaltung hätte die Intelligenz gepachtet und erklärt: nach unseren Geboten und Gesetzen müßt ihr anderen leben, sonst geht es euch dreckig. So wie die Erde für Dreck erklärt wird.

STADELMAYER: Ich bin entsetzt, wie du die größte Schöpfung aller Zeiten in der Fäkalsprache zum Ausdruck bringst!

POMAKOFF: Ich bin in der glücklichen Lage, auf meinen Regierungschef keine Rücksicht nehmen zu müssen, wenn er dummes Zeug sagt.

STADELMAYER *schüttelt verständnislos den Kopf. Zu Faustine gewandt:* Ich habe das mit dem dritten Irrtum Gottes nicht verstanden.

FAUSTINE: Der erste Irrtum war sein Vertrauen in Adam und Eva und dem Apfel vom Baum der Erkenntnis. Der zweite Irrtum war der Glaube an die Menschheit bis zu Noah. Der dritte Irrtum wurde von dem Königsberger Philosophen eingeleitet.

STADELMAYER: Ich habe das Buch, das Sie meinen, gelesen. Das hat er aber nicht aus Böswilligkeit gesagt, sondern aus seinem festen Glauben an Gott und die Menschen.

FAUSTINE: Ich bestreite nicht seinen Glauben. Nur haben uns die sogenannten Naturgesetze, die der Engländer Isaac Newton formulierte, in die Irre geführt.

STADELMAYER: In die Irre – – ? Sicher, es gibt irre Leute, auch irre Frauen.

YVONNE *heiter:* Nein, Mister Earl of Stadelmayer, machen Sie jetzt nicht Fehler, zu denken, was Sie nicht mehr sagen wollten. Ihnen sitzt nicht die Irre von Luxemburg gegenüber und nicht die Irre von Chaillot. Ich kleiner Geist, Schauspielerin, Mutter eines Sohnes, Verlobte von Boris dem Vierten, ich habe darüber nachgedacht und muß Faustine zustimmen: Wir haben uns verlaufen, und das seit dem Augenblick, da die ersten Idealisten aus der Bewegung der Aufklärung vor zwei Jahrhunderten zur Gewalt griffen, um ihre Ideen durchzusetzen. Vom spießigen Robbespierre bis zu Napoleon mit seiner Idee vom großen Europa opferten sie das Leben anderer Menschen. Die heutigen Sprayhersteller und andere sind nur etwas raffinierter, sie opfern nicht den gegenwärtigen Menchen, sondern den von morgen und übermorgen.

WALRAMI *lächelnd zu Stadelmayer:* Ich habe den Eindruck, daß uns Herr Stadelmayer sehr gut versteht.

STADELMAYER: Nein, ich verstehe immer noch nicht. Ich weiß nur eines, daß Irren menschlich ist.
POMAKOFF: Wenn du das weißt, daß du dich geirrt hast, warum änderst du dann nicht die Fakten?
STADELMAYER: Wie kann ich kleiner Staatssekretär das?
POMAKOFF: Zuerst einmal mußt du es wollen.
STADELMAYER: Du kennst mich seit einer Stunde und weißt, daß ich nicht will?
POMAKOFF: Ich weiß seit einer Stunde, daß du es deswegen nicht kannst, weil deine Intelligenz nicht ausreicht.
FAUSTINE, *als Stadelmayer böse werden will:* Wenn es Sie beruhigt, Mister Earl: Es hat berühmtere Namen als Stadelmayr und Churchill gegeben, die ihren Irrtum erkannt haben und umgekehrt sind. Als Kopernikus einsah, daß es mit dem Lauf der Sterne nicht so weiter ging, hat er gesagt: Vielleicht gelingt es besser, wenn wir uns drehen und den Himmel und die Sterne in Ruhe lassen.
STADELMAYER: Aha, jetzt folgt Galilei.
FAUSTINE: Nur so ähnlich. Galilei trug seinen Kampf mit der Kirche aus und leitete nicht aus den Fehlschlüssen der Naturwissenschaftler die Zerstörung der Erde ein. Wie man das heute aus voller Überzeugung tut, für richtig hält und – wie das forsch genannt wird – dabei Kohle macht, Steuern bezahlt und daraus die Rechtsansprüche ableitet, um vor Warnern der Zerstörung mit staatlicher Hilfe geschützt zu werden. Die Wissenschaft nennt so was Systemimmanenz.
STADELMAYER: Langsam begreife ich. Ihre Akademie soll die Ideologie für die Umweltschützer nachliefern.
POMAKOFF: Wenn es dich beruhigt, Georg, dann glaube es als ersten Schritt zur Einsicht in die Selbsterkenntnis. Du bist auf dem richtigen Weg.
FAUSTINE: Ich möchte Ihnen nur ein Beispiel der falschen Position Newtons nennen, das als Naturgesetz unser Bewußtsein prägt. Das Wasser, sagte er, entfalte seine Energie nur in der Abwärtsbewegung. Dabei zieht jeder Baum das Wasser hinauf bis in die Blätter, und dann gibt er es zurück in den Boden und weiter in das Gestein, das letztlich die Quelle bewirkt. Und nur weil der Mensch den Vorgang nicht in der Menge wiederholen kann, zwingt er der Natur ein Gesetz auf mit der furchtbaren Folgerung, daß das fließende Wasser im-

mer unbrauchbarer wird. Daß es mit den anderen Naturelementen nicht anders ist, muß ich Ihnen nicht erst sagen.

STADELMAYER: Nein. Ich ahne, daß man anders darüber denken kann. Und muß.

POMAKOFF: Verstehst du nun Faustines Absicht, die Akademie einzurichten, damit eine kommende Generation erst richtig denkt bevor sie handelt? Ob es Sozial- oder Kapitalisten sind, das macht überhaupt keinen Unterschied, wenn vor ihren zerstörerischen Interessen die rücksichtnehmende Vernunft stehen würde. Bei gutem Willen, und das Wort könnte vom lieben Gott stammen, ist alles möglich.

STADELMAYER: Du willst damit sagen: Wille setzt das Denken voraus? Madame Kohary, ich ahne und fürchte drei Dinge. Erstens daß Sie recht haben mit Ihren Bestrebungen, den Geist des Menschen zu erneuern. Zweitens daß das viel zu spät kommt angesichts der Zerstörungen, die erst in zehn, zwanzig und dreißig Jahren schrecklich fühlbar sein werden. Drittens daß man mir vorwirft, ich hätte mich von einer angeblich irren Frau um den Finger wickeln lassen, was für das deutsche Finanzamt abträglich ist, und das das Ende meiner Karriere bedeutet.

FAUSTINE: Sie bestätigen sich selber, Herr Stadelmayer. Alles moderne Denken, das meist mit dem Fortschritt entschuldigt wird, endet im Materiellen. Auch Sie fürchten zuerst für die Menschheit, und dann bangen Sie um Ihre persönliche Existenz.

POMAKOFF: Was soll's sagte der Frosch, als er merkte, daß das Waser verchlort und nitriert war, ich bin ja ein Schwimmer.

FAUSTINE: Danke. An den in der Zerstörung befindlichen Erdball mit seiner Luft- und Ozonschicht denken Sie – wenn überhaupt – mit dem Seufzer des Frosches. Oder Sie trösten sich mit dem lieben Gott, daß der, weil er die Erde erschaffen hat, sie wohl auch reparieren wird.

STADELMAYER: Was soll ich denn bloß machen?

FAUSTINE: Muß ich wirklich so weit gehen, daß ich mir einen deutschen Bürokraten kaufe, um die Menschheit zu retten?

STADELMAYER: Das hieße in Deutschland Bestechung.

POMAKOFF: Und der George Perranporth Earl of Oldsfield?

STADELMAYER: Das war doch nur ein Gaudi. Madame, was haben Sie denn noch alles vor?

YVONNE: Eine Stiftung für die bedrohten Völker, vor allem in Nord- und Südamerika. Mit dem Sitz in London und mit Lepold Senghor als Präsident.

STADELMAYER: Einem Neger?

FAUSTINE: Ein Mensch aus Afrika, dem die Sklaverei erspart geblieben ist und der Studienrat in Frankreich war. Er wird sich am ehesten in die Mentalität der Indios vom Hudson bis nach Feuerland versetzen können, damit sie sich endlich gegen die Eroberer zur Wehr setzen können.

STADELMAYER: Adademie, Stiftung, Genf, London. Kriegen wir in Deutschland auch was ab?

FAUSTINE: Die Traktorenfabrik für Achtopol.

YVONNE: Weiter – vier jährliche Preise von je einer Million, die sich aus der Adademie ableiten. *Sie sieht Anette Walrami an:* Berichten Sie darüber, Sie werden die Sekretärin.

WALRAMI: Erstens ein Preis für die Philosophie der neuen Aufklärung, zweitens für eine alternative Ökonomie, drittens ein Preis für eine progressive wissenschaftliche Leistung, viertens für ein Drama der Aufklärung, das ausschließlich dem Theater vorbehalten bleibt.

STADELMAYER: Das ist gut, Madame Kohary. Aber warum die Einschränkung? Warum soll es nicht durch das Fernsehen gleich Millionen erreichen?

POMAKOFF: Ein Drama für das Pantoffelkino, Georg? Faustine will damit erreichen, daß sich deine Fernsehmillionen um das Drama bemühen und nicht mit der Bierflasche und Knabberstangen die Kultur herunterschlucken.

STADELMAYER: Und das wollen Sie alles mit dem deutschen Geld finanzieren?

FAUSTINE: Schmeckt es Ihnen nicht, daß Deutschland für die Erneuerung des Geistes tributpflichtig gemacht wird? Nehmen Sie es als das späte Sühneopfer für den Raubkrieg, Völkermord, Wahnsinn von Spießern und der geistigen Arroganz, mit der ihr eure Schuld und euer Versagen nach dem Kriege zugedeckt habt.

Es klopft, dann tritt Boris ein.

BORIS: Ich bitte um Entschuldigung. Aber – es ist was passiert. Yvonne, dein Sohn ist gekidnapt worden, Madame Walrami, von Ihrem Mann.

Yvonne läuft schreiend hinaus, ihr folgt Anette Walrami. Unruhe bei den anderen.

BORIS: Mama, ich muß mit dir sprechen. – Messieurs, darf ich Sie bitten, mich einige Minuten mit meiner Mutter allein zu lassen? Nicole serviert Ihnen einen Drink, – auf meine Rechnung.

Pomakoff und Stadelmayer gehen hinaus. Als Faustine ihren Sohn ansieht, hebt der nur die Schultern und geht hinaus. Dafür treten ein: Romanov (mit einem Gummiknüppel), Kim Kyung (mit einem Dolch), Poussin (mit einem Schlagring) und Bek-Grubieri (mit einer Damenpistole). – Romanov legt Faustine zwei Papiere auf den Tisch.

ROMANOV: Du schreibst jetzt die Nummer des Schweizer Kontos auf und setzt deinen Namen unter die Vollmacht.

FAUSTINE *wirft einen kurzen Blick auf die Papiere:* Nie im Leben!

ROMANOV: Das wäre aber dann zuende.

Er schlägt mit dem Gummiknüppel auf den Tisch; Poussin hält ihr den Schlagring vor das Gesicht; Kyung setzt ihr das Messer an die Kehle und Bek-Grubieri schießt (zur Warnung) in den Boden.

ROMANOV: Unterschreib das! Der nächste Schlag, der nächste Hieb, das Messer läßt das Blut aus deiner Kehle fließen.

BEK-GRUBIERI: Ich schieße! Wir verstehen keinen Spaß.

KYUNG: Ich schneide, das lernt man bei uns schon als Kind.

POUSSIN: Madame, der Arzt, der gegebenenfalls Ihren natürlichen Tod unterschreibt, wurde in letzter Minute zu einem durchbrochenen Blinddarm gerufen. Er kommt aber gleich nach der Operation hierher.

Poussin zieht ein Papier hervor: ein ausgefüllter Totenschein. Faustine wirft einen Blick darauf.

FAUSTINE: Steckt Boris mit euch unter einer Decke?

ROMANOV: Egal. Ich kann auch die Vollmacht selber unterschreiben. Aber dann wäre dein Tod unvermeidlich.

FAUSTINE: Scheckbetrug, Scheckfälschung, Totenschein, Mord – *zu Bek-Grubieri:* Ist es derselbe Revolver, mit dem Sie meinen Vater erschossen haben?

BEK-GRUBIERI: Keine Diskussion. Die Nummer!

ROMANOV: Du hast eine Minute Bedenkzeit.

FAUSTINE: Und wenn ich unterschreibe, was macht ihr Verbrecher dann mit mir?

ROMANOV: Du kannst dich in Saus und Braus mit deinen Töchtern an der Cote d'Azur austoben im Werte von einer halben Million pro Jahr. Heiraten die Kinder, erhält der Ehemann zur Gründung des Hausstandes die einmalige Summe von einer halben Million. Danach muß er für seine Familie selber aufkommen. – Ihr könnt noch heute abend abreisen.

BEK-GRUBIERI: Mit meinem ehemaligen Dienst-Mercedes. Ich weiß, daß Madeleine ihn fahren kann.

FAUSTINE: Wie großzügig, Signor Beckengruber. Wie kommen Sie denn dann nach Rom, wo Sie sich verantworten müssen?

BEK-GRUBIERI: Die Reise entfällt. Ich habe politisches Asyl beantragt und mich bereits als Notar hier niedergelassen. Eine Rache nach vierzig Jahren durch Bulgarien an Deutschland und Österreich wäre nur ein Rückfall in die Steinzeit. Sie nützt keinem was.

FAUSTINE: Als Steinzeit betrachten Sie die Bedrohung einer unschuldigen Frau mit Gummiknüppel, Schlagring, Messer und Pistole nicht? – Ihnen, Mister Kyung, hätte ich ein wenig mehr Kultur zugetraut. So was will mit geklauten Patenten den europäischen Geist verbessern?

KYUNG: Ausbeuten, Madame. Und nicht einmal mit soviel Gewalt, wie die Europäer in meine Heimat hineingetragen haben, um fast dasselbe zu tun.

FAUSTINE: Bleiben Sie denn nun Fabrikant oder Erfinder? Werden Sie meinem Sohn das Geld geben für seine hochfliegenden Filmpläne? Er will doch die Klassiker wieder beleben. *Zu Bek-Grubieri:* Die filmische Parallele zu Ihrer Wilhelm Tell-Gesellschaft.

KYUNG: Ich werde darauf keinen besonderen Wert legen. Das Konglomerat von Gewalt damals und heute ist der Renner unter den Fernsehkassetten. Wir werden uns dem Trend nicht entziehen können, wenn wir den Markt mit der Bildplatte erobern wollen.

ROMANOV: Faustine, die Zeit ist um. Ich zähle bis drei. – Eins –

Es klopft, dann tritt Francheville ein, vier Papiere in der Hand.

FRANCHEVILLE: Bon soir, Madame, Messieurs.

ROMANOV: Was wollen Sie denn hier?

FRANCHEVILLE: Sie verhaften. *Er deutet auf die Waffen:* Mit Gewalt, Messieurs? Haben Sie Ihre Kinderstube vergessen? *Zu Bek-Grubieri:* Haben Sie als Österreicher nichts aus der Geschichte gelernt?

BEK-GRUBIERI *zielt auf Francheville:*   Raus!

FRANCHEVILLE: Nein. Herr Beckengruber, Sie haben einen Fehler gemacht, als Sie mein Honorar um eine Million gestutzt haben. Hochmut kommt vor dem Fall.

BEK-GRUBIERI *schießt in den Boden:*   Mit der nächsten Kugel schieße ich Ihnen das Gehirn aus dem Kopf!

FRANCHEVILLE *hebt die Hände:*   Schon gut, schon gut.

FAUSTINE *zu Francheville:*   Gehen Sie lieber, der Mann ist im Kopfschuß geübt.

FRANCHEVILLE: Darf ich durch das Fenster flüchten? Wenn Sie mich dann von hinten treffen, könnten Sie sich leichter rausreden, auf der Flucht erschossen.

Francheville öffnet das Fenster (zum Café außen).
Man hört Polizeisirenen. Dann steht Jean im Fenster.

JEAN *erstaunt:*   Sie, Monsieur Francheville? Werden denn Sie verhaftet? Der ganze Häuserblock ist von der Polizei umstellt wie bei einer Großrazzia. Im Hause soll eine schwere Verecherbande ausgehoben werden. – *Er sieht die anderen im Separé:* Ah, bon soir, Madame Romanov, und auch Monsieur Romanov. Das trifft sich ja gut.

Mit einem Sprung ist er im Innern des Separés. Verschämt haben die Männer die Waffen unter die Kleidung versteckt.

JEAN: Bon soir, Signor Präsident, – Mister Kyung, Monsieur Poussin.

FAUSTINE: Jean, wir haben eine wichtige Sitzung.

JEAN: Wann hätte ich je wieder Gelegenheit, Sie und Ihren Monsieur Gemahl und die Freunde der Familie zusammen anzutreffen. Es dauert auch nicht lange. Ja, also, die – eh, – die Sache ist die: ich liebe Madeleine, und wir sind uns auch einig. *Räuspert sich:* Monsieur Romanov, ich bitte um die Hand Ihrer Tochter.

ROMANOV: Was? Jetzt?

FAUSTINE: Junge, das ist eine Verbrecherbande –
JEAN: Ja ja, das hörte ich draußen, das sind die komischen Leute im dritten Stock. Sie haben schon mehrmals den anderen Mietern die Zeitung aus dem Schlitz gezogen und nicht bezahlt. Einer der Polizisten draußen hat mich informiert. Ich werde anschließend in die Redaktion eilen und einen Exklusivartikel über die Verhaftung vorlegen. Nur schade, daß ich keinen Fotoapparat bei mir habe. *Zu Bek-Grubieri:* Und ein anderer Exklusivartikel über Sie, Signor Präsident. Sie werden mir doch gern erklären, warum Sie zurückgetreten sind, nicht wahr?
FRANCHEVILLE: Junger Mann, es ist besser, wenn Sie einstweilen im Bistro warten. Dort ist Ihre Verlobte. Denn Monsieur Romanov wird gerade von mir verhaftet.
JEAN: Was?! Warum denn?! Er ist doch kein Verbrecher, mit dem so viele Polizisten beauftragt werden. Mein künftiger Schwiegervater ist ein Gentleman.
FRANCHEVILLE: Wir sehen das anders.
FAUSTINE: Auch Gentlemen können zu Verbrechern werden, auch Politiker, und Patentdiebe und Titelhändler. Wir müssen zuende kommen. Also, Junge, meinen Segen hast du. Aber du mußt dich damit abfinden, daß dein Schwiegervater ein Verbrecher ist, der wegen Gewalttätigkeit und Morddrohung an seiner Ehefrau eine langjährige Gefängnisstrafe absitzen wird. Zusammen mit Mister Kyung, Antek Possewitzki und Luitpold Beckengruber.
JEAN: Dann geht es gar nicht um die Leute im dritten Stock? Dann wären diese Messieurs die Verbrecherbande?
FRANCHEVILLE: Ja. Da Sie von der Presse sind: Dieses hier – *er zeigt die Papiere in der Hand* – sind die Haftbefehle. Schreiben Sie in Ihrem Artikel: Der stellvertretende luxemburgische Polizeipräsident hat Urlaub. Daher wurde Pierre Francheville vorübergehend mit der Durchführung der Verhaftung beauftragt. Der Polizeipräsident selber telefoniert zur Zeit mit den Kollegen in Europa wegen der Schadensbegrenzung, den dieser Skandal in Luxemburg verursachen wird.

Wortlos reicht Francheville den Männern die Haftbefehle. Dafür verlangt er – mit Gesten – die Waffen, die er auf den Tisch legt.

JEAN *zu Faustine:* Wenn ich das gewußt hätte, Madame, wäre ich natürlich nicht hier eingedrungen.

In dem Augenblick betritt, etwas erregt, Pomakoff das Separé. Er geht zu Faustine und drückt sie an sich.

POMAKOFF: Gott sei dank, du lebst! Alles in Ordnung?

FAUSTINE: Ja. Wenn man einen Sohn beim Film hat, Dimitri, weiß man, daß im Leben alles anders abläuft als im Krimi. Victor zählte schon, bei drei sollte der ehemalige europäische Gerichtspräsident drücken und wieder morden.

POMAKOFF *zu Bek-Grubieri:* Sie können es nicht lassen? Erst den Vater, dann die Tochter, in vierzig Jahren etwa Madeleines Sohn?

BEK-GRUBIERI *lächelt:* Ich glaube nicht, daß ich das Alter noch erreiche. Aber – mich interessiert Ihr Gedächtnis.

POMAKOFF: Daß ich Sie wiedererkannt habe?

BEK-GRUBIERI: Weniger das, sondern wie man eine zwölfstellige Zahl vierzig Jahre im Kopf behalten kann.

POMAKOFF: Soll ich es ihm sagen, Faustine?

FAUSTINE: Warum nicht? Das Geld ist jetzt sicher in Luxemburg.

POMAKOFF: Sechshundertzwölf – einhundertneunzehn – zweihundertneun – einhundertfünfundvierzig behält eigentlich kein normaler Mensch. Wenn man aber einen Namen nimmt und die einzelnen Buchstaben numeriert, ist das schon leichter. Faustines Name beginnt mit der sechsten Ziffer. Die weiteren Ziffern von den Buchstaben können Sie jetzt in aller Ruhe in der Gefängniszelle ausrechnen. Das ist gutes Gehirntraining. Die Wissenschaft meint, daß man mit so was länger lebt als wenn man sich alles und jedes vordenken läßt. Das gilt auch für Sie, Mister Kyung. Sie tragen nicht nur dazu bei, die Menschheit zu verdummen, sondern sie auch noch frühzeitiger als die Natur sterben zu lassen.

FRANCHEVILLE: Monsieur Pomakoff, es führt zu keinem Ende, wenn wir jetzt noch einmal über Mensch und Natur diskutieren. – *Er tritt ans Fenster und ruft hinaus:* Nicht schießen! Sie kommen freiwillig! *Zu den Männern:* Bitte die Hände über dem Kopf falten. Und gehen Sie einzeln hinaus.

Jean klettert durch das Fenster nach draußen, die Männer gehen durch die Tür in das Bistro ab. Dann sind Faustine, Francheville und Pomakoff allein.

FAUSTINE: Hättest du das gedacht, Dimitri, daß deine Reise beinahe mit Mord und Totschlag enden würde?

FRANCHEVILLE: Der Polizeipräsident erwartet meinen Bericht. Darf ich zuvor noch zwei Kleinigkeiten zu Ihren Plänen fragen, Madame? – Sie haben eine Akademie ins Leben gerufen. Haben Sie dafür schon einen Präsidenten?

FAUSTINE: Nein.

FRANCHEVILLE: Was Sie nicht wissen können, Madame, ich habe über die Begegnung zwischen Voltaire und Friedrich dem Zweiten von Preußen meine Abiturarbeit geschrieben.

FAUSTINE: Tatsächlich? Die muß ich unbedingt lesen, Monsieur Präsident.

FRANCHEVILLE: Und dann, Madame, pardon, wäre da noch als zweite Kleinigkeit etwas persönlich-familiäres.

FAUSTINE: Ja?

FRANCHEVILLE: Ja, also – eh – wie Sie vielleicht wissen, bin ich schon seit Jahren Witwer.

FAUSTINE: Victor Romanov erwähnte es gelegentlich.

FRANCHEVILLE: Ja, also – eh, ich dachte, und weil Ihre Tochter Nicole doch noch nicht verheiratet ist, und ich nicht immer allein bleiben möchte –

Er wird erlöst, als Nicole eintritt.

NICOLE *erfreut:* Mama, stell dir vor, Madeleine heiratet den Zeitungsverkäufer Jean.

FAUSTINE: Ich weiß, Nicole. Er hat vorhin um ihre Hand angehalten. Es wird also eine Hochzeit geben. Was ist mit dir? Nachdem bekannt ist, wie reich wir sind, müßten doch die Männer eigentlich vor dir Schlange stehen.

FRANCHEVILLE *zu Nicole:* Madame Nicole, lassen Sie mich die Schlange anführen? Wollen Sie meine Frau werden?

POMAKOFF: Eine gute Partie, Madame Nicole. Monsieur Francheville wird Präsident der Akademie zur Erneuerung der Aufklärung.

NICOLE: Präsident? Ja, weshalb nicht? – Mama, ich wollte eigentlich fragen, warum draußen der ganze Häuserblock von der Polizei umstellt ist, und warum unser Papa und die anderen Gentlemen gefesselt abgeführt werden?

POMAKOFF: Sie wollten meiner Verlobten Gewalt antun und noch vor der Hochzeit umbringen wegen ein paar lausiger Milliarden. Kaum zu glauben, wie geldgierig die Menschen geworden sind.

FAUSTINE: Das kommt in den besten Familien vor: auch d i e Männer sind alle Verbrecher.

ENDE

DIE DRITTE SINTFLUT

Eine desoxyribonukleinsaure Fluorchlorkohlen-
wasserstoff-Komödie auf Escherichia coli

„Es liegt leider in der menschlichen Natur, sich an allen Feuern zu verbrennen, von allen Vehikeln überfahren zu werden, alle Gifte zu probieren. Jetzt, da die Menschen mehr als je von der Macht der Technik überwältigt werden, sind sie auch hilf- und ratlos wie nie zuvor."

Erwin Chargaff: „Doppelte Buchführung des Untergangs"

Die Personen:

HEINRICH Faust (60), Weltreisender
GRETEL Gothe (55), Heinrichs Frau
PETRONIUS (35), General, Portier
PAMELA (30), Richterin
JOSEF Streitteufel (45), ehem. Politiker
HANS (70), ehem. Politiker
FRANZ (70), ehem. Politiker
DIETER Adams (36), Biochemiker
GERTRUD Adams (34), Apothekerin
RENATUS Adams (27), Molekularbiologe
REGINA Evers (28), Religionslehrerin
EDMUND Landgraf (51), Biochemiker
CHARLOTTE Landgraf (43), Edmunds Frau

Zeit: Gegenwart, und drei Jahrzehnte danach

Die Handlung ist erfunden, eine Personenähnlichkeit Zufall

1. Akt

Vorgericht

Eine fast leere Bühne. Im Vordergrund links steht ein Lehnstuhl mit einem kleinen Beistelltisch. Hinten links befindet sich eine einfache Holzbank. Rechts hinten ist ein Türrahmen ohne Tür, und außen vor der Tür steht eine weitere einfache Holzbank. – Petronius kommt mit einer Richterperücke englischer Art und legt sie auf den Lehnstuhl; Pamela tritt ein mit sechs Gerichtsakten, die sie auf den Beistelltisch legt.

PETRONIUS: Was liegt heute an?

PAMELA: Bis auf einen nur harmlose Fälle. Drei Politiker von der Erde und drei Ehepaare, auch von der Erde.

PETRONIUS *hebt die Akten an und sieht die Namen durch. Nur eine Akte, die sehr dick ist, behält er in der Hand.* Die ist aber sehr dick. Und ein „G" drauf vermerkt.

PAMELA *schaut kurz hin:* Der Streitteufel Josef. Den hat sich Gretel vorbehalten.

PETRONIUS: Aha, kommt Mama heute her?

PAMELA *nimmt die dicke Akte und schaut hinein:* Ja. Politiker. Sonderbarer Name.

PETRONIUS: Eine Germane? Kenne ich den?

PAMELA *blättert, liest:* Nein, scheint etwas südlicher.

PETRONIUS: Dachte ich mir. Dann kenne ich ihn wahrscheinlich. Die Vorsehung schütze Vater und Mutter vor dem.

PAMELA: Die Akte ist allerdings sehr dick. Hat er auf Erden so viel Übles oder so viel Gutes getan?

PETRONIUS: Übles, wenn es der ist, den ich meine. Wer sind die anderen?

PAMELA *nimmt die anderen Akten:* Zeitgenossen von ihm. Politiker. *Liest kurz:* Krakehler, wie es scheint. Einer hat den anderen beschimpft. Wörter wie Verbrecher, Imperialist, Separatist, Sozialist, Faschist, Kommunnist, Trotzkist, Stalinist, Maoist, –

PETRONIUS: Stalinist? Steht das da? Oder Stalingrad?

PAMELA *liest:* Hier steht Stalinist.

PETRONIUS: Den hatten wir doch hier. War das Josef Stalin?

PAMELA: Ja. Ich erinnere mich. Terrorist aus Georgien, Zeitungsverleger der Prawda. Nachfolger Lenins, nannte bei seinem Machtantritt Wolgograd um in Stalingrad. *Liest, sieht auf:* Hui! Soll mehr als zwanzig Millionen Menschen umgebracht haben.

PETRONIUS: Aha, mehr als Hitler. Ich verwechselte den.

PAMELA: Mit wem?

PETRONIUS: Als ich mich an Josef Streitteufel zu erinnern versuchte. *Zeigt auf die dicke Akte:* Die Vorsehung schütze unsere armen Eltern.

PAMELA: Warum?

PETRONIUS: Er ist der ewige Luzifer.

PAMELA: Hattest du was mit ihm?

PETRONIUS: Ja. Papa hatte mich zum General unter Hitler gemacht, um die zweite Sintflut einzuleiten. Da tauchte Josef Streitteufel auf.

PAMELA: Die Sintflut zu Hitlers Zeiten? Wegen Hitler?

PETRONIUS: Wegen seiner elitären Rassenvorstellungen. Papa hält die Deutschen noch immer für das auserwählte Volk.

PAMELA: Ja, schlimm. Er lernt nichts aus der Geschichte. Und was hat Josef Streitteufel damit zu tun?

PETRONIUS: Ich saß in Stalingrad fest. Josef Streitteufel sollte mich rausholen. Er blieb mit seiner Entsatzarmee im Schnee stecken. Ich mußte kapitulieren und fliehen.

PAMELA: Nach Amerika. Eine Dummheit macht auch der Gescheitertste.

PETRONIUS: Oder Du und Napoleon. Ich traf die Physiker Oppenheimer und Teller. Mit den beiden konnte ich die dortigen Militärs überzeugen, die Atomspaltung von Otto Hahn aus Berlin zur Atombombe umzufunktionieren. Ich meinte, daß sie die auf Moskau werfen sollten, weil dann der Krieg umgekehrt ausgegangen wäre. Dann hätten wir längst Frieden auf Erden und eine perfekte Menschheit.

PAMELA: Also so war das. Darum ist Papa dir so böse. Und dieser Streitteufel überlebte Stalingrad und ist hier?
Im Hintergrund rechts, vor dem Türrahmen, erscheinen Hans und Franz und setzen sich auf die Bank.

PETRONIUS *sieht sie:* Und wie ich sehe, auch Hans und Franz. Das kann übel werden. Pamela, du mußt die Kerle auf jeden Fall auseinanderhalten. Ich rate dir, den Josef Streitteufel schnell abzuurteilen und dahin zu schicken, wo er hingehört. Ein für allemal.

PAMELA: Du vergißt, daß ein „G" auf seiner Akte steht. *Sie setzt sich.* Fangen wir mit den leichten Fällen an. *Nimmt eine Akte:* Hinze, Franz. Ruf den bitte auf.

PETRONIUS: Da liegt noch ein Zettel. *Liest ihn:* Heinrich. Aha. Papa kommt auch heute. Tagesordnung: Verständigung mit Gretel. Sintflut. Überprüfung Ehepaare Adams, Evers, Landgraf. *Blickt auf:* Was heißt Verständigung?

PAMELA: Weil nach den Statuten wegen der Sintflut Übereinstimmung mit Gretel vorgeschrieben ist.

PETRONIUS: Hat er wieder vor, die Menschheit auszurotten?

PAMELA: Allerdings. Und dabei wird wieder von deinem mißlungenen Auftrag die Rede sein.

PETRONIUS: Auftrag! Mißlungen! Solche Weltkriege bergen immer Risiken in sich. Die größten Staaten haben Kriege verloren. Denk an deinen Napoleon. – Wen soll ich rufen?

PAMELA: Franz Hinze.

Während Petronius zum Türrahmen geht, stülpt sich Pamela die Perücke über den Kopf.

PETRONIUS: Franz Hinze! Vortreten!

Franz erhebt sich, folgt Petronius. Der schiebt ihn zuletzt sanft vor Pamela im Sessel.

PAMELA *die Akte geöffnet:* Du bist Franz Hinze?

FRANZ: Ja, mein Gott.

PAMELA: Ich bin nicht Gott, ich bin Pamela. Vorrichterin. Du hast den Antrag gestellt, in den Himmel zu kommen. Mein Sohn, was hast du Gutes getan auf Erden?

FRANZ: Ich habe wesentlich dazu beigetragen, die Menschheit vom Faschismus und Militarismus zu befreien. Ich habe das demokratisch-republikanische Deutschland gegründet. Ich habe ein bedeutendes Stahlwerk geschaffen und zum Sieg der Solidarität aller werktätigen Menschen beigetragen.

PAMELA: Das Stahlwerk, sagst du. War das eine gute Tat?

FRANZ: Ja. Es brachte den Staat wirtschaftlich in Schwung. Und die Menschen meines Staatswesens haben mir zwei Jahrzehnte widerspruchslos die Führung überlassen.

PAMELA *liest kurz:* Wir haben hier oben einige Leute aus diesem deinen Staatswesen angehört, die ganz anderer Meinung waren.

FRANZ *lächelt:* Frau Richterin, das ist in einem demokratisch-republikanischen Staatswesen so üblich, daß man falsche Ansichten vertritt und sie äußert.

PAMELA *hat in der Akte geblättert:* Diese Unterlagen lassen aber auch den Schluß zu, daß du nur die Rolle eines Satrapen dargestellt hast in der Hoffnung, nach der Weltrevolution mit satten Pfründen bedacht zu werden.

FRANZ: Das haben die Böswilligen behauptet. Das stimmt aber nicht, wenn man genauer hinsehen würde. Ganz andere Namen standen vor mir auf der Satrapenliste.

PAMELA: Was heißt „Sieg der Solidarität"? Du hast aus deinem Volke wieder eine Armee aufgestellt, die sich an kriegsähnlichen Einsätzen beteiligt hat. Nennst du das eine gute Tat?

FRANZ: Zunächst, Frau Richterin, wurde ich durch internationale Pakte zur Abwehr imperialistischer Angriffe dazu gezwungen. Dann: bei dem einen Einsatz hatten meine Truppen nur Verpflegungsaufgaben. Geschossen hat kein Mensch. Im übrigen habe ich in meinen Memoiren Rechenschaft darüber abgelegt, wie es dazu kam.

PAMELA: Memoiren? Jeder Schüler schreibt Memoiren über seine Lehrer. Viele Generäle haben das besser gekonnt. – Ich verliere mich in Details. – Also, du kannst erst einmal bleiben. Nimm bitte wieder draußen Platz.

Franz geht und setzt sich auf die Bank hinter dem Türrahmen. Zugleich tritt Gretel auf und geht zu Pamela. Die steht auf und will die Perücke absetzen. Aber Gretel gibt ihr ein Küßchen und bedeutet ihr mit einer Geste, sitzenzubleiben.

GRETEL: Mach nur weiter, mein Kind. *Zu Petronius:* Ruf den nächsten auf.

PETRONIUS: Das ist aber noch nicht der Josef Streitteufel.

GRETEL: Ich weiß. Heinrich kommt her, er will dabeisein.

PAMELA *zeigt Gretel die dicke Akte:* Das dürfte aber für Papa schwierig sein.

GRETEL: Es war seine Idee, dabeizusein. Wer kommt?

PETRONIUS *hat eine der Akten genommen:* Kunze, Hans. *Er geht zum Türrahmen:* Hans Kunze, vortreten!
Hans Kunze erhebt sich und folgt Petronius zum Lehn-Richterstuhl.

PAMELA: Du bist Hans Kunze?

HANS: Doktor Johannes Emanuel Kunze, Ehrendoktor der Universitäten –
PAMELA *unterbricht ihn:* Doktor? Akademiker also. Nun gut, mein Sohn, was hast du Gutes getan auf Erden?
HANS: Vieles. Und ich habe nicht nur gesagt, daß ich Gutes getan habe, ich habe es auch wirklich getan. Ich habe den Faschismus überlebt, die Bundesrepublik Deutschland gegründet und den Einwohnern das Vertrauen zurückgewonnen, daß sie wieder wer sind. Ich habe einen bedeutenden Industriestaat geschaffen und wesentlich zum Sieg des christlich-solidarischen Abendlandes beigetragen. Ich –
PAMELA *überrascht, unterbricht ihn:* Moment, hier muß ein Irrtum vorliegen. Das ist ja genau dasselbe, was der andere als gute Tat vorgebracht hat. Wer sind Sie?
HANS: Oh nein, das ist kein Irrtum, Frau Richterin. Ich –
PAMELA *unterbricht erneut:* Ist denn das christlich- solidarische Abendland nicht identisch mit dem Sieg der Solidarität aller werktätigen Menschen?
HANS: Im Prinzip schon. Aber da gibt es eine Grenze. Und schließlich hatte ich das Vierfache an Menschen und noch einige Millionen Flüchtlinge – hmmrr – aus seiner Hemisphäre, wie Sie sich denken können. Zu meinem Antrag wäre auch noch zu sagen –
   Hans unterbricht sich, denn Heinrich tritt ein. Er reicht stumm, aber mit einem Lächeln, Gretel die Hand und nickt Pamela zu, fortzufahren.
PAMELA: Hier steht, daß du auf dem Trümmerhaufen deiner Heimatstadt geschworen hast: Nie wieder Krieg! Und doch ist durch dein Betreiben das Militär wieder erstanden und eine Kriegsrüstung, die uns hier oben Angst und Schrecken macht. Fünftgrößter Waffenexporteur. Dreihunderttausend Arbeitsplätze für Menschenausrottungsapparate, das sind ja kruppartige Dimensionen.
HANS *zeigt auf Franz:* Die sind uns von ihm und seinen komischen Genossen aufgezwungen worden. Sie wissen doch, daß die eine Weltrevolution machen wollen.
PAMELA: Das ist eine Meinungsäußerung von dir und alles andere als eine gute Tat.
HANS: Die Weltrevolution würde auch vor Ihrem Institut nicht haltmachen. Denken Sie daran: „Wehe den Besiegten".

PAMELA: Über das Für und wider der Weltrevolution haben die Historiker noch nicht entschieden. Du kannst einstweilen hierbleiben. Bitte nimm draußen Platz.
Während Hans geht, ist Josef Streitteufel bereits unbemerkt ein- und nähergetreten. Pamela streift die Perücke ab und will sie Gretel geben.
GRETEL *zu Heinrich:* Oder willst du ihn abfertigen? Sieh dir mal die Akte an. Josef Streitteufel.
HEINRICH: Nein nein, mach du nur. Ich muß meine Kräfte sparen für die anderen Tagesordnungspunkte.
GRETEL *setzt die Perücke auf:* Ruft den Mann herein.
JOSEF *forsch:* Schon da. Ich bin der Ministerpräsident Doktor Josef Streitteufel und ersuche um sofortige Aufnahme.
GRETEL *schaut von der Akte auf:* Josef Streiteufel?
JOSEF: Mit zwei „t", wenn ich bitten darf. Doktor Streit-Teufel, Minister und Ministerpräsident.
GRETEL: Habe ich das nicht deutlich genug ausgesprochen?
JOSEF *fast böse:* Es klang nur nach einem „t", Herr Gott nochmal.
GRETEL: Ich bin nicht Herr Gott! Sag mir lieber, mein Sohn, was du Gutes getan hast auf Erden. Deine Akte ist sehr dick. Und das meiste sind, – wenn ich mich mal neutral ausdrücke – Skandale.
JOSEF: Erstens bin ich nicht dein Sohn. Zweitens: „Was Menschen übles tun, das überlebt sie. Das gute wird mit ihnen oft begraben." Julius Cäsar, von Shakespeare. Sie wissen, wer das war? Drittens: Sie sitzen auf meinem Stuhl!
HEINRICH: Was???!
JOSEF: Jawohl! Mein Volk hat mich dreimal mit Dreiviertelmehrheit wiedergewählt. Ich habe das erfolgreichste Land zuwege gebracht.
GRETEL: Moment mal! – *Zu Pamela und Petronius:* Was ist denn heute los? Das muß ein Irrtum sein. Das ist entweder Josef der Ägypter oder Josef Stalin, aber doch nicht der deutsche Josef Streitteufel.
JOSEF: Ich bin Josef der deutsche Streitteufel! Du selbst hast mir und uns die Krone der Schöpfung aufgesetzt. Du hast deinen Sohn auf die Erde geschickt und – – aber reden wir lieber nicht darüber. Ich habe ganz wesentlich dazu beigetragen, –

GRETEL *unterbricht, zu Heinrich:* Ich verstehe den Mann nicht. Blickst du durch?
HEINRICH *antwortet Josef:* Ich wollte mit der Menschheit die Krone der Schöpfung erreichen, aber bestimmt nicht auf deinem Kopf.
JOSEF *wütend:* Himmikruzitürken noch mal! Bist du denn –
PETRONIUS: Schrei hier nicht rum! Du bist nicht zuhause!
JOSEF *zu Heinrich:* Bist du nicht der Alte, der abgedankt hat, wofür ich gestorben bin? *Zeigt auf die Akte:* Wieso ist d i e Akte hier mit allen falschen Angaben? Ich bin von zigtausend Engeln hierherbegleitet worden!
HEINRICH: Das waren deine Landsleute, die du zu Lebzeiten zu Engeln ernannt hast. Und auch nur nach deiner Nase. Glaubst du im Ernst, bei deiner Vergangenheit hättest du den Himmel und da auch noch ein höheres Amt verdient?
JOSEF: Warum denn nicht? Darf ich mal höflichst fragen, wer Sie sind?
HEINRICH: Ja. Ich heiße Heinrich Faust.
JOSEF: Muß ich Sie kennen, gekannt haben?
HEINRICH: Wenn Sie Shakespeare zitieren, müßten Sie mich kennen.
PETRONIUS: Es wäre auch besser so. Der Ton, den du dir zu Lebzeiten auf Erden erlaubt hast, ist hier wenig passend. Immerhin geht es um dein ewiges Leben. Vergiß das nicht.
JOSEF: Kennen wir uns nicht von irgendwoher?
PETRONIUS: Ja. Du warst ein kleiner Offizier bei mir.
JOSEF: Kleiner Offizier? Ach, – damals – Stalingrad? Deine entsetzliche Niederlage? Unangenehme Sache!
PETRONIUS: Unsere Begegnung war wenig erfreulich.
JOSEF: Wir sind uns gar nicht begegnet, aber du bist geflohen.
GRETEL: Nun laßt mal die Vergangenheit beiseite.
JOSEF: Wieso? Wir haben beide verloren. Wir haben beide überlebt, man sieht's. *Zu Petronius:* Was tust du hier?
PETRONIUS: Ich bin der Pförtner, ich regele das Wetter.
JOSEF: Dann bist du noch lange nicht da, wo du hingehörst. Dein Wetter auf Erden war schlimmer als ein Saustall.
GRETEL: Das zu beurteilen überlaß lieber der Nachwelt.
JOSEF: Lächerliche Nachwelt! Die Zeiten gehen heutzutage ineinander über, die Nachwelt ist indiskutabel. Auf Erden zählt nur der Erfolg des Augenblicks.

PETRONIUS: Mama, laß dich nicht mit dem in eine Diskussion ein. Der redet drei Stunden und länger, und dabei setzt sein Verstand schon nach drei Minuten aus.

PAMELA: Darf ich an den Terminkalender erinnern? Und an die Tagesordnung. Wir haben noch über drei weitere Ehepaare zu sprechen.

JOSEF: Dann bin ich also im Himmel?

GRETEL: Über deinen Zutritt zum Himmel kann heute nicht mehr entschieden werden. Du kannst einstweilen hierbleiben. Setz dich bitte draußen auf die Bank.

JOSEF: Was? Zu den Kerlen da? Niemals setze ich mich neben die! Dann stehe ich lieber vor der Tür.

HEINRICH: Oh bitte, da schonen wir die Bänke. Du bist ja wirklich so, wie die früheren armen Seelen dich beschrieben haben.

JOSEF: Du meinst diese dummdreisten Nordlichter? Ich war Ministerpräsident! Ich war Parteivorsitzender. Und es wurde schon festgestellt, – *zeigt auf die Akte* – daß das da nur böswillige Behauptungen sind. Ja ja, lieber Gott, das kommt dabei raus, wenn man abdankt, ohne einen Nachfolger einzuarbeiten.

HEINRICH *belustigt:* Und du hälst dich für den Nachfolger?

JOSEF: Warum wäre ich denn sonst gestorben?

HEINRICH: Ich las in der Presse die Meinung deines Kanzlers, daß Gott den richtigen Zeitpunkt für dein Ableben gewählt hätte.

JOSEF *lacht:* Kennst du den Mann?

HEINRICH: Flüchtig.

Auf einen Wink von Heinrich gehen Gretel, Pamela und Petronius hinaus; es gehen auch Hans und Franz.

JOSEF: Der hat doch keine Ahnung! Weder von der Politik auf der Erde noch von dem Revirement im Himmel. Dem werde ich schon bald die Flötentöne beibringen.

HEINRICH: Das glaube ich aber nicht.

JOSEF: Wieso denn nicht? Wer bist du denn? Darf ich mal fragen –

HEINRICH *unterbricht ihn:* Heinrich Faust. Ich hatte mich dir schon vorgestellt. Ich bin der Mann, auf dessen Stuhl du willst.

JOSEF *erstaunt:* Ach, wo ist denn – ? *Er meint den Bart und das lange Kleid, deutet es an:* In der Aufmachung? Wo ist denn dein Heiligenschein?
HEINRICH: Von deinem Kanzler sagst du, daß er keine Ahnung habe. Aber du weißt nicht einmal, daß ich nie einen Heiligenschein erhalten habe. Es gibt Leute auf der Erde, die erteilen ihn mir gelegentlich. Die meisten Politiker glauben sich selbst damit ausgezeichnet.
JOSEF: Soll das heißen, daß ich das auch vielleicht getan hätte? Mir selbst – – *macht eine solche Handbewegung.*
HEINRICH: Dein Trauerzug ließ darauf schließen.
JOSEF: Ich verstehe deine Anspielung. Also, unter Freunden, weshalb bin ich hier?
HEINRICH: Ich hatte wegen der beiden anderen eine schlaflose Nacht. Wenn ich über deren arme Seelen befinden muß, überkommt mich der ganze Jammer der Menschheit. Kaum sind sie sogenannte Staatsmänner, – ich will ja gar nicht fragen, wie sie dazu gekommen sind, – stellen sie Armeen auf und fangen an zu rüsten. Sie machen von sich reden, aber letztlich haben sie nichts anderes getan, als am verfälschenden Nachruhm zu basteln. Den Kräften des Bösen lassen sie freien Lauf mit der Warnung, der andere wolle ihn überfallen. Kurz gesagt, diese Männer sind –
JOSEF: Alle Verbrecher!
HEINRICH: Du sagst es.
JOSEF *zeigt auf den Lehnstuhl:* Muß ich jetzt mit dieser Last fertig werden?
HEINRICH: Du? Nein. Den Platz habe ich Pamela gegeben.
JOSEF: Hat sie Erfahrung im Umgang mit Verbrechern? Du weißt hoffentlich, daß es viele davon gibt.
HEINRICH *lächelt:* Mir scheint, du bist der einzige Bösewicht, der sich schon zu Lebzeiten entlarvt hat und dennoch weiter Übel stiften konnte.
JOSEF: Ist das ein Kompliment?
HEINRICH: Ein Typ. Und ich brauche so einen Typ. Denn ich habe mich für eine dritte Sintflut entschieden.
JOSEF: Dritte Sintflut? – *Entsetzt:* Soll das heißen, du willst die ganze Menschheit ausrotten? Wie damals mit dem Regen?
HEINRICH: Mit dem Regen damals das war ein Reinfall. Ich war kein Biochemiker und wußte nicht abzuschätzen, daß gar

nicht genug Regen zur Verfügung stand. Und dann habe ich mich auch mit den Söhnen von Noah geirrt. Ham und Sem zeugten die Hamiten und Semiten, die sich gegenwärtig einen dilettantischen Dauerkrieg leisten. Außerdem blieben die Germanen und Indianer im Norden übrig, in der Mitte die Türkmenen und Kurden, und unten die Botokuden und Hottentotten. Und alle haben nur eines im Sinn: die anderen auszurotten.

JOSEF: Und nun soll ich – – ? Nun, sicher, du hast das Recht, uns Erdlinge zu rufen, wann du willst. Aber, was meine Person, meine – Familie – *Er stottert.*

HEINRICH: Du schweigst?

JOSEF: Ich hinterlasse eine zahlreiche Familie. Mehrere Enkelkinder.

HEINRICH: Ich etwa nicht? Die ganze Menschheit.

JOSEF: Wenn ich mich daran beteilige, dann ist das Mord.

HEINRICH: Bei mir heißt das Massenmord. Ja, ich hätte dann traurige Vorbilder: Karl der Sachsenschlächter, Katharina von Medici, Napoleon Bonaparte, Adolf Hitler, Josef Stalin, Pol Pot, und es hat noch kein Ende.

JOSEF: Meine Enkel sind noch kleine Kinderchen.

HEINRICH: Du warst Offizier in Hitlers Ausrottungsarmee. Wieviele Menschen hast du umgebracht? Bist du sicher, daß keine unschuldigen Enkelchen darunter waren?

JOSEF *schluckt:* Und jetzt – – ? Du mißbrauchst mich für deine Rache?

HEINRICH: Von Rache ist nicht die Rede. Vor der ersten Sintflut war die Menschheit unmoralisch. Sodom und Ghomorrha diente ihnen nicht als Warnung. Die zweite Sintflut sollte den Hochmut der Menschheit beenden, aber mein Sohn Petronius hörte auf den böhmischen Gefreiten. Der hatte die Intelligenz verjagt, und die verbündete sich mit den Militärs am anderen Ende der Erde, die dann die Atombomben geworfen haben.

JOSEF: Wirklich, er war ein Dummkopf. Unsere Generäle hätten das besser gemacht. Drei Atombomben auf Moskau, auf London und auf New York, der Krieg wäre gewonnen worden.

HEINRICH: Nein, ich will keine Apokalypsen. Du vergißt, daß die Strahlen für die Naturelemente zu gefährlich sind. Ich will die Erde für eine bessere Menschheit erhalten. Bei aller Intelligenz hast du noch saudumme Gedanken.

JOSEF: Was? Ich? Dumm? Warum hast du denn nicht den Abwurf der Bomben auf Japan verhindert?

HEINRICH: Weil ich nicht wußte, wie gefährlich die Dinger waren. Außerdem war Petronius noch auf der Erde.

JOSEF: Also doch familiäre Rücksichtnahmen.

HEINRICH: Petronius sollte erst siegen und dann die Sintflut einleiten. Du hast an seiner Niederlage Anteil.

JOSEF: Hitler hat mir zu wenig Panzer und Benzin gegeben!

HEINRICH *höhnt:* Das Benzin war schuld! Sonst kein Mensch! Darum gab es Sieger und Besiegte auf den falschen Seiten?

JOSEF: Ja. Was hast du dir denn dabei gedacht, wenn du mit modernen Mitteln eine neue Sintflut machen willst?

HEINRICH: Die Deutschen hatten die große Chance, ihre Geistesgaben zu nutzen und wirklich zum dem Homo sapiens zu werden, der die Krone der Schöpfung verdiente. Und was wurde? Die kleinen Kriegsverlierer drohen zu neuen Brandstiftern zu werden. Und das Schlimmste ist, daß sie daran glauben, Recht zu tun! Auf deinem ehemaligen Territorium stehen Waffenfabriken und Atomreaktoren.

JOSEF: Ich sehe ein, daß ich nicht immer ganz richtig gehandelt habe.

HEINRICH: Du hast damals den Atomverrat meines Sohnes öffentlich für eine Weltverbesserung erklärt.

JOSEF: Als Politiker ist man gelegentlich dazu gezwungen.

HEINRICH: Wir müssen weiterkommen. Was hälst du von der Möglichkeit der Desoxyribonukleinsäure-Sintflut?

JOSEF: Was ist das denn?

HEINRICH: Auf deutsch: die Gentechnik. Mit ihr kann man die Menschheit wieder zum Einzeller zurückführen. Man kann dann eine vernünftige Menschheit in Vitro züchten.

JOSEF: Ach so, die Retortenbabys.

Gretel, Pamela und Petronius kommen wieder.

GRETEL *räuspert sich:* Die Zeit, Heinrich. Wir müssen noch über die anderen Verfahren sprechen.

HEINRICH *zu Petronius:* Frag mal da hinten, ob einer von denen Autofahren kann. Ich brauche einen Chauffeur. Und für die eine Familie da unten brauche ich einen Butler.

GRETEL *zeigt auf Josef:* Für einen Butler ist der doch ganz gut.
PAMELA *reicht Heinrich die Akten:* Das sind die Dossiers der Ehepaare Adams, Evers und Landgraf.
HEINRICH: Danke. *Zu Gretel:* Den Josef Streitteufel brauche ich für die dritte Sintflut.
GRETEL: Weil du keinen besseren gefunden hast?
HEINRICH: Er hat Erfahrungen mit der Politik da unten, er kennt die ganze Verbrecherbande.
PAMELA: Kannst du denn so einem Mann vertrauen?
HEINRICH: Was habt ihr gegen Josef Streitteufel?
GRETEL: Er ist unberechenbar. Er hatte in der Schule in Rechnen nur eine Drei. Lies lieber die ganze Akte durch. Immer hat er die Flucht nach vorn angetreten, wenn er sich vertan hat. Und dann ist er so wortgewaltig, daß die Leute ihm noch Beifall spenden.
HEINRICH: Verbrecher sind nur durch Verbrecher auszurotten.
JOSEF: Das mit der Drei in der Mathematik war nicht meine Schuld; der Lehrer mochte mich nicht leiden.
GRETEL: Natürlich. Es gibt keine dummen Schüler.
JOSEF *zu Heinrich:* Also: Sein oder Nichtsein der Menschheit, ist das jetzt meine Aufgabe?
HEINRICH: Die Entscheidung behalte ich mir vor.
JOSEF: Mit welchen Waffen? Es gibt übrigens auch noch die biologische Kriegsführung.
HEINRICH: Ich werde mir das überlegen. Zuvor muß ich die drei Ehepaare ansehen, die überleben sollen.
JOSEF: Dann soll es doch gleich danach wieder eine Menschheit geben? Aus dem gegenwärtigen Material?
GRETEL: Ja, aber demütig und gottesfürchtig.
HEINRICH *blättert in den Dossiers:* Gertrud und Dietrich Adams. Und Paula und Gustav Evers. Und Charlotte und – Moment, die Evers haben ja schon eine Tochter.
PAMELA: Die möchten gern dafür ein Brüderchen haben.
HEINRICH: Können die denn das bezahlen?
PAMELA: Ja, die haben ganz groß im Lotto gewonnen. Und die Namen für die Kinder von Gertrud und Dietrich sollen Christoph und Renate sein.
HEINRICH: Zwei Jungens und ein Mädchen demnach?

PETRONIUS: Ich erlaube mir, darauf hinzuweisen, daß Frau Gertrud Adams von Beruf Apothekerin ist.
HEINRICH: Kennst du sie? Hattest du was mit ihr?
PETRONIUS: Nein, hatte ich nicht. Sie hat den Doktortitel für eine Arbeit über die angebliche Langzeitwirkung von Harmlosgiften im menschlichen Körper bekommen.
HEINRICH: Und dabei ist sie sechzehn Jahre ohne Kinder geblieben?
PETRONIUS: Das verstehen die beiden auch selber nicht.
HEINRICH: Ist sie gesund?
PAMELA: Weil sie keine Kinder kriegte, ist sie in die Politik gegangen und hat da eine beachtliche Karriere gemacht. Gelegentlich ist sie als Ministerin im Gespräch.
JOSEF: Mein Gott, was soll aus Deutschland werden!
HEINRICH: Dann weiß sie, wie man einen Staat und eine vernünftige Menschheit auf die Beine stellt. – *Zeigt auf Josef:* Der wird ihr die Kinder machen.
JOSEF: Ich?
PAMELA: Papa, denke daran, daß in jedem Sieg der Keim der Niederlage steckt. Denke an seine genetischen Unwerte.
HEINRICH: Es werden in Vitro-Kinder. Du solltest dich lieber mit der Desoxyribonukleinsäure-Wissenschaft befassen, dann weißt du, wie ich das meine. Diese Apothekerin ist schon richtig.
JOSEF: Gestatte mir einen Hinweis. Gerade dieser Beruf mit seiner Industrie und seiner imperialen Ausbreitung auf der oberen Seite der Erde hat zum Aussterben der Menschheit durch modernes Bewußtsein und Psychopharmaka geführt. Und auf der unteren Seite der Erde haben dieselben Leute erst durch Krankheitsbekämpfung Milliarden gemacht, und als sich als Gegenteil von oben dort unten die Übervölkerung zeigte, machten sie abermals Milliarden durch ihre Gifte. Ich ahne fast, daß Mao Tse-tung hier oben ist und du seine Bibel gelesen hast.

Pamela geht mit Petronius ab.

HEINRICH: Du ahnst richtig, Josef Streitteufel. Aber das Böse an dir ist, daß du alles so entsetzlich einseitig auslegst. Auch die Menschen auf der unteren Seite der Erde sind meine Kinder.

JOSEF: Was macht das für einen Unterschied, wenn du auch sie ausrotten willst?

HEINRICH: Du machst mich ganz nervös.

JOSEF: Ich denke nur konsequent, ich stelle nur Fragen.

HEINRICH: Du fragst mich?

JOSEF: Ja. Zum Beispiel: Warum schickst du nicht deine Tochter Pamela auf die Erde und führst sie einem vernünftigen Kerl zu, damit er dir die Kinder macht, die du haben willst.

HEINRICH: Das habe ich schon im vorigen Jahrhundert versucht. Da fing sie ein Verhältnis mit Napoleon an. Für meine Tochter will ich bessere Männer.

GRETEL: Goethe oder Metternich. *Zu Josef:* Er hat einen fatalen Hang zu deutschen Persönlichkeiten. Mit Nicolaus Otto wollte er sprechen, und mit Rudolf Diesel.

JOSEF: Mit den beiden Motorenbauern?

GRETEL: Ehe er wußte, was die beiden angerichtet haben.

JOSEF: Die waren verheiratet und wollten Pamela nicht? Goethe hätte sich nicht geziert.

HEINRICH: Bei näherer Prüfung wußte ich, daß die Motorenbauer das Verderben allein über die Menschheit bringen würden. Meine Tochter war dabei überflüssig.

JOSEF: Beinahe hätten sie den Nobelpreis erhalten.

HEINRICH: Das fürchte ich auch, so wie Albert Einstein und Otto Hahn. Und noch früher der Robert Koch.

JOSEF: Was haben Sie gegen Robert Koch? Ohne ihn hätte ein Viertel der Menschheit die Tuberkulose.

HEINRICH: Durch ihn haben sich Afrika, China und Indien in fünfzig Jahren verdoppelt.

JOSEF: Ohne Nikolaus Otto würde die Menschheit zu Fuß gehen.

HEINRICH: Allemal gesünder.

JOSEF: Aber für da unten beanspruchst du einen Chauffeur.

HEINRICH: Ein Übel, das einmal da ist, kann ich nicht mehr abschaffen.

JOSEF: Du hältst das Auto für ein Übel, die Menschheit für ein Übel, du hälst mich sogar für einen üblen Burschen. Und immer dann willst du das Übel mit Stumpf und Stiel ausrotten. Ich frage mich allen Ernstes, was ist denn die Ursache für das Übel?

HEINRICH: Wobei du davon ausgehst, daß du immer ein braver Chorknabe geblieben bist? Du weißt, daß dein Namensvetter Josef Stalin auch mal so ein braver Chorknabe war?
JOSEF: Oh Gott! – Aber eigentlich hatte ich dich nach der Wurzel allen Übels gefragt.
GRETEL: Er hat der Menschheit zu früh die Intelligenz gegeben und unseren beiden Kindern zu früh die Macht.
HEINRICH: Die eine wird Konkubine höchster Politiker, der andere weiß nicht, wo die Grenzen der Zerstörungstechnik sind.
JOSEF: Und jetzt muß eine Apothekerin herhalten?
HEINRICH: Ich möchte mit dem alten Mann sprechen, der die Desoxyribonukleinsäure entdeckt hat.
JOSEF: Das war nicht ein alter Mann, das waren zwei junge Männer. Sie haben den Nobelpreis bekommen und sind sehr leicht ausfindig zu machen.
HEINRICH: Die kenne ich. Mit den Schaumschlägern will ich nichts zu tun haben. Ich meine den Mann, der die Entdeckung gemacht hat und wußte, daß er an die Grenze der Natur gestoßen war. Denn er hörte auf.
GRETEL *zeigt ein Dossier:* Ist das dieser Edmund Landgraf?
HEINRICH: Richtig. Ein Mann meines Ausmaßes.
GRETEL: Wieder ein Deutscher.
JOSEF: Ein Österreicher.
JOSEF: Ein edler Mensch. Wie finde ich ihn?
GRETEL: Der Mann der Apothekerin ist Biochemiker. Solche Leute sind meistens in Vereinen und Verbänden mit den Namenslisten der Mitglieder.
JOSEF: Der soll auch überleben?
HEINRICH: Ich brauche einen Wissenschaftler als Partner.
JOSEF: Und ich – müßte mit der – Apothekerin – ins Bett steigen und – ? Und du würdest den Ehebruch übersehen?
HEINRICH: Weder noch. Die Menschheitsausbreitung durch die Lotterie im Bett war mein größter Fehler. Ich mußte hinterher Gebote machen. Als die Naturwissenschaftler die gröbsten Erbfehler korrigieren wollten, da haben sie natürlich das Falsche entdeckt. Sie haben die unsichtbare Materie angekratzt. Nach Atomen, Wasserstoff und Neutronen sind diese geldgierigen Forscher zu Verbrechern geworden und haben die Natur auf den Kopf gestellt. – *Er lacht höhnisch:*

Ha ha! Jetzt werde ich sie mit Ihren Wissenschaften selber infizieren! Dann wird die Menschheit in kurzer Zeit so enden, wie sie es mit den Hühnern, Schweinen und Kälbern gemacht haben: sie werden an ihren eigenen Hormonen ersticken.

S a l o n
der Familie Adams

Das einzig auffallende Merkmal des für einen Salon üblichen Mobiliars ist der Lehnstuhl aus der vorigen Szene. Im übrigen ein Radio, ein Fernseher, ein Telefon; Couch, Stühle, Tisch. Türen zum Schlafzimmer, zur Küche, zur Diele und zum Gästezimmer. Es klingelt draußen. Franz kommt als Butler mit weißer Schürze aus der Küche, geht in die Diele und öffnet.

STIMME DES JOSEF STREITTEUFEL: Grüetzi. Ich bin der Josef Streitteufel, Helvetia-in-Vitro-Limited.

STIMME FRANZ: Ihre Ankunft ist uns gemeldet worden.
Josef tritt vor Franz ein, ein Köfferchen in der Hand, das er auf den Tisch stellt.

FRANZ: Ich werde die Herrschaften unterrichten.

JOSEF *öffnet das Köfferchen:* Kann ich Ihnen die Petrischälchen für Herrn Professor Adams geben?

FRANZ: Doktor Adams. Der Professor ist erst in Sicht.

JOSEF *reicht Franz die Päckchen:* Und – pardon – man weiß Bescheid über die Regularien?

FRANZ: Gewiß. Der Vorgang muß zur gleichen Zeit vor sich gehen. Aderlaß und – hmmmrrr –, ja, man weiß Bescheid. Herr Doktor wird sich im Nebenzimmer aufhalten. *Er nimmt das Päckchen und will gehen.*

JOSEF: Moment. Benötigt Herr Doktor ein Stimulanz?
Josef entnimmt dem Köfferchen zwei Pornohefte und reicht sie Franz.

FRANZ: Danke, nein. *Er nimmt sie dennoch.* Herr Doktor besitzt selber diese Art Literatur.

JOSEF: Es war nur eine Frage. Schließlich hat die lange Kinderlosigkeit einen Grund.

FRANZ: Möglich. Aber sicher nicht, was Sie denken. *Franz hat kurz in die Hefte geschaut.* Auf dem neuesten Stand sind Ihre Exponate aber nicht.

JOSEF: Unser Institut, Helvetia-in-Vitro-Limited, geht davon aus, daß sich die Anregungen im Laufe der Menschheitsgeschichte nur dahingehend verändert haben, daß das Material heutzutage farbig ist.

FRANZ *gibt die Hefte zurück:* Ich meinte die Technik; plastische Darstellungen sind modern.

Gertrud Adams tritt im Negligé ein, sie hält noch die Spraydose für ihr Haar in der Hand.

GERTRUD: Ah, Herr Stritteufel. Guten Morgen. Sie sind ja schon da.

JOSEF: Grüetzi, gnädige Frau. Pünktlichkeit ist in dieser Branche eine unbedingte Voraussetzung. – *Er holt einige Formularblätter aus dem Köfferchen.* Möchten Sie die Bestellung vorher oder nachher aufgeben?

GERTRUD: Vorher. Inzwischen wird auch mein Mann kommen.

Franz geht hinaus, Gertrud und Josef setzen sich. Josef faltet das Formular schreibfertig auf.

JOSEF: Frau Adams, ich muß noch Ihren Vornamen notieren.

GERTRUD: Gertrud. Margarete Helene.

JOSEF *schreibt.* Und Ihr Alter?

GERTRUD: Hatte Ihnen mein Mann das nicht schon genannt? Er heißt Dietrich, schreiben Sie ruhig Dieter. Er ist sechsunddreißig, und ich bin vierunddreißig.

JOSEF: Und Ihre Blutgruppe bitte?

GERTRUD: A B. Mein Mann C.

JOSE *schreibt.* Geschlechtswunsch des Kindes?

GERTRUD: Ein Junge. Mein Mann möchte das gern, ein Stammhalter sozusagen. Und wenn alles richtig läuft, auch mit unseren Finanzen, dann kann das zweite Baby ein Mädchen sein. – Gibt es übrigens dann Rabatt?

Dieter Adams tritt ein.

DIETER: Guten Morgen, Herr Stritteufel. Bitte lassen Sie sich nicht stören.

JOSEF: Grüetzi, Herr Doktor Adams. – Wird eine Größe gewünscht?

DIETER *setzt sich:* Ja, einsneunzig, je größer je lieber. Er soll einmal seine Schwester beschützen.

GERTRUD: Dafür täte es auch einsachtzig. Er wächst uns sonst über den Kopf, Dieter.

DIETER: Schließen wir einen Kompromiß? Einsfünfundachtzig?

JOSEF *schreibt:* Einsfünfundachtzig. – Augen?

GERTRUD und DIETER *gleichzeitig:* Blau.

JOSEF: Haare?

GERTRUD: Hellblond. Wenn er die Farbe später nicht mag, kann man mit so einem Spray – *sie zeigt Josef die Dose neben sich* – leicht einen anderen Ton hervorholen.

Unbeabsichtigt drückt sie auf den Knopf und spritzt sich und Josef ein wenig an.

GERTRUD: Oh, pardon, ich war unachtsam.

JOSEF: Nicht der Rede wert, gnädige Frau. Möchten Sie einen Intelligenzquotienten berücksichtigt haben?

DIETER: Sicher! Über einhundertvierzig.

JOSEF: Das grenzt aber ans Geniale.

DIETER: Ich bin Doktor der Biochemie und meine Frau ist approbierte Pharmazeutin. Und eine Karrierefrau obendrein. Vielleicht werde ich noch Universitätslehrer.

JOSEF: Ich müßte wissen, wie Ihr Intelligenzquotienten-Verhältnis zueinander ist.

DIETER: Achtzig zu fünfzig, der goldene Schnitt.

JOSEF *schreibt, rechnet:* Aber – da fehlen zehn IQ.

DIETER: Die gehen als Reibungsverluste verloren.

JOSEF *erstaunt:* Tatsächlich? Wie kommt das? Reibungsverluste bei einem so intelligenten Ehepaar? Und die räumen Sie sich freiwillig ein?

GERTRUD: Wir sind politisch nicht immer einer Meinung, Herr Streitteufel.

JOSEF: Gehören Sie denn verschiedenen Parteien an?

DIETER: So könnte man es stehenlassen.

GERTRUD: Vielleicht könnten wir nun auf das unumgängliche Procedere zu sprechen kommen?

DIETER: Das steht doch alles in der Broschüre, Gertrud, die uns Herr Streitteufel letztens gegeben hat. Hast du sie nicht gelesen?

GERTRUD *lächelt:* Ich kam nicht dazu. Es war Parteitag, dann einige Ausschuß- und Fraktionssssitzungen.

DIETER: Aber ich habe sie ausführlich gelesen. Ich werde im Nebenzimmer – – *er unterbricht sich:* Hätten Sie die Petrischälchen für mich bereit?

JOSEF: Ich gab sie schon Ihrem Butler.
DIETER *steht auf:* Sehr gut.
JOSEF: Ich gebe Ihnen ein Zeichen. Wenn Sie bitte die Tür ein wenig geöffnet halten würden? Und Sie geben mir durch Zuruf einige Sekunden vorher Bescheid, ja?
DIETER: Ja.
JOSEF: Eine Frage, brauchen Sie – hmmrrr – lange – – für diese Tätigkeit?
DIETER: Normal, denke ich. Er geht nach nebenan.
GERTRUD *ruft hinter ihm her:* Dieter! Ich liebe dich!
 Josef entnimmt dem Köfferchen eine Spritze und ein Band zum Abbinden des Armes. Gertrud schiebt beide Ärmel des Negligés hoch.
GERTRUD: Welcher Arm?
JOSEF: Ist Ihr Mann Linkshänder?
GERTRUD: Nein, rechts.
JOSEF: Dann den rechten Arm bitte. *Er bindet ab, ruft nach nebenan:* Sie können anfangen, Herr Doktor.
STIMME DIETER: Ich habe begonnen, Herr Streitteufel.
JOSEF *hält die Spritze bereit:* Ein feierlicher Augenblick. Manche Besteller lassen dabei die Lieblingsmusik spielen.
GERTRUD: Ach schade, dafür ist es jetzt zu spät. Welche Musik wird denn bevorzugt?
JOSEF: Bach, auch Beethoven. Gestern hörte sich ein Paar dabei Richard Clayderman an, den französischen Pianisten.
STIMME DIETER: Nur noch Sekunden, Herr Streitteufel.
JOSEF: Nur ein kleiner Pieks, gnädige Frau. *Er sticht zu.*
GERTRUD: Ah – ! *Sie streift ungewollt Josefs Hand mit der Spritze.*
JOSEF: Au – jetzt haben Sie mich gekratzt.
GERTRUD: Schlimm? Brauchen Sie ein Pflaster? – Franz!
JOSEF: Nicht der Rede wert. Es war nur unerwartet. Sie können die Faust wieder öffnen.
 Josef geht mit der gefüllten Spritze zu Dieter ins Nebenzimmer.
FRANZ *tritt ein:* Gnädige Frau haben gerufen?
GERTRUD: Holen Sie bitte ein kleines Pflästerchen für unseren Gast. Und bitte nehmen Sie die Spraydose mit.
FRANZ: Sehr wohl.

Franz nimmt die Spraydose und geht ab. Dann kommt Dieter zurück. Er setzt sich zu Gertrud und küßt sie kurz.

DIETER: Ich liebe dich, Gertrud, jetzt werden wir bald ein Baby haben.

GERTRUD: Ja. Du weißt, was Papa uns im letzten Brief geschrieben hat?

DIETER: Wachset und vermehret euch. Setzt ein gutes Beispiel in dieser verlotterten Zeit. Aber - was mehr Kinder angeht, da möchte ich erst mal den Jungen abwarten.

GERTRUD: Papa hat geschrieben, an Geld soll es dabei nicht fehlen. Wie meint er denn das?

DIETER: Das weiß ich auch nicht. Für dieses Baby bringen wir das Geld noch selber auf.

Derweil tritt Josef Streitteufel ein, er packt die Petrischälchen und die Spritze ins Köfferchen.

JOSEF: Sie sprechen über Geld? Ich könnte Ihnen vorrechnen, daß unsere absolut gesunden Kinder billiger sind.

DIETER: Ich habe einiges Einkommen durch meine Patente.

JOSEF: Patente? Haben Sie was erfunden?

DIETER: Nicht e r funden, sondern g e funden. Ich bin Biochemiker und forsche auch als Bakteriologe.

JOSEF: Ja wirklich? - Und - - trotzdem haben Sie sich an Helvetia-in-Vitro-Limited gewandt? Andere Ihrer Kollegen machen das im ihrem Labor selber.

GERTRUD: Nun, Herr Streitteufel, unsere Gefühle und die häusliche Atmosphäre sollten doch auch ein Parameter für das Baby sein und ebenso unsere Gedanken.

DIETER: Die Umgebung in den Labors ist uns zu steril. Und wer hat schon gern Zuschauer dabei, auch wenn es die lieben Kollegen sind.

JOSEF: Ja, das verstehe ich sehr gut. Und ich versichere Sie, daß Sie mit Helvetia-in-Vitro-Limited die richtige Wahl getroffen haben. Wir haben beste Erfahrungen.

GERTRUD: Sollen wir uns auf zwei Monate einrichten?

JOSEF: Das ist eine Geldfrage. Die Standardsumme haben Sie bereits bezahlt. Jede Woche weniger Wartezeit kostet zehntausend Mark zusätzlich.

DIETER: So viel?

JOSEF: Wir benötigen für einen Schnellschuß zwei Genforscher mehr pro Woche. Sie wissen sicher, was die kosten. Es gibt noch zu wenig fähige Kräfte. Bei der gegenwärtigen Hochkonjunktur sind zehntausend Mark ein kulantes Entgegenkommen.
GERTRUD: Dieter, d a s Geld haben wir doch. Nur noch vier Wochen, und wir haben unser Baby.
DIETER *rechnet an den Fingern:* Das wären ja vierzigtausend Mark zusätzlich.
GERTRUD: Wenn du dir das dreizehnte, vierzehnte und fünfzehnte Monatsgehalt schon jetzt auszahlen läßt, und ich schikke die Krankenrezepte noch heute an die Kassen, dann können wir doch bei Lieferung den Rest bezahlen.
JOSEF: Nicht bar! Denken Sie an die Bakterien an dem Geld. Der zusätzliche Betrag muß eine Woche vor Lieferung zur Abbuchung eingezahlt worden sein. Also – vier Wochen?
DIETER *seufzt:* Ja, was tut man nicht alles für eine glückliche Familie.
JOSEF *erhebt sich:* Dann – auf Wiedersehen, Frau Adams, auf Wiedersehen in vier Wochen, Herr Doktor.
Gertrud geleitet Josef hinaus. Dieter lehnt sich zurück.
DIETER: Sechzehn kinderlose Jahre! Wenn wir normal gewesen wären, hätte ich schon einen strammen Kerl und ein hübsches Mädchen hier herumlaufen.
GERTRUD *kommt zurück, setzt sich zu Dieter:* Wollen wir nicht auf diese Stunde anstoßen?
DIETER *begeistert:* Ja! Ich hole eine Flasche Sekt aus dem Keller. *Er steht auf und geht hinaus.*
GERTRUD: Ich kriege ein Kind. Ach, wenn ich Mama und Papa das sagen könnte, daß sie schon so schnell Großeltern werden. Und was werden meine Parteifreunde sagen, die Öffentlichkeit? Ja, ich werde eine Pressekonferenz geben und das Fernsehen einladen. Und ich könnte schnell ein Buch schreiben über die Akzeleration der Schwangerschaft.
Es klingelt draußen an der Tür.
STIMME FRANZ: Ich öffne schon, gnädige Frau.
GERTRUD: Der Herr Streitteufel hat sicher was vergessen.
STIMME HEINRICH: Ist meine Tochter zuhause, Franz?
GERTRUD *steht auf:* Papa! Eben habe ich an dich gedacht.

HEINRICH *tritt ein:* Guten Tag, Gertrud.

GERTRUD: Wo kommst du denn her? *Sie umarmen sich herzlich.*

HEINRICH: Wir sind auf Reisen.

GERTRUD: Bringst du noch jemand mit?

HEINRICH: Deine Mama.

GERTRUD: Ist was passiert? Ich hoffe doch nicht. Komm, leg ab.

HEINRICH *zieht den Mantel aus, reicht ihn Franz:* Danke. *Zu Gertrud:* Wie geht es dir? Wie geht es deinem Mann?

GERTRUD: Sehr gut, Papa. Ach, wir sind ganz selig. Denk dir, eben war der Babymann da, ein Herr Streitteufel von der Helvetia-in-Vitro-Limited. In vier Wochen bekommen wir schon einen Jungen.

HEINRICH: So, dann war das der Kerl unten an der Pforte.

GERTRUD: Wo ist denn Mama?

HEINRICH: Kommt sofort. Sie hilft Hans, die Koffer heraufzutragen.

GERTRUD *geht zur Küchentür:* Dieter, wir haben Besuch.

HEINRICH: Dein Mann ist zuhause?

GERTRUD: Er hat sich den einen Tag freigenommen. Er muß ja bei dem – – dem – hmmrrr – dabeisein, wenn man ein Baby macht. Du verstehst schon, er muß gleichzeitig da sein und – – – Dieter, komm doch mal schnell.

DIETER *tritt ein mit einer Flasche Sekt und zwei Gläsern:* Ah, Schwiegervater! Das ist aber eine Überraschung. Du kommst genau an dem Tage und zur Stunde, da für uns ein neues Leben zu dritt eingeleitet worden ist.

GERTRUD: Ich habe es Papa schon gesagt.

HEINRICH *lächelt:* Und stellt euch vor, Kinder, ich weiß davon. Denn ich habe die Helvetia-in-Vitro-Limited beauftragt, euch einen Prospekt zu schicken.

DIETER *nachdenklich:* Bist du nicht eigentlich gegen so etwas? – Aber bitte, Papa, setz dich doch. Möchtest du ein Glas Sekt mit uns trinken? Oder einen Korn?

HEINRICH: Danke, ich bin noch immer alkoholfrei. *Er setzt sich in den Lehnstuhl:* Also, um auf deine Frage zu antworten: nach allem, was mir die Menschheit angetan hat, bin ich nicht mehr unbedingt dagegen. Als Mittel zum guten Zweck

kommt es mir sogar ganz gelegen. Und das ist der Sinn meiner Reise zu euch. Ich habe noch was vor.
> *Es klingelt. Franz kommt aus der Küche, geht in die Diele und öffnet. Gretel tritt mit einer Reisetasche ein, den Mantel über den Arm. Ihr folgt Hans als Chauffeur mit zwei Koffern in der Hand und einem weiteren Koffer unter dem Arm. Franz ist Hans behilflich und trägt die Koffer in das Gästezimmer. Gertrud fällt Gretel in die Arme.*

GERTRUD: Mama! Wir kriegen ein Baby!

GRETEL: So lange haben wir uns nicht mehr gesehen! Das war ja eine Ewigkeit.

GERTRUD: Seit unserer Hochzeit.

GRETEL: Da hatten wir vereinbart, daß wir zur Kindtaufe kommen. Aber es war nichts mit Kindchen und Kindern.

GERTRUD: Aber jetzt, Mama. Schon in vier Wochen. Wenn ihr etwas länger bleibt, könnt ihr dabei sein, wenn es gebracht wird. Einen Jungen haben wir bestellt. Blaue Augen und hellblond. Mit einem Intelligenzquotienten von über einhundertvierzig.

GRETEL: In vier Wochen schon? Ich dachte acht Wochen?

GERTRUD: Das ist eine reine Geldfrage, Mama. Wir kratzen alle unsere Ersparnisse und Vorschüsse zusammen und bezahlen einen Schnellschuß.

HEINRICH: Schnellschuß? Was ist denn das nun wieder?

DIETER: Dazu brauchen die im Labor zwei Genetiker mehr.

HEINRICH: Kann man das derart beschleunigen?

DIETER: Sicher, wenn man kräftig drauflegt. Bei uns machen wir das mit einen Schuß Fluorchlorkohlenwasserstoff.

GRETEL: Und wieviel legt ihr kräftig drauf?

DIETER: Wir bezahlen fünfzigtausend Mark Grundpreis, und vierzigtausend für die Akzeleration in vier Wochen.

GRETEL: Das sind ja neunzigtausend Mark! Taugt denn die Ware auch was? Papa hat große Pläne mit euren vier Kindern, und er hatte erst mal auf zwei Jahre kalkuliert.

GERTRUD: Vier Kinder? Wir dachten nur an zwei.

HEINRICH: Vier, und dann muß schon alles reibungslos verlaufen. Das ist nicht immer gewährleistet.

GERTRUD: Aber Mama, Papa! Das könnt ihr mir doch nicht antun. Kein Mensch hat heute mehr vier Kinder. Die Leute denken von uns ja sonstwas! Ganz davon abgesehen, daß wir nie wieder soviel Geld zusammenkriegen. Das wären noch mal zweihundertsiebzigtausend. Das kostet ein einfacher Mercedes-Sportwagen.

HEINRICH, *der unterdessen leise mit Dieter gesprochen hat:* Mein Kind, einer der Gründe unseres Besuches ist, gerade über die Finanzen mit euch zu sprechen. Das wird jetzt alles anders. Du kannst die Apotheke aufgeben. Morgen gehe ich zur Bank und veranlasse einen Dauerauftrag in der dreifachen Höhe dessen, was dir die Apotheke bringt. Und die Anschaffungskosten für die drei weiteren Kinder bezahle ich auch.

GERTRUD: Papa, was hast du vor? Was machst du mit uns? Soll ich wirklich auf meine Apotheke verzichten? Und auf die Politik? Weißt du denn nicht, daß ich dabei bin, Karriere zu machen?

HEINRICH: Doch, das weiß ich. Ich hätte mich gefreut, wenn eine Parteivorsitzende noch Kinder gekriegt hätte. Das ist ein viel besseres Image. Aber das kann noch werden.

GERTRUD: Langsam graut mir vor dir, Papa. Was hast du vor?

GRETEL: Du sollst nur noch Mutter und Hausfrau sein, und dann – – aber das laß dir von Papa selber sagen.

HEINRICH: Alles kann ich noch nicht sagen, ich bin mit den Vorbereitungen noch nicht fertig. Und wenn ihr mit den Kindern ein derartiges Tempo vorlegt, wird das auch meine Entscheidungen in bezug auf die Termine verändern. Ich sprach eben schon mit Dieter darüber. Ich suche Kontakt zu diesem Biochemieprofessor, der die Desoxyribonuklein-Säure entdeckt hat.

GERTRUD: Das ist Professor Landgraf. Was interessiert dich denn plötzlich an der Desoxiribino – – Desoxyronal – *Sie verheddert sich und schweigt.*

HEINRICH: Was für ein schreckliches Wort in der so einfachen Natur. Es ist typisch für euch moderne Menschen, daß ihr für Wörter und Begriffe mehr Intelligenz aufbringt als mit dem Inhalt vernünftig umzugehen.

DIETER: Was du unvernünftig nennst, ist die Grundlage für die Biochemie. Und doch willst du mit einem der Entdecker dieser Wissenschaft sprechen?

HEINRICH: Weil ich ihn für meine Pläne brauche. *Zu Gertrud:* Hast du seine Anschrift? Vielleicht ist er Mitglied in deiner Partei?

GERTRUD: Nein, aber die IG Farben werden es wissen.

HEINRICH: Ach! Arbeitet er für die? Dann schreibe ich ihm.

DIETER: Wie wäre es, Papa, du ließest mich den Kontakt herstellen? Ich telefoniere mit ihm vom Institut aus.

GERTRUD: Ich möchte noch einmal fragen, was ihr mit uns vorhabt. Ich soll vier Kinder großziehen? Den Kindern Märchen erzählen und den langweiligen Haushalt machen?

GRETEL: Das haben wir alle getan. Dein Vater hat sich entschlossen, noch einmal die Welt zu verbessern.

DIETER *lacht:* Ihr beide? Weltverbesserer?

GRETEL: Ist das so zum Lachen?

DIETER: Ja. Unverheiratete Rentner haben nichts zu tun.

GRETEL: Wir werden vorher standesamtlich heiraten.

HEINRICH: Das ist nur eine Formsache. *Lacht:* Die Heiratsurkunde wandert in den Leitzordner und ein kleiner Standesbeamter kann am Stammtisch damit angeben, Gott und die Welt noch mal zusammengebracht zu haben.

GRETEL *empört:* Nenn mich bitte nicht so respektlos die Welt. Den Sauhaufen hast du angerichtet und nicht ich.

HEINRICH *versöhnlich:* Ich wollte nur einen Scherz machen.

GRETEL: Ein wenig geistreicher Scherz.

HEINRICH: Hast du einen besseren auf Lager? Der Apfel und die Schlange waren deine Idee und ebensowenig geistreich.

GERTRUD: Mama, Papa! Bitte streitet euch nicht an dem Tage, da unser Baby gezeugt wurde, an dem für uns ein neues Leben beginnt. Natürlich werden wir eure Hochzeit ganz groß feiern. Ich lade dazu den gesamten Parteivorstand ein, dann wissen die Wähler, wo ihr steht.

DIETER: Ihr heiratet auf eure alten Tage? In aller Öffentlichkeit? *Zu Gertrud:* Du stehst sofort als nicht ehelich da und erreichst niemals den Parteivorsitz.

GRETEL: Dann feiern wir eben goldene Hochzeit, wenn euch der Parteivorsitz so wichtig ist.

GERTRUD: Goldene Hochzeit ist sehr gut. Mit dem Apfeldiadem, das noch von deiner Oma im Banksafe liegt. Ich werde das Fernsehen verständigen, das muß –

HANS *kommt aus dem Zimmer:* Soll ich die Koffer auspakken? Welches andere Zimmer beziehen die Herrschaften?
GERTRUD: Das Gästezimmer, für beide natürlich.
HANS: Die Herrschaften schlafen wieder zusammen?
GRETEL: Ist was dabei?
HANS: Nein, ich dachte nur, man –
GRETEL *unterbricht ihn:* Dachte! Lüften Sie bitte gut aus.
HANS: Sehr wohl, gnädige Frau. *Ab.*
GERTRUD: Wen habt ihr denn da an Land gezogen?
GRETEL: Eigentlich den nächstbesten. In seiner Akte stand, daß er in seinem letzten Leben ein Bundeskanzler war. Früher mal Chingis Khan und Pilatus. Weiter habe ich nicht geforscht. Soll mich nicht wundern, wenn der auch mal Plato war. Er redet ständig vom Idealstaat daher, der aber nicht machbar ist, weil die Politiker angeblich zu dumm sind und immer korrupt werden.
GERTRUD: Sagt mir lieber frei heraus, was ihr für Pläne habt. Weltverbesserer gibt es allein in unserer Partei so viele, daß ich zu der Einsicht gekommen bin, allzuviel ist ungesund.
DIETER *lacht:* Die Weisheit hatte sie dann als Spruchband in ihrer Apotheke aufgehängt.
GERTRUD: Und dann hat die Pharmaindustrie gedroht, mich nicht mehr zu beliefern, wenn ich das nicht wegnehme.
HEINRICH: Tatsächlich? Welcher Konzern war das? Das wird ein Nachspiel haben!
GERTRUD: Ich habe leider keine Unterlagen. Das machen die so raffiniert, daß es unbemerkt bleibt.
HEINRICH: Ja, das kenne ich! Na wartet! Das paßt wunderbar in meine Argumentationskette. Dieses üble Gesox ist so schlecht, daß es mich bald reut, sie human auszurotten!
DIETER: Ausrotten? Hast du das nicht schon einmal bereut?
HEINRICH: Zweimal. Einmal habe ich es mit Regen versucht, dann mit zwei Kriegen. Beidemale war ich nicht konsequent genug. Aber diesmal bleiben nur wir übrig.
GERTRUD *entsetzt:* Aber Papa! Und mein Baby? Wir bezahlen neunzigtausend Mark und du willst die Menschheit ausrotten? Das Kind wird auch mal groß. Wir sind nicht immer da. Wer soll es unterrichten? Medizinisch versorgen? Ich glaube nicht, daß sich mein Junge zum Bauern eignet. Und wie soll er sich bewegen?

HEINRICH: Ich schaffe mit euch eine neue Menschheit. Zu euren vier kommen noch vier weitere von nebenan hinzu. Die werden ganz von vorn anfangen.
DIETER: Und wir? Gertrud und ich? Ich dachte, das Ausrotten der Menschheit wäre nur so eine Redensart.
HEINRICH: Nein, diesmal ist es keine Redensart, auch wenn ich bei einer Politikerin zuhause bin. Und mit den weiteren Babys meine ich die Enkel und so weiter. Dieser Kerl von der Helvetia-in-Vitro-Limited ist jetzt nebenan.
DIETER: Bei dem biederen Schriftsetzer Gustav Evers?
HEINRICH: Ein braver Mann. Er wird bald Korrektor werden.
GERTRUD: Ich kenne die Leute. Sie hat verschiedene Putzstellen in der Stadt. Und deren Kinder sollen unsere Kinder heiraten?
HEINRICH: Wenn sie erwachsen sind. So habe ich mir das ausgerechnet. Übrigens haben die vor zwei Jahren eine natürliche Tochter bekommen. Ich habe ihre Perspektiven errechnen lassen. Da besteht noch einige Hoffnung auf Ethik und Moral.
DIETER: Putzfrau und Korrektor. Gewiß, warum nicht. Auch daraus können ehrsame Menschen hervorgehen.
HEINRICH: Für meine neue Menschheit brauche ich äußerlich und innerlich gesunde Paare. Und die beiden in-Vitro-Babys sollen, wenn sie herangewachsen sind, die neue Menschheit kräftig vermehren. *Er wird pathetisch:* Eine glückliche Kindheit, vernünftige Jugend, ein lebenswertes Dasein. Eine körperlich, seelisch und geistig vernünftige Gesellschaft, die an mich glaubt und an sich selbst. Die sich nicht durch ihre eigene Trägheit und Dummheit Feinde schafft, die mit der Natur auskommt und die Tiere respektiert. Kurzum, ich will endlich mein auserwähltes Volk haben nach meinem Ebenbilde. Die früheren Äonen sind dann vergessen. *Er steigert sich und zitiert:* „Als aber die Menschen sich zu mehren begannen auf Erden und ihnen Töchter geboren wurden, da sahen die Gottessöhne, wie schön die Töchter ihrer Mitmenschen waren und sie nahmen sich zu Frauen, welche sie wollten."
Heinrich ist aufgestanden und sprechend in den Vordergrund getreten. Hinter ihm dimmert das Licht.
Es treten Pamela, Petronius und Hans ein.
HEINRICH *fortfahrend:* „Da sprach der Herr: Mein Geist soll nicht immerdar im Menschen walten, denn auch der

Mensch ist Fleisch. Ich will ihm als Lebenszeit geben hundertzwanzig Jahre."

Langsam leuchtet das Licht wieder voll auf. Franz führt Charlotte und Edmund Landgraf in den Salon. Während Heinrich noch weiterspricht, begrüßt Dieter die Gäste. Dann nehmen sie Platz.

HEINRICH *fortfahrend:* „Zu der Zeit und auch später noch, als die Gottessöhne zu den Töchtern der Menschen eingingen und sie ihnen Kinder gebaren, wurden daraus die Riesen auf Erden. Das sind die Helden der Vorzeit, die hochberühmten."

Heinrich geht zurück, er sieht die Gäste.

HEINRICH: Habe ich die Ehre mit Herrn Professor Landgraf und seiner Frau?

EDMUND *erhebt sich:* Guten Tag, Herr Kollege. Ja, der bin ich. Darf ich Ihnen meine Frau Charlotte vorstellen?

HEINRICH *bedeutet Charlotte sitzen zu bleiben; er küßt ihre Hand:* Gnädige Frau, ich bin entzückt. Wir sind hierhergekommen, um die Ankunft des Babys meiner Tochter zu feiern.

CHARLOTTE: Sie hatten uns geschrieben, daß es sich um ein in-Vitro-Baby handelt.

EDMUND *überrascht:* Was? Dann haben sie ihn doch gemacht, den Homunculus sapiens? *Zu Charlotte:* Du hast mir davon nichts gesagt.

DIETER: Herr Kollege, es ist kein Homunculus, sondern es hat die Ingredienzien von mir und meiner Frau. Wir haben die individuelle Methode gewählt. Das Neueste daran ist, daß eine Akzeleration der Schwangerschaft eingeleitet wurde und die Coagulation in vier Wochen wirkt.

EDMUND: Die ganze Menschheitsentwicklung, die sonst fast neun Monate dauert, werfen Sie einfach über Bord?

DIETER: Mein Schwiegervater wird Ihnen noch sagen, was er von der Menschheitsentwicklung hält.

EDMUND: Er braucht darüber kein Wort zu verlieren, ein Exponat steht leibhaftig vor mir!

DIETER *lächelt:* Soll ich das als eine wissenschaftliche Erkenntnis registrieren oder als Beleidigung ansehen?

EDMUND: Fragen Sie sich selbst, vor allem nach Ihrer Ethik und der Ihrer Zeitgenossen. Im Augenblick interessiert mich, welche Basis das in-Vitro-Baby hat?

DIETER: Das Helvetia-in-Vitro-Limited-Institut hat die Ingredienzen aus ganz natürlichen Stoffen hergestellt, die man frei wählen kann und auf den Charakter des Erzeugnisses – Herr Kollege, darauf wollen Sie sicher hinaus – keine Wirkung haben.

EDMUND: Darf ich fragen, welchen Wirt die Leute benutzen?

DIETER: Das fragen Sie, der als erster diesen Wirt benutzt hat?

EDMUND: Ich frage.

DIETER: Aber natürlich, – Escherichia-coli-Bakterien.

EDMUND: Als wir telefonierten, verstand ich Sie so, daß Sie einen Lehrstuhl für Biochemie anstreben würden. Und daß Ihre Kinder nach sechzehn Jahren Zusammenlebens mit Ihrer Frau –

GERTRUD *fällt ihm ins Wort:* Wir haben keine Kinder. Jedenfalls noch nicht. Das erste soll heute kommen, und – eh, ja, also, – vielleicht – vielleicht wird uns in acht Monaten ein zweites Kind geboren.

Alle sind überrascht. „Was?" – „Davon hast du nichts gesagt!" – „Ich denke, du kriegst keine Kinder?" usw.

GERTRUD: Mit totaler Bestimmtheit kann ich es euch erst in vier Wochen sagen. Das ist kein Grund für irgendeine Aufregung, sondern – – für mich und meinen Mann, eigentlich für uns alle – ein Anlaß – ja, zur Freude. Ja, wo bleibt denn nur der Herr Streitteufel?

Das Telefon klingelt, Butler Franz nimmt den Hörer ab.

FRANZ: Hier bei Doktor Adams?

STIMME JOSEF: Ist der Doktor Adams da?

FRANZ *zu Dieter:* Für Sie. Ein gewisser Streitteufel.

DIETER *nimmt den Hörer:* Ja, grüezi, Herr Streitteufel. Wo stecken Sie denn? Wir warten alle auf Sie.

STIMME JOSEF: Sie haben mir nicht gesagt, daß in dieser Stadt bereits am Mittag Fußballspiele zuende sind. Ich stecke mitten in so einem verdammten Autostau.

DIETER: Und unser Baby?

STIMME JOSEF: Das habe ich bei mir.

DIETER: Decken Sie es gut zu, damit es kein Gas einatmet.

STIMME JOSEF: Keine Sorge. Gut verpackt ist es. Bis gleich.

DIETER *legt den Hörer auf:* Der Herr Streitteufel ist mit unserem Baby bereits in der Stadt. Er ist in einem Autstau nach einem Fußballspiel steckengeblieben.
HEINRICH: Panem et circenses. Ihr hättet eine andere Zeit vereinbaren sollen.
GRETEL: Macht nichts, dann trinken wir noch einen.
Man unterhält sich wieder untereinander, trinkt. Die Szene richtet sich auf Edmund, Heinrich, Dieter Gretel und Charlotte.
HEINRICH *zu Edmund:* Eines muß ich Sie fragen, Herr Professor. Hat es Sie nicht geärgert, daß zwei namenlose Wissenschafter Ihre Entdeckung der Desoxyribonukleinsäure mit einem verrückten Namen versahen und dafür den Nobelpreis bekamen? Ich habe die gesamte Presse studiert, aber nirgends fand ich eine Erklärung von Ihnen.
CHARLOTTE: Wenn ihn etwas gewurmt hat, dann einzig das entgangene Geld. Denn wir sind nicht vermögent. Die wissenschaftliche Seite des Nobelpreises ist schon lange kein Wertmaßstab mehr. Seit die ersten Mikrobiologen damit bedacht wurden, erhielten Männer einen Preis dafür, daß die Übervölkerung der Erde möglich wurde. Die Leute in Stockholm haben den alten Malthus ganz vergessen.
DIETER: Malthus ist schon zu Lebzeiten widerlegt worden.
HEINRICH: Wer war denn Malthus?
CHARLOTTE: Ein Pfarrer, ein Verkünder von Gottes Wort auf Erden. Er beschäftigte sich mit der menschlichen Ausbreitung und Ernährung. – *Zu Dieter:* Er wurde nur statistisch widerlegt, als man von den Zahlen in Europa und der übrigen Erde nur wenig Ahnung hatte. Heute ist seine Berechnung gleich dreifach bestätigt: Übervölkerung in China, in Indien, in Afrika.
EDMUND *zu Heinrich:* Sie vermissen meine Erklärung? Ich wußte bei meiner Entdeckung, daß sie in der Anwendung, in der Materialisierung zerstörend, geradezu teuflisch sein würde. Nur hatte ich in der mir angeborenen Schwatzhaftigkeit mit zwei jungen Männern meines Faches darüber gesprochen. Zwei charakterlose Typen, die mich an einen fragwürdigen deutschen Mann des 16. Jahrhunderts erinnerten. Der orientierte sich an Nostradamus, grübelte und forschte über Gott und die Welt und den Homunculus so lange, bis ihm der

Teufel erschien und ihm ein Angebot machte. Er ging dem Kerl auf den Leim, konnte sich dann sexuell nicht beherrschen, ließ ein armes Mädchen sitzen und wollte in Erkenntnis und Begehrlichkeit altgriechischer Schönheiten die Welt verbessern.

GRETEL: Hat er es geschafft?

EDMUND: Sieht die Welt danach aus? Er endete tragisch und wurde blind. Er suchte die Macht und die Weisheit in der Erde und merkte nicht, daß er sich sein eigenes Grab schaufelte. Mit einem großartigen Zitat, daß von Gott stammen könnte, sank er hinein und starb.

HEINRICH: Mir ist dieser Fall bekannt.

EDMUND: Ziehen Sie eine Konsequenz daraus?

HEINRICH: Wie denn? Wissen Sie eine?

EDMUND: Das tut die Wissenschaft, wenn sie sich vor des Teufels Karren sperren läßt.

HEINRICH: Haben Sie eine Vorstellung von diesem Teufel?

EDMUND: Durchaus. Sozialismus, Liberalismus und Kapitalismus in ihren gegenwärtig extremen Formen: Materialismus.

DIETER: Ich – ich fühle mich keineswegs vor diesen sogenannten teuflischen Karren gespannt. Ich nehme an, daß Sie mir jetzt Dummheit und Arroganz vorhalten und von den Gefahren der Gentechnik sprechen werden.

EDMUND: Ihnen Dummheit vorzuhalten vermag ich angesichts meiner mangelnden Bildung nicht. Aber der Ehrgeiz, der in Ihnen steckt, ist einseitig und gefährlich. Wenn Ihnen eine große Restaurantkette anbieten würde, für deren billige Brötchen das Fleisch zu besorgen, und das wäre am preiswertesten, wenn Sie dafür riesige Landschaften zerstören müßten? Sie würden es bei dem Riesengehalt, das man Ihnen anböte, tun?

DIETER: Ihre Frage ist mir zu abstrakt, weil sie nichts mit meinem Beruf zu tun hat. Ich kann die jungen Kollegen, die Sie charakterlos nennen, gut verstehen, wenn sie weitergeforscht und dann den Nobelpreis erhalten haben. Jeder Fortschritt hat seinen Preis und jede Arbeit ihren Lohn.

CHARLOTTE: Undank ist der Welt Lohn, Herr Doktor Adams. Man wundert sich von Jahr zu Jahr mehr, wofür der Preis noch vergeben wird.

DIETER: Für Leistungen, gnädige Frau.

CHARLOTTE: Leistungen nennen Sie, wenn später Zerstörungen daraus werden? Da erhielten eines Tages den Friedens-Nobelpreis ein General-Staatsmann und ein Bombenleger-Staatsmann, die beide Karriere gemacht hatten. In der Laudatio sagte man: Sie haben gezeigt, daß sich ihre Seelen von der Tötung anderer Menschen zu guten Friedens-Aposteln geläutert haben. Danach wird der eine ermordet, der andere begleitet einen militärischen Angriff auf den wehrlosen Nachbarn mit der Redensart „Frieden für das feindliche Land". Anstatt ihm den Preis abzuerkennen, hüllen sich die noblen Laudatoren in Schweigen.

GERTRUD: Immerhin haben sie einen größeren Konflikt beigelegt.

HEINRICH: Welchen?

GERTRUD: Daß der eine oder andere das Problem nicht mit der Atombombe zu lösen versucht.

HEINRICH *zu Edmund:* Wäre Ihre Entdeckung der Atombombe ähnlich?

EDMUND: Ja, nur daß es keinen Knall gibt, etwas länger dauert und die Menschheit sich zurückentwickelt zum Einzeller. Aber dafür bin ich nicht mehr verantwortlich.

HEINRICH: So wenig wie Robert Koch, wie Albert Einstein und wie Otto Hahn, und wer noch alles dafür gesorgt hat, daß die Kerne der Natur aufgespalten wurden?

PAMELA: Soll ich das stenographieren, Papa? Das hört sich so an, als ob das jüngste Gericht in diesem Salon stattfindet.

HEINRICH *lächelt:* Danke, mein Kind. Solche Segnungen behalte ich mir selber vor bis zur nächsten Sitzung. Aber die kommt bald!

EDMUND: Sehr gut. Segnungen, nach denen man sich nicht gesehnt hat, wurden in der Hand der Halbgebildeten zur Büchse der Pandora.

PAMELA: Sie machen es sich so einfach, obwohl Sie daran mitgewirkt haben, und sagen: ich bin nicht mehr verantwortlich?

EDMUND: Schweigen ist Gold, junge Frau. Dagegen habe ich allerdings verstoßen. Nicht aber dagegen, daß unter dem Vorwand, die Kranken zu heilen, die Menschheit erst richtig krank gemacht wurde, weil man damit skrupellos viele Milliarden verdienen kann.

CHARLOTTE: Unter dem Vorwand, die Welt zu bereichern, macht man sie arm, elend und dumm. Wie sonst wäre es zu erklären, wenn man vergiftete Lebensmittel anders bezeichnet und vom Norden, wo sie auf kriminelle Weise erzeugt wueden, auf Umwegen in den Süden verkauft? Und dort als die Segnungen einer gebildeten Gesellschaft gepriesen und zu Geld gemacht werden?

HEINRICH: Ich sehe ein, die Wissenschaft hat eine Schranke übersprungen, die sie hätte scheuen sollen.

DIETER: Warum? Wir müssen ja nicht nur zerstörend wirken. Sonst wären wir in wenigen Jahren arbeitslos und das Leben hätte keinen Sinn mehr.

EDMUND: Das Leben, das Sie meinen, ist eine genetische Fehlentwicklung. Und das Leben, an dem Sie forschen, wird sich von selbst überflüssig machen.

DIETER *zu Heinrich:* Kannst du das hinnehmen? Der Kollege Landgraf nennt das Leben, das du geschaffen hast, eine Fehlkonstruktion?

HEINRICH: Ah, jetzt habe ich den Schwarzen Peter in der Hand? *Er seufzt:* Ich kann den Menschen formen wie ich will! Immer gleitet mir mein Ebenbild, die Krone der Schöpfung, aus der Hand! Habe ich ihm wirklich zu früh die fragwürdige Intelligenz gegeben, daß er mich immer in den Schatten zu stellen versucht?

GRETEL: Ja, weil du ein dummer Idealist bist.

HEINRICH: Warum zum Teufel entdeckt ein Mensch die Kohle in der Erde, das Öl in der Wüste? Warum nicht ein Tier? Ein Schwein? Es würde vernünftig damit umgehen.

GRETEL: Weil du im Menschen die Vollkommenheit anstrebst.

HEINRICH: Darf ich mir und dem Menschen das nicht wünschen?

GRETEL: Wünschen darfst du viel. Aber wenn es dir schon an der Intelligenz fehlt, warum willst du sie dann im Menschen sehen? Erinnere dich an deinen Zauberlehrling!

GERTRUD: Oh, ihr streitet schon wieder.

HEINRICH: Nein! Ich stelle nur wieder fest, daß ich kein Gott bin, mich irren kann und zur Sinnlosigkeit des Lebens herausgefordert bin und es noch rechtfertigen muß!

DIETER: Entschuldige, Schwiegervater. Gertrud wollte dich sicher nicht herausfordern.

HEINRICH: Ihr seid selber armselige Kinder, und doch mäkelt ihr ständig an mir herum.

DIETER: Du hast dich zu der Geburtstagsfeier eingeladen und wolltest Herrn Landgraf kennenlernen.

CHARLOTTE: Möchten Sie, daß wir gehen, Herr Adams?

GERTRUD: Aber nein nein, Frau Landgraf. An diesem Tage, da ein neues Kapitel der Menschheit aufgeschlagen wird, dürfen Sie und Ihr Mann sowenig fehlen wie Mama und Papa. Er war sein Leben lang ein gescheiter Gesprächspartner. In letzter Zeit wird er nur ungeduldig. Nicht wahr, Papa? Du wolltest weder Herrn Professor Landgraf eine Schuld zuweisen noch von Dieter herausgefordert werden?

GRETEL: Du hast völlig recht, Gertrud. Das Warten macht uns nervös. Seit der Josef Streitteufel zu uns gekommen ist, rutscht Heinrich immer öfter das geistige Gleichgewicht aus der Hand.

HEINRICH *ungeduldig:* Wo bleibt denn der Kerl? So lange kann doch kein Autostau dauern!

DIETER: Du fährst eben nicht selber Auto, Schwiegervater. Unseres Staus in der Stadt sind noch harmlos. Du mußt mal einen Freitagabend im Ruhrgebiet erleben!

EDMUND: Harmlos nennen Sie das? Ich nenne es den fahrenden Weltuntergang. Denn ebenso schlimm wie die Atomspaltung und meine mißbrauchte Entdeckung ist die viel frühere Erfindung des Rades. Sie widerspricht dem A-G-C-T-System des Lebens, das sollten Sie als Naturforscher wissen.

DIETER: Herr Kollege, wie soll ich denn ohne Rad, ohne ein Auto, täglich in mein Institut kommen?

EDMUND: Vielleicht wie die Affen, auf zwei Beinen. Oder wie die Schweine, auf vier Beinen.

DIETER *höhnt:* Zurück zur Natur!

EDMUND: Der Körper ist Bewegung, und sie ist Entspannung des Geistes. *Lacht:* Wenn Herr Adams im Institut ankommt, hat er sich schon dreimal über andere Autofahrer geärgert, zuletzt wegen der Parklücke. *Zu Dieter:* Und dann wollen Sie noch schöpferisch sein?

HEINRICH: Ich bitte um Schluß der Debatte. Ich möchte nicht ein zweitesmal von meiner Frau vorgehalten bekommen, daß ich dem Menschen zwar die Intelligenz gegeben habe, das Rad zu erfinden, aber selber zu dumm dazu war trotz langwieriger

Versuche. Ich möchte endlich mein in-Vitro- Enkelkind sehen und dann das Placet zur Weltverbesserung geben.

EDMUND *erstaunt:* Können Sie denn das noch, Herr Faust?

HEINRICH: Können ist nicht die Frage, Professor Landgraf, sondern ob ich das will. Ich bin in diesem Wollen eingeschränkt von Imponderabilien wie diesem lächerlichen Autostau auf der Straße. Außerdem suche ich verzweifelt nach einer Persönlichkeit, die für mich den Mars kognosziert und die Fähigkeit mitbringt, nicht von den dortigen Lebewesen korrumpiert zu werden.

CHARLOTTE: Ist Ihnen denn das schon mal passiert?

HEINRICH: Haben Sie Luzifer vergessen? Seinetwegen mußte ich die Hölle einrichten.

EDMUND: Wie schade, daß meine Frau kein Engel ist. Sie hätte die Fähigkeiten und ist unbestechlich.

HEINRICH *sieht Charlotte an:* Wirklich? Ich sehe Sie heute zum erstenmal. Offen gestanden, Sie gefallen mir.

CHARLOTTE: Sie dürfen meinen Mann nicht so ernst nehmen, was den Engel betrifft. Lediglich mit meinen organisatorischen Talenten hapert es ein wenig, wenn ich mich in dieser erlauchten Gesellschaft umsehe.

HEINRICH: Das zu ändern ist für mich nur ein Gedanke. Ich möchte nicht wieder reinfallen wie mit meinem Lichtengel, der Wissen und politische Taktik vorgab und sich dann wie ein machtbesessener Dummkopf aufführte.

CHARLOTTE: Ich kann beste Reverenzen vorweisen. Aber wie kommt man auf den Mars? Bis jetzt sind die Raketen am Mars vorbeigeflogen und haben die Venus fotografiert.

HEINRICH: Geben Sie sich nicht mit der menschlichen Technik ab, ich habe andere Möglichkeiten. Hätten Sie denn wirklich Interesse? Was sagt Ihr Mann dazu?

EDMUND: *lacht:* Der stellt sie mit Vergnügen für die Aufgabe frei, Herr Faust. Wenn Sie meine Frau auf den Mars schießen, kann ich in aller Seelenruhe mein Lebenswerk vollenden.

HEINRICH: Darf ich fragen, was das für ein Lebenswerk werden soll?

EDMUND: Das Gegenstück zum Intelligenzquotienten, den Humanitätsquotienten. Und den ohne die dümmliche Zahlenreihe von eins bis einhundertvierzig.

HEINRICH: Gehe ich richtig in der Annahme, daß das die modernen zehn Gebote sein würden?
EDMUND: Sie nehmen richtig an, Herr Faust. Aber indem Sie die Zahl zehn nennen, denken Sie wie Gott und Moses in den alten Ordnungen. Angesichts der technischen Untugenden, die über uns hereingebrochen sind, muß das Leben in bezug auf die Natur neu formuliert werden.
HEINRICH: Zum Beispiel?
EDMUND: Die Heiterkeit, die abhanden gekommen ist. In ihr verbindet sich die Vielfalt der Natur mit dem menschlichen Geist. Die einfachste Form nenne ich das Lachen, die schwierigere den Witz.
HEINRICH: „Ich lobe mir den heitern Mann von allen meinen Gästen. Wer sich nicht selbst zum Besten haben kann, der ist bestimmt nicht von den Besten."
EDMUND: Das hat Goethe seinem Rivalen August Kotzebue nachgerufen, nachdem er ihn aus der geselligen Runde hinausgeworfen hat. Herr Faust, Sie nähern sich rapide meiner Idee.
HEINRICH: Heiterkeit ist aber nicht Ihr einziger Quotient?
EDMUND: Nein. Es gibt ein Gegenstück zum Gen, das weniger bekannt ist. Auf das Gen haben sich Wissenschaft und Kapital gestürzt. Ich gestehe, daß ich dazu die Anregung gegeben habe mit der Escherichia-coli-Bakterie.
HEINRICH: Latein war nicht meine Stärke in der Schule.
EDMUND: Escherichia ist nicht Latein, sondern ein deutscher Name dümmlich lateinisiert. Gemeint ist – *er lacht* – warum so abstrakt daherreden? Passen Sie auf.
Edmund nimmt eine Flasche Sekt und gießt den Inhalt in ein Glas. Das hält er Heinrich hin.
EDMUND: Dieser schöne Inhalt, nicht wahr, nur weil er unseren Körper durchfließt und gelegentlich zur Heiterkeit anregt, wird hernach zu Dreck erklärt. Ein jeder, der so etwas sagt, macht aus seinem Körper einen Ausscheidungsapparat des Drecks.
HEINRICH *nimmt das Glas und trinkt:* Darüber kann man gewiß nachdenken. Nur paßt das zum Humanitätsquotienten?
EDMUND: Durchaus. Wer so im Dreckdenken befangen ist, urteilt viel zu leicht minderwertig über den anderen.
HEINRICH: Der stünde dann auf der untersten Stufe des Humanitätsquotienten. Und wer steht oben?

EDMUND: Die Leiter muß offen bleiben. Auf jeden Fall stünde dort kein Mensch. Wenn ich den Humanitätsquotienten formuliere und ihn ebenso spektakulär veröffentlichen könnte wie Alfred Nobel damals mit seinem Vermögen, dann wäre ein neues menschliches Ideal aufgestellt.

HEINRICH: Ich könnte das Werk für meine Pläne gut gebrauchen. Wofür, das sage ich Ihnen später. Ich habe die Möglichkeit, es noch wirkungsvoller herauszubringen als den Nobelpreis. Was meinen Sie, Professor, schließen wir einen Pakt?

EDMUND: Gern. Und darauf trinke ich auch ein Glas Sekt.
Er schenkt sich ein Glas ein und stößt mit Heinrich an. Als sie „Prost" sagen und die anderen Leute im Salon freudig zustimmen, klingelt es draußen. Franz geht hinaus, Gertrud tritt ans Fenster und schaut hinab.

GERTRUD *freudig:* Ja! Er ist es! Mein Sohn kommt!

HEINRICH *räuspert sich, dann:* Laaaaaaaaa!

ALLE: Happy birthday to you – –
Während des Gesanges tritt Josef Streitteufel ein. Hinter ihm trägt Hans ein Babykörbchen mit Reißverschluß. Er stellt es auf den Beistelltisch neben dem Lehnsessel. Der Gesang geht über in Babygeschrei.

JOSEF: Grüetzi alle miteinand.

GERTRUD *will den Reißverschluß aufziehen:* Ich bin ja so gespannt, wie er aussieht!

JOSEF *hindert Gertrud:* Moment bitte, ich muß dazu noch eine Erklärung abgeben.

GRETEL: Ist es wider Erwarten ein Mädchen geworden?

JOSEF: Nein, es ist schon ein Junge, wie bestellt.

DIETER: Ist er etwas kleiner ausgefallen?

JOSEF: Nein, auch das nicht. Nach unseren Erfahrungen wird das Kind einsfünfundachtzig groß und auch den höchsten Intelligenzquotienten haben.

GERTRUD: Warum darf ich dann nicht endlich öffnen?

CHARLOTTE: Ist das Kind etwa negrid geworden?

GERTRUD: Nein, weiß ist er schon.

HEINRICH: Ja, dann raus damit! Ich brenne darauf, den neuen Urvater der Menschheit in meinen Händen zu halten.

JOSEF: Sofort, Herr Faust. Da ist uns nur ein kleiner Schönheitsfehler unterlaufen. Zur Zeit wird noch gesucht, woran es gelegen hat. Nach der Statistik kommt so etwas nur in der Proportion von eins zu einer Milliarde vor. *Zu Gertrud:* Gnädige Frau, Sie werden sich entsinnen, als ich die Bestellung aufnahm, –

Gertrud ist plötzlich unruhig geworden. Hastig stellt sie das Glas Sekt hin und reißt den Verschluß des Körbchens auf. Alle anderen treten hinzu. Vor Entsetzen schreit Gertrud auf.

HANS: *zu Josef:* Was hat sie denn?

JOSEF: Das läßt sich später wegoperieren.

DIETER *entsetzt:* Ein Junge mit drei Beinen!!! *Zu Josef:* Zum Teufel! Sind Sie wahnsinnig geworden??

GERTRUD *schreit:* Nein nein nein! Das ist ja furchtbar! Das Kind will ich nicht haben!!

Allgemeine Unruhe, Entsetzen breitet sich aus.

JOSEF: Meine Damen und Herren! Bitte lassen Sie sich das erklären. Es liegt nicht an Helvetia-in-Vitro-Limited.

HEINRICH: Was gibt es da noch zu erklären?

FRANZ: Drei Beine sind drei Beine, und das ist zuviel!

EDMUND: Ich habe so etwas geahnt! *Zu Josef:* Sie haben die Adenylsäure zusammen mit der Thymidsäure eingegeben und nicht zwischendurch die Cityl- und Guanylsäure!

JOSEF: Ich bin kein Mikrobiologe, Herr Professor.

EDMUND: Ich habe die Plagiatoren damals gewarnt!

CHARLOTTE: Die haben im Labor nicht aufgepaßt.

JOSEF: Nein. Es ist entweder bei der Zeugung passiert, hier in diesem Haus. Oder aber das Erbgut des Erzeugers hat nach einer ungewollten Mutation uns nicht bekannte Tetraschäden hervorgerufen. Auch bei dem anderen Baby –

EDMUND *unterbricht ihn:* Das ist nur eine dumme Ausrede. *Zu Dieter:* Haben Sie an Ihrem Sperma die katalytische Zersetzung der Jodverbindungen geprüft?

DIETER: Sicher! Schon vor Jahren, als eine natürliche Zeugung nicht zustandekam.

GERTRUD: Ich will das Kind nicht haben!! Das nehmen Sie wieder mit! Was haben Sie da bloß angerichtet??

JOSEF: Gnädige Frau, es wird noch nach der Ursache gesucht. Glauben Sie mir, alle an der Herstellung beteiligten Biochemiker und Molekularbiologen sind genau so entsetzt.

EDMUND: Molekularbiologen! Wenn ich das höre, werde ich an die Naziverbrecher erinnert.
GERTRUD: Gehen Sie weg! Nehmen Sie die Mißgeburt mit! Ich will das Kind nicht haben!
CHARLOTTE: Es muß jetzt wohl auch bezweifelt werden, ob der versprochene und bezahlte Intelligenzquotient da ist.
JOSEF: Sie haben keinen Grund, das in Zweifel zu ziehen.
PAMELA *zu Dieter:* Was habt ihr denn dafür bezahlt?
DIETER: Neunzigtausend Mark.
PETRONIUS: Auf der natürlichen Schiene des Lebens kostet es normalerweise überhaupt nichts.
Gertrud wird wütender. Sie zieht den Reißverschluß zu und drückt Josef das Körbchen an die Brust.
GERTRUD: Verschwinden Sie damit!
JOSEF: Entschuldigen Sie, gnädige Frau. Das geht nicht.
GERTRUD: Aber ein Kind mit drei Beinen, das geht?! Ich will so ein Kind nicht haben!
Im Körbchen fängt das Baby an zu schreien.
JOSEF: Gnädige Frau, glauben Sie mir, wir alle sind entsetzt. Trösten Sie sich damit, sie stehen nicht allein da. *Er zieht den Verschluß wieder auf, das Babygeschrei wird lauter.* Sehen Sie doch mal, wie der kleine Junge sich freut, zu leben und zu schreien.
HEINRICH: Was heißt das, meine Tochter steht nicht allein?
JOSEF: Ich habe unten im Wagen noch die Lieferung für den Nachbarn Evers, das Erzeugnis vom selben Datum vor vier Wochen. Gleich nach der Zusammenstellung dieses Babys.
EDMUND: Und? Auch drei Beine?
JOSEF: Nein, es wurde ein Mädchen bestellt. Es hat schöne blaue Augen und es wird hellblond und –
PAMELA *fällt ihm ins Wort:* Etwa drei – *sie macht einige vage Handbewegungen* – Oder – ?
JOSEF: Nein, nur mit drei Brustwarzen. Und das kann schon im Kindesalter operativ korrigiert werden.
Erneute Aufregung.
HEINRICH: Jetzt reicht es mir aber! Lieferung! Erzeugnis! Bestellt! Molekularbiologen! Biochemiker! Und Sie selber erst! Was ist diese Helvetia-in-Vitro-Limited für ein gottloser Verein!?

JOSEF: Herr Faust, Sie wissen selber am besten, daß in der Natur Abweichungen vorkommen. Ein Restrisiko im Verhältnis von eins zu einer Milliarde ist doch wirklich nicht nennenswert.

FRANZ: Das nennt man den Preis für den Fortschritt.

GERTRUD: Nehmen Sie das Baby zurück und verlassen Sie auf der Stelle unser Haus!

Josef, der noch immer das Körbchen trug, stellt es wieder auf den Beistelltisch und zieht ein Formular aus seinem Jackett.

JOSEF: Sie müssen das erst unterschreiben.

GERTRUD: Ich unterschreibe nicht!

JOSEF: Ich kann das Baby nicht zurücknehmen. Es ist ja niemand da, der es betreut. Und wenn dann etwas passiert, würde man mich des Mordes beschuldigen.

DIETER: Bitte gehen Sie! Mit dem Körbchen und dem Inhalt.

JOSEF: Das geht nicht. Es gibt kein Rücktrittsrecht.

Er reicht Dieter das Formular, die Rückseite.

HANS: Das Kleingedruckte.

FRANZ: Nicht einmal da macht der Fortschritt halt.

PAMELA *geht hinaus:* Ich werde die Nachbarn warnen. Die sollen die Tür verriegeln. *Ab.*

JOSEF: Absatz elf der Geschäftsbedingungen gibt uns das Recht, die Polizei bei der Zustellung um Amtshilfe zu bitten. Die Helvetia-in-Vitro-Limited ist ein staatlich-lizensiertes Institut mit kommunaler Beteiligung.

GRETEL: Komm, Heinrich! Babys mit drei Beinen und drei Brüsten, das kann nicht der Sinn deiner Sintflut sein. Mir graut vor den kommenden Generationen.

Licht aus

Vorgericht

Petronius putzt den Lehnstuhl, Pamela kommt mit einer dünnen und der schon bekannten dicken Akte.

PETRONIUS *sieht die Akten an:* Heute nur zwei Fälle? Du hast sonst immer drei arme Seelen abgefertigt.

PAMELA: Die dünne Akte ist nur die Formsache der Frau Landgraf. Die dicke Akte dürftest du kennen. Er ist für heute zum Rapport bestellt: Herr Josef Streitteufel.

PETRONIUS: Ist der Fehler im Helvetia-in-Vitro-Limited-Labor gefunden worden?

PAMELA: Nicht exakt. Es gibt zwei Versionen. *Schaut in die Akte.*

PETRONIUS: Seit ich hier bin, habe ich verdammt viele verkrüppelte Menschen gesehen, aber noch nie einen Mann mit drei Beinen und eine Frau mit drei Busen.

PAMELA: Der Streitteufel hat den Mund zu voll genommen. Papa ist auf seine dumm-dreiste Art hereingefallen. Der Kerl gibt nie präzise Antworten und tritt immer nur die Flucht nach vorn an. Wozu andere ein Studium brauchen, dieser Professor Landgraf sein ganzes Leben, das macht der Streitteufel in drei Wochen Abendkursen. Aber mit der Desoxyribonukleinsäure-Wissenschaft kriegt seine Karriere einen Knick.

PETRONIUS: Was hat er denn falsch gemacht?

PAMELA: Als er in der Schweiz bei der Babyfirma ankam, hat er gleich am ersten Tag den führenden Wissenschaftler rausgeschmissen und – *sie liest vor* – „die Akzeleration der menschlichen Metamorphose selber bestimmt."

PETRONIUS: Entschuldige, da komme ich nicht mit. Das mit der Desoxyribonukleinsäure habe ich schon verstanden, aber was ist die Akzeleration der Metamorphose?

PAMELA *liest:* „Im Sinne der Desoxyribonukleinsäure ist die Akzeleration die chemische Beschleunigung des mutativen Naturvorganges." Ohne die Akzeleration kann jede Frau ein neues Leben in neun Monaten vorbereiten, vorausgesetzt, sie hat von einem Mann das notwendige Sperma mit dem entsprechenden Pe-Ha-Wert. Überheblich und dumm, wie Josef Streitteufel nun mal ist, hat er – *sie liest ab:* „die Mutation nach dem menschlichen Adam-Riese-Prinzip errechnet und nicht nach dem Natur-Prinzip."

PETRONIUS: Gibt es denn da einen Unterschied?

PAMELA: Hast du das Ein-mal-Eins in der Schule gelernt? Adam Riese hat gerechnet: eins und eins ist – ?

PETRONIUS: Zwei. Und zwei mal zwei ist vier. Gilt das in der Molekularbiologie nicht mehr?

PAMELA: Nein. Paß auf. Wenn du mich heiratest und mir ein Kind machst, wie groß ist dann unsere Familie?

PETRONIUS *zählt mit den Fingern:* Eins, zwei, drei. *Er ist total überrascht.* Eins und eins ist drei! Ja, das gibt's doch nicht!

PAMELA: Doch! Mann Petronius, müssen wir das erst ausprobieren?

PETRONIUS: Nein nein, – ich glaube – ich begreife – Ist das die Entdeckung von Professor Landgraf?

PAMELA: Das weiß ich nicht so genau. Jedenfalls passen das Naturgesetz und das Adam-Riese-Prinzip bei der Mutation nicht aufeinander. Das war Josefs Fehler. Er hat das fünfte Element Mensch mit Intelligenz entweder aus Dummheit und Arroganz nicht berechnet, des schnellen Geldes wegen nicht beachtet oder – was noch schlimmer ist – er weiß es gar nicht.

PETRONIUS: Kann der Schaden noch begrenzt werden? Was machen die Eltern mit solchen Kindern? Drei Beine, drei Busen. Ich könnte doch so eine Frau nicht lieben, und eine Frau wohl auch kaum so einen Mann. – Wer ist das in dem anderen Dossier?

Im Hintergrund rechts, dem Türrahmen, erscheinen Josef und Charlotte und setzen sich auf die Bank.

PAMELA: Charlotte Landgraf. Die Frau des Desoxyribonuklein-Säure-Entdeckers.

PETRONIUS: Ach ja. Hat die einen Antrag gestellt?

PAMELA: Nein. Es war Heinrichs persönliche Entscheidung. Er hat sie vor einem Dreivierteljahr mitgenommen, du weißt, als das mit dem Retortenbaby bei Adams und Evers passierte.

PETRONIUS: Kommt Papa her? Und Mama?

PAMELA: Sie kommen beide. Mama studiert in ihrem Zimmer noch die verschiedenen Rechenarten, die der Natur und die von Adam Riese.

PETRONIUS: Das heißt, sie hat sich mit Josef auseinander zu setzen und muß seine Misere ausbaden?

PAMELA: Ist das anders üblich in der Männerwelt? Ich weiß in der Weltgeschichte keinen Fall, wo eine Frau einen derartigen Unfug mit drei Beinen und drei Busen angerichtet hat.

PETRONIUS: Wo war Papa denn so lange?

PAMELA: Bei Gertrud. Am Tage, als das Baby mit den drei Beinen ankam, stellte sie fest, daß sie auf herkömmliche Weise schwanger war.
PETRONIUS: Stimmt. Und wir dachten, sie konnte nicht.
PAMELA: Oder ihr Mann. Wie das so geht, nicht wahr? Du warst nie verheiratet. In der Vorfreude von Gertrud und Dieter auf das Retortenbaby haben sie es wohl noch ein paar mal natürlich miteinander getan. Wahrscheinlich nach zehn Jahren Pause temperamentvoller denn je, ohne aufzupassen. Und da ist es dann passiert.
PETRONIUS: Und abbrechen?
PAMELA: Wollten beide nicht. Dieter wollte ein Vergleichs-Kind gegenüber dem in-Vitro-Erzeugnis, Gertrud wollte eine natürliche Geburt erleben, und Heinrich und Gretel sind ohnehin seit einiger Zeit auf viele Enkelchen aus.
Auf der Bank vor dem Türrahmen sind Charlotte und Josef aneinandergeraten.
JOSEF: Wollen Sie mich etwa daran hindern?
CHARLOTTE: Ich habe einen früheren Termin.
PETRONIUS *laut, zur Bank hin:* Ruhe! Was ist denn los?
JOSEF *tritt zu Petronius, ein Köfferchen in der Hand:* Die alte Schreckschraube da will mir den Zutritt verwehren. Und ich habe keine Lust, meine Zeit mit Herumsitzen zu vertrödeln.
PAMELA: Die Reihenfolge der Verhandlung bestimmt Gretel. Sie nimmt die leichten Fälle immer zuerst. Die Unangenehmen zuletzt.
JOSEF: Soll das heißen, daß ich ein unangenehmer Fall bin?
PETRONIUS: Nachdem was du auf der Erde angerichtet hast, ist das ein unangenehmer Fall.
JOSEF: Deine militärische Niederlage hat zigtausend Männern das Leben gekostet. Da unten hat gerade mal einer drei Beine und jemand drei Brüste.
PETRONIUS: Immer mehr Historiker graben neue Fakten aus, daß die Schuld beim größten Feldherrn aller Zeiten lag.
Bei dem Wortwechsel ist Gretel zu Charlotte am Türrahmen gekommen, und beide treten vor.
GRETEL: Das ist nur eine Formsache, Frau Landgraf.
CHARLOTTE: Nennen Sie mich einfach Charlie, so nannten mich meine Freunde auf Erden.
PAMELA: Charlie? Das könnte eine Verwechslung geben.

JOSEF *ungeduldig zu Gretel:* Warum bin ich herbestellt? Bei der Helvetia-in-Vitro-Limited werde ich unbedingt gebraucht.

GRETEL: Du bist herbestellt worden, weil du da unten – um es auf gut deutsch zu sagen – mal wieder Scheiße gebaut hast.

JOSEF: Wer? Ich? Im Helvetia-in-Vitro-Limited-Institut –

GRETEL *fällt ihm ins Wort:* Ja du! Oder hat ein anderer die Zeugung bei Adams und Evers vorgenommen? Nicht mal zu wissen, daß in der Natur eins und eins gleich drei ist, mußtest du den führenden Desoxyribonuklein-Säure-Wissenschaftler der Schweiz in die Wüste schicken und deine dumme Intelligenz den anderen oktroyieren.

JOSEF: Erstens ist das ein contradictio in adjecto, eine dumme Intelligenz gibt es so wenig wie den weißen Schimmel oder die männliche Frau. Zweitens: die Untersuchung im Helvetia-in-Vitro-Limited-Labor hat ergeben, daß ein Beta-Molekül im Nagellack auf dem Finger der Blut abzuzapfenden Frau Adams und ihr zuviel an Fluorchlor-Kohlenwasserstoff in den Haaren für die Fehlentwicklung in der rechnerischen Genese veranwortlich sind.

Er öffnet das Köfferchen und holt zwei Gutachten hervor. Er reicht sie Gretel, die nur einen kurzen Blick darauf wirft, dann an Charlotte weitergibt.

GRETEL: Das kann ich nicht so schnell beurteilen, ich verstehe das wissenschaftliche Vokabular nicht. Es ist schwer genug, daß Natur-Einmaleins und das Adam-Riese- Prinzip auseinander zu halten.

JOSEF: Dann sollten Sie nicht so einen Job übernehmen.

GRETEL: Sie haben wohl schon wieder Ambitionen auf den Stuhl, was? Gleich kommt mein Mann, der wird Ihnen schon die Leviten lesen. *Zu Charlotte, die die Gutachten liest:* Was besagt das Papier?

CHARLOTTE: Das sind lächerliche Gefälligkeitsgutachten von der Konkurrenz. Da steht mit vielen sehr umstrittenen Begriffen letztlich gar nichts.

JOSEF: Doch! Daß die Schuld rechnerisch nicht bei mir gelegen hat, sondern bei der Frau Adams.

CHARLOTTE: Sich verrechnen, Herr Streitteufel, ist eine Sache. So was wird von anderen korrigiert. Fluorchlor-Kohlenwasserstoff oder auch ein Beta-Molekül Nagellack stößt ein gesunder Körper ab. Aber wenn beides zusammenkommt und man sich obendrein verrechnet, wie bei Ihnen, dann kommt es zu der Katastrophe mit drei Beinen und drei Busen.

PAMELA: Und wer von den hier Anwesenden hat all die schönen Ingredienzen in die Petrischälchen kommen lassen? Mann oh Mann, nicht mal bis zehn zählen können die ehemaligen Politiker, die sich Ministerpräsident titulieren!

JOSEF: Man kann sich doch mal irren! Es war nicht vorgesehen, daß diese Frau Adams dabei Gefühle bekommt und mich blutig kratzt und das Serum entwertet. Wir haben –

Josef unterbricht sich, als Heinrich auftritt.

HEINRICH: Der Josef-Monolog? – Guten Tag, meine Kinder.

GRETEL: Was hat Gertrud bekommen? Junge oder Mädchen?

HEINRICH *strahlt:* Ein Junge! Als wäre er mir aus dem Gesicht geschnitten. Dunkle Haare, braune Augen, zwei Arme, zwei Beine. Er heißt Renatus. Meinen Segen hat er. Wenn der mal loslegt, wird das ein starkes und gesundes Geschlecht geben. Jetzt brauche ich nur noch die richtige Frau für ihn.

GRETEL: Bis dahin haben wir Zeit, die Akten aufzuarbeiten.

Sie reicht Heinrich die Akten, der gibt sie nach einem flüchtigen Blick an Pamela weiter.

HEINRICH *zu Pamela:* Schreibe: Charlotte Landgraf, ZBV.

PAMELA *schreibt in die Akte:* Zur besonderen Verwendung.

HEINRICH: Die dicke Akte brauche ich gar nicht erst aufzuschlagen. Ein Skandal mehr oder weniger, kommt es darauf noch an?

JOSEF: Es war eine Duplizität der ungewollten Ereignisse, für die ich nur zu einem Viertel verantwortlich bin.

HEINRICH: Das Viertel ist schon schlimm genug. Und was daran besonders ärgerlich ist, daß nämlich das dritte Bein gar kein Bein ist, sondern die furchtbar vergrößerte Extremität des Fortpflanzungsteils!

Unruhe, den Damen entfährt ein Huch!

JOSEF: Dann wäre es doch denkbar, wenn der Junge mit dem später zu großen Verbindungsstück das Mädchen mit den drei Brüsten heiratet. Helvetia-in-Vitro-Limited kauft den beiden in der Südsee eine kleine Insel, und in achtzig Jahren ist das Problem aus der Welt geschafft.

HEINRICH: So? Ist das die politische Lösung des Problems? Ach, Josef, du bestätigst mir wieder mal deine dumme Intelligenz.

JOSEF: Dieses Institut hier scheint aus lauter contradictiones in adjecti zu bestehen. Was ist denn eine dumme Intelligenz, Herr Gott noch mal!

HEINRICH *zu Charlotte:* Wollen Sie ihm antworten? Ich bin dem Manne nicht gewachsen.

CHARLOTTE: Selbst wenn man die beiden Fehlkonstruktionen auf den Südpol bringen würde, die Wissenschaft wird sich aus Steuermitteln um sie bemühen und eine Expedition finanzieren, um sie dort zu finden. Man kauft sie mit ein oder zwei Millionen. Dafür müßten sie die Extremitäten vorzeigen und man würde sie analysieren. Sie würden was Positives am Negativen herausfinden und in alle Welt posaunen, daß man dabei ein Medikament entdeckt habe, das die übrige Welt potenter und gesünder macht. Die Leute stürzen sich darauf und die Industrie macht Milliarden.

HEINRICH: Das befürchte ich auch. Ich habe beschlossen, Frau Landgraf, daß Sie den Mars inspizieren, ob man dort die Überproduktion an Fluorchlorkohlenwasserstoffen der Erde loswerden kann, vielleicht um die Humusschicht zu aktivieren. Wenn das geht, werde ich Gertruds zweiten Sohn Renatus und dessen spätere Frau und die nachfolgenden Kinder dorthin befördern, damit sie eine neue gute Menschheit aufziehen, die vernünftig ist und bleibt. *Pathetisch:* Und endlich kann ich die Erdbewohner ausrotten, denn es reut mich mal wieder sehr, sie gemacht zu haben.

GRETEL: Moment, Heinrich, zuvor brauchst du noch ein weiteres gesundes Ehepaar.

HEINRICH: Gute Frau, ich fange doch nicht schon morgen mit der Ausrottung an. Das Paar finde ich noch. Oder ich lasse es zeugen. Aber ohne den da! *Er zeigt auf Josef.* Beschlossen und verkündet: Charlotte Landgraf wird die Expedition zum Mars leiten.

GRETEL: Heinrich, sie hatte darum gebeten, von nun an nur noch Charlie genannt zu werden.

HEINRICH: Charlie? Wie Chaplin? Meinetwegen. *Er lacht.* Wenn es wirlich Marsmenschen gibt, haben die endlich mal was zu lachen! Weiter: Die Logistik übernimmt Petronius. Als ehemaliger General weiß er, wie man das macht.

PETRONIUS *schlägt die Hacken zusammen:* Jawohl, Herr Major! Den Mars erobern für herrlichere Zeiten!

HEINRICH *zu Josef:* Du wirst die beiden als Politiker begleiten, aber ohne Befehlsgewalt.

JOSEF: Ohne Befehlsgewalt? Was hat das für einen Sinn? Bei uns auf der Erde stehen die Politiker immer obenan.

HEINRICH: Darum geht auch so viel schief. Du hast die eventuell dort Lebenden davon zu überzeugen, daß es für sie besser ist, mit Renatus und den übrigen eine neue Welt zu beginnen nach meinem Ebenbild.

PAMELA: Und das andere Ehepaar?

HEINRICH: Diese Leute von nebenan, dieser Schriftsetzer, der hatte doch vor dem drei-Brüste-in-Vitro-Baby eine natürliche Tochter. Weiß jemand deren Namen?

PAMELA: Warum so in die Ferne schweifen, Papa. Der Mars ist interessant.

HEINRICH: Wie meinst du das?

PAMELA: Ich bin noch jung, ich bin gesund, ich habe keine Kinder, keine große Schuld auf Erden begangen und bin ebenso wie du an einer neuen Menschheit interessiert.

HEINRICH: Du grenzt deine Schuld gleich ein; hattest auf Erden nichts weiter als eine Liebschaft mit Napoleon. Und daß du zu ihm – *er zeigt auf Petronius* – ins Bett gekrochen bist?

PAMELA: Nur weil mir kalt war, Papa. Alles andere ist nur ein Gerücht. Es war wirklich nichts.

PETRONIUS *eingeschnappt, halblaut:* War wirklich nichts!

PAMELA: Warum sollte ich dich lieben wollen?

HEINRICH: Laßt das! Von mir aus fahr zur Erde und nimm dir einen anständigen Mann. Am besten Renatus, wenn er groß ist.

PAMELA: Soll ich denn fünfzehn oder zwanzig Jahren warten?

HEINRICH: Spielt die Zeit eine Rolle? Sie ist in meiner Weltgeschichte nur ein Seufzer. Viel Vergnügen mit ihm.

Pamela lächelt, küßt Heinrich auf die Wange und geht eilig ab. – Zugleich hört man ein Rauschen, und nacheinander ziehen drei große Schatten im Hintergrund vorbei. Alle sehen dorthin.

HEINRICH: Was war das?
JOSEF: Das sieht nach ein, zwei oder drei Raketen aus.
HEINRICH: Kann man feststellen, wohin die fliegen?
PETRONIUS: Mir kamen die vor wie fliegende Untertassen. Die Richtung können Mars und Erde gewesen sein. Hoffentlich ist mir der Mensch nicht zuvorgekommen.
HEINRICH: Es sieht aber so aus. – Kommt, ich bin müde.
Er steht auf, hängt sich bei den Damen ein und geht mit denen ab.
PETRONIUS: Diese Weiber! Sie lügt ihren eigenen Vater an!
JOSEF *hämisch:* Und der merkt es nicht einmal. Wir sollten daraus gewissen Konsequenzen ziehen.
PETRONIUS: Und welche?
JOSEF: Den Mars für uns erobern, und auf der Erde absahnen, ehe er sie ausrottet.
PETRONIUS *empört:* Das ist Hochverrat!
JOSEF: Wir machen die Arbeit, er kassiert. Zweimal schon hat er die Erde vernichten wollen. Und wir führen dann ein genau so beschissenes Dasein wie bisher. Ich eigne mich nicht für einen Herkules, der die Sauställe des Augias auf dem Mars ausmisten soll.
PETRONIUS: Und was hast du vor?
JOSEF: Wir beiden holen uns den Mars, dann die Erde, und dann werden wir ja sehen. Du wirst in die Geschichte als Doppelstratege eingehen wie einst Julius Cäsar.
PETRONIUS: Hast du vergessen, wie Cäsar endete?
JOSEF: Er ließ sich ermorden, das war sein größter Sieg!
PETRONIUS: Wir haben eine Frau dabei.
JOSEF: Die überlaß mir. Kein Problem. Eine Nacht, – Ende.
PETRONIUS: Und das Buch? Alle großen Generäle haben ihre Memoiren geschrieben, jeder Lateinschüler kennt Cäsars „De bellum Gallicum". Ich kann zwar schreiben, aber nur was ich erlebt habe. Und nicht, was nicht war.
JOSEF: Die Erde ist voll von phantastischen Ghostwritern. Ich kenne viele, die werden die höchsten Elogen über mich und dich schreiben. Wir nennen unser Werk den „Krieg der Sterne" mit dem Untertitel „Wie wir den Mars eroberten und die Erde wieder zur Vernunft brachten"!

Vorhang

2. Akt

Salon
der Familie Adams

Drei Jahrzehnte später. Zwar ist alles ein wenig moderner, und auch das Mobiliar etwas anders angeordnet. Der Salon macht einen äußerst ungeordneten Eindruck: da stehen zwei Lampenstative herum und drei mit Weißblech beschlagene Kisten, wie sie beim Fernsehen üblich sind.
Renatus Adams betritt von der Diele den Salon, nimmt die beiden Lampenstative und trägt sie hinaus. Der Butler Franz kommt aus dem Gästezimmer, der Chauffeur Hans aus der Küche. Sie wollen zusammen die größere der beiden Kisten hinaustragen. Sie heben sie an, stöhnen.

FRANZ *kopfschüttelnd:* Was ist das für eine herunter gekommene Gesellschaft? Lassen ihre Geräte einfach stehen und fahren davon.

HANS: Es hat sich nichts geändert: Das Fernsehen darf immer nur einmal kommen.

FRANZ: Frau Minister Adams hätte sich nie darauf einlassen dürfen, daß in ihrem Hause so etwas stattfindet.

Beide gehen mit der Kiste ab. Aus der Küche kommt Regina in den Salon. Zugleich kommt Renatus von der Diele.

REGINA: Was ist denn hier los?

RENATUS: Ein beendetes Fernseh-Interview.

REGINA: Ich denke, deine Mutter hat abgesagt?

RENATUS: Hat sie auch, aber zu spät. Die Kerle hatten schon alles ausgepackt, als sie anrief. Stattdessen haben sie meinen Bruder Christoph genommen.

REGINA: Ist Beate hier?

RENATUS: Weiß ich nicht. Es würde zwar passen, aber – *Er zeigt auf die Kiste:* Könntest du bitte mal anfassen?

REGINA: Was ist denn da drin?

RENATUS: Vermutlich das Tonbandgerät und die Mikrofone.

Während Renatus und Regina die Kiste hinaustragen, kommen Hans und Franz von der Diele und tragen die dritte Kiste hinaus.

FRANZ: Das sage ich Ihnen, Herr Kollege, das nächstemal kommt das Fernsehen nur über meine Leiche ins Haus.
HANS: Akzeptiert. *Mit der Kiste ab. Regina und Renatus kommen aus der Diele zurück in den Salon.*
REGINA: Ich mache mir Sorgen um meine Schwester Beate.
RENATUS: Wir bekommen langsam Angst vor Christoph.
HANS *kommt zurück, ruft nach draußen:* Hat der Herr Professor Landgraf angerufen?
FRANZ *tritt ein:* Nicht, als ich da war. Kommt er her?
Renatus und Regina setzen sich, Hans und Franz rücken das Sofa auf den alten Platz.
HANS: Frau Adams hatte mit ihm den Termin hier vereinbart.
RENATUS: Herr Franz, wäre ein Tee für uns alle auch so unverschämt, wie sich die Kerle vom Fernsehen aufgeführt haben?
FRANZ: Natürlich nicht, Herr Doktor.
HANS *setzt sich auf einen Stuhl:* Dürfte ich mich der Bitte anschließen?
FRANZ: Da ich auch das Bedürfnis habe, bitte ich um eine kurze Pause. *Ab in die Küche.*
HANS: Wissen Sie, Herr Doktor, ob der Professor Landgraf inzwischen angerufen hat?
RENATUS: Ich habe kein Gespräch entgegengenommen. *Er sieht zum Telefonstecker:* Aber – wenn Sie den Stecker in die Dose tun, klingelt es vielleicht bald.
REGINA: Ah, deshalb hat sich keiner gemeldet. Ich wollte eigentlich nicht herkommen, denn ich suche Beate.
HANS *steht auf, steckt den Stecker ein:* Auch das! Ziehen einfach den Stecker raus, ohne ein Wort zu sagen. Ein Benehmen haben die Leute! Der eine raucht, ohne zu fragen und der andere schaltet Radio und Fernseher ein, als ob alle den Unfug hören oder sehen wollen.
REGINA: Konnten die vom Fernsehen so schnell umschalten? Eine frischgebackene Ministerin soll aufgenommen werden, ist aber nicht da. Und weil der operierte Christoph gerade da ist, machen sie mit dem ein Interview. – *Zu Hans:* War meine Schwester etwa dabei?
HANS: Ich habe Beate nicht gesehen. Aber was die Kerle von dem Bruder des Herrn Doktor wollten, d a s sollten Sie fragen, Regina.
REGINA: Doch wohl wegen seines Erbschadens, oder?

HANS: Er sollte vor der Kamera die Hose runterlassen.
REGINA: Was? Hat er es etwa getan?
RENATUS: Nein!
FRANZ *kommt aus der Küche mit Tablett und Tassen:* Aber er wollte es. Dann ist er mit den Kerlen ins Studio gefahren, um dort wahrscheinlich sein kunstvoll wegoperiertes Körperteil vorzuführen.
HANS: Pfui!
REGINA: Ich bin ganz unruhig, Herr Franz. War meine Schwester dabei?
FRANZ: Ich habe sie nicht gesehen. Aber Herrn Christoph mußte ich eindringlich daran erinnern, daß sein Exhibitionismus einen Skandal auslösen kann, zumal seine Mutter seit gestern Ministerin ist.
HANS: Fräulein Evers, Sie fragen so eindringlich nach Ihrer Schwester. Darf ich mir die Frage erlauben, ob die vom Fernsehen nicht auch sie zu einem Interview animiert haben? Und dann verlangten, daß sie die – hmmmrrr – mal kurz die Bluse aufknöpfte?
FRANZ *geht zurück in die Küche:* Schamloses Volk! *Ab.*
REGINA: Sie dürfen, Herr Hans. Es ist so, daß bei Beate von dem dritten unnatürlichen Busen nichts mehr zu sehen ist. Nur eine kleine unscheinbare Narbe. D e r Eingriff ist auch als Schönheitsoperation deklariert worden.
RENATUS: So sehe ich das auch. Ähnlich derer, wo sich zu flach gebaute Damen Plastics einsetzen lassen, um zu zeigen, was sie eigentlich nicht haben.
REGINA: Mit Beate war das schlimm genug. Ein anderer Schaden bei meiner armen kleinen Schwester ist kaum operativ zu beseitigen.
RENATUS: Sehr bedauerlich, zumal sie hübsch und temperamentvoll ist.
REGINA: Nur bedauerlich? Es ist schlimm, wenn ein Mädchen will und nicht lieben kann.
RENATUS: Fast so ähnlich wie bei meinem armen Bruder.
REGINA: Nur ähnlich, Freund. Aus dem dritten sogenannten Bein ein brauchbares Genital-Verbindungsstück gemacht zu haben ist sicherlich eine chirurgische Leistung, die den Nobelpreis verdient. Das Ding aber vorzuzeigen, wie das die Typen

nach einer Geschlechtsumwandlung getan haben, ist der Gipfel der Geschmacklosigkeit.

HANS: Für mich ist damit die Grenze zur Pornographie überschritten! Wenn Herr Christoph nicht so gut erzogen wäre, würde er vor der Kamera – hmmrrr! – einen Liebesakt vorführen? Meinen Sie das?

REGINA: Genau das meinte ich mit anderen Worten.

RENATUS: Das tut mein Bruder nicht!

HANS: Was macht Sie so sicher? Wenn genügend Geld dafür geboten wird, würde ich auch für Christoph nicht die Hand ins Feuer legen.

RENATUS *ereifert sich:* Unmöglich! Christoph hat Rücksicht zu nehmen auf die Familie! Papa ist ein anerkannter Professor, Mama ist soeben Ministerin geworden. Wir sind über Nacht an die Spitze der Gesellschaft gerückt.

REGINA: Sehr richtig. Wenn eine Ministerin erfahren würde, daß ihr Sohn so etwas vor der Fernsehkamera tut, gibt es daheim einen Mordskrach und in der Regierung eine Krise.

Das Telefon klingelt. Hans steht auf und nimmt den Hörer ab.

REGINA: Das ist sicher Beate. Sie sollte hier anrufen.

HANS *am Telefon:* Hier bei Adams. Guten Tag.

STIMME EDMUND: Landgraf. Frau Staatssekretärin Adams hat mich gebeten, sie unter dieser Nummer anzurufen.

HANS: Herr Professor Landgraf, einen Moment bitte. Bleiben Sie am Apparat.

Hans zieht den Stecker und geht mit dem Apparat in die Diele.

REGINA: Ist das der Mann, der das Buch „Der menschliche Faktor" geschrieben hat?

RENATUS: Ja, noch viel früher war er der Entdecker der Desoxyribonukleinsäure. Mama hat mit ihm einen Termin hier im Hause ausgemacht, weil sie sich seit Anno dazumal kennen.

REGINA: Ich las in der Zeitung über ihn, daß er zum drittenmal diese angebliche Entführungsthese von den Mädchen mit den fliegenden Untertassen untersucht hat.

RENATUS: Im Auftrage von Mama, als sie noch Staatssekretärin war. Dreihundert Mädchen sind tatsächlich spurlos verschwunden.

REGINA: Ja ja, Beziehungen muß man haben, um beschäftigt zu werden.
RENATUS: Deine Anspielung ist nicht angebracht. Professor Landgraf ist ein integrer Mann. Sein „Menschlicher Faktor" mag umstritten sein, aber wenn er über die unbekannten Flugobjekte schreibt, dann hat er sie gesehen.
REGINA: Oder eben nicht gesehen. Wo sind denn die dreihundert kleinen Mädchen geblieben?
Franz kommt aus der Küche, stellt eine Zuckerdose und Milch auf den Tisch. Er hört noch Reginas Frage.
FRANZ: Erlauben Sie, Regina, daran zu erinnern, daß die dreihundert kleinen Mädchen in den dreißig Jahren große Mädchen sein müssen?
REGINA: Sie spielen auf mein Alter an? Achtundzwanzig. Aber darum geht es nicht, sondern: wie können dreihundert Kinder spurlos verschwinden? Und hat nicht damals ein fernsehgeiler Knilch gelogen, er hätte sie von Madagaskar abfliegen sehen?
RENATUS: Du sagst das richtige Wort: fernsehgeil.
FRANZ: Jeder Spinner findet heute beim Fernsehen Gehör.
RENATUS: Nicht Gehör, Franz, sondern große Kamera-Augen.
REGINA: Trotzdem, wo sind die dreihundert Kinder?
RENATUS *lächelt ironisch:* Sie sind von den Marsmenschen geraubt worden, weil es dort umgekehrt ist wie bei uns. Dort produziert die Natur zu viele Männer. Und weil Kenia und Indien die höchste Geburtenrate auf der Erde haben, sammelten die Marsmenschen da je hundertfünfzig Mädchen ein. Sie steckten sie in fliegende Untertassen und führen sie auf dem Mars ihren Kerlen je nach Bedarf zu.
FRANZ: Was ja nicht so neu ist. Man denke an den Raub der Sabinerinnen und an die afrikanischen Sklaven für die Vereinigten Staaten. Wenn es wirklich zu viele Männer auf dem Mars gibt, – – Vielleicht hat es aber einen ganz anderen, inzestiösen Grund. Ich denke an die Aufzucht einer marsmenschlichen Rasse von großer Lebenskraft.
REGINA: Was auch nicht so neu wäre. Meine Mutter ist ja so ein Produkt aus Heinrich Himmlers Lebensborn.
RENATUS: Ach, das wußte ich nicht. Wieso hast du dann noch eine in-Vitro-Schwester bekommen, wenn deine Mutter dich doch geboren hat?

REGINA: Weiß ich nicht. Vielleicht lag's an Papa, mit dem ich so gar keine Ähnlichkeit habe. Sie wollten kein Einzelkind großziehen und haben sich, als sie im Lotto gewonnen haben, ein Retortenkind gekauft. Dafür sind sie fürchterlich bestraft worden.

RENATUS: Lottogewinn? Strafe dafür? Da mein Bruder an dem selben Tage ins Haus kam und auch nicht ganz einwandfrei war, kann man das als gentechnischen Unfall bezeichnen. Es hat diesbezüglich schon andere Laborunfälle gegeben, mit Medikamenten und so. Aber was ich sagen wollte: Für eine moderne Gesellschaft ist die Lotterie im Bett kein ausreichendes Parameter mehr. Die Indikatoren für eine halbwegs ordentliche und gesunde Gesellschaft müssen im geistigen Bereich angestrebt und sollten nicht durch Erbschäden und dergleichen belastet werden. Das geplante Leben ist längst Stand der Wissenschaft.

REGINA: Du meinst der Industrie. Aber da bin und bleibe ich geschockt. Ich bin das Ergebnis einer Flasche Wein vor dem Schlafengehen. Beate dagegen hat meinen Eltern neunzigtausend Mark gekostet, und in drei Jahrzehnten hat sie unendlich viel mehr Leid als normal auf die Welt gekommene Kinder ertragen müssen.

RENATUS: Beate und Christoph sind nun mal der unumgängliche Preis für den Fortschritt zu einer besseren Gesellschaft. Was das äußere angeht, Regina: die moderne Chirurgie hat d i e beiden Fehler doch glänzend korrigiert.

REGINA: Typisch Mann! Das Äußere ist wichtiger als das Innere. Daß meine Schwester ein erotisches Neutrum, eine sexuelle Infantin ist, keinen Mann beglücken kann, von sich selbst gar nicht zu reden, d a s rührt dich überhaupt nicht.

RENATUS: Doch! Deine Schwester hätte mir sehr gut gefallen können, wenn da nicht – – Lassen wir das. Und ich weiß, was mein Bruder durchgemacht hat in der Zeit, als andere Jungs anfingen, sich für Mädchen zu interessieren.

REGINA *sarkastisch:* Vielleicht tut er es in diesem Augenblick.

RENATUS *kontert:* Vielleicht mit Beate zusammen.

REGINA: Ihr Molekularbiologen stellt wirklich die Natur auf den Kopf. Menschlichkeit geht euch ganz ab. Forschen heißt bei euch nur, das große Geld machen. Wofür, ist völlig egal.

Wie sonst gäbe es die Laboratorien für die biologische Kriegsführung?

RENATUS: Sehe ich wie ein General, wie ein Teufel aus?

REGINA: Man weiß inzwischen, daß die Immunschwäche Aids nicht von einem natürlichen Erreger stammt, sondern aus der militärischen Bio-Waffen-Forschung. Man weiß, daß d a s Personal fest in der Hand der Homos ist. Einer der Freunde von Rock Hudson hat dort an führender Stelle gearbeitet. Beide sind an Aids gestorben.

RENATUS: Du hast Professor Landgrafs Buch gut gelesen. *Zusammen treten Franz (mit der Teekanne) und Hans (mit dem Telefon) ein. Sie setzen sich, Franz schenkt Tee ein.*

RENATUS: Du kannst mit dem Professor darüber sprechen. *Zu Hans:* Haben Sie so lange mit ihm gesprochen? Hat er Ihnen Neues über die entführten Kinder gesagt?

HANS: Nein. Das Neue mußte ich ihm beibringen, nämlich daß Ihre Frau Mutter seit gestern Ministerin ist. Was die fliegenden Untertassen betrifft, kann ich den Herrn Professor nicht nach seinen Ergebnissen fragen. Sonst könnte ich ebensogut wissen wollen, ob ihm inzwischen der heilige Geist begegnet ist.

RENATUS: Warum so zynisch, Herr Hans?

REGINA *lächelnd:* Und dann auch noch der heilige Geist?

FRANZ: Regina, immer wenn von Professor Landgraf die Rede ist, erinnern wir uns an das seltsame Ableben der Frau des Herrn Professors in diesem Hause. Damals hatte unmittelbar zuvor Herr Faust mit ihm einen sonderbaren Literaturvertrag abgeschlossen. In dem Buch „Der menschliche Faktor" erwähnt er aber nichts davon. Seit der Zeit wird Frau Professor vermißt.

RENATUS *lacht:* Und das, obwohl ihr Mann, eben der Herr Professor Landgraf, neben ihr gesessen haben soll.

REGINA: Du hast mir die spinnerte Geschichte schon mehrmals erzählt. Deshalb wundert es mich, daß gerade er mit der dritten Nachforschung über das so geisterhafte Verschwinden der dreihundert Mädchen beauftragt wurde. Herr Hans hatte nicht so unrecht mit der Erinnerung an den heiligen Geist.

HANS: Zumal ich dabeigewesen bin. – *Er steht auf:* Hier, an dieser Stelle, da hat sie gesessen, als sie sich so plötzlich in Luft auflöste.

REGINA: Das haben Sie genau gesehen?
HANS: Umgekehrt. Plötzlich war sie nicht mehr da. – *Zu Franz:* Sie waren doch auch dabei. War es nicht so?
FRANZ: Ich weiß nicht mehr genau. Wir alle waren ja so entsetzt über die Helvetia-in-Vitro-Limited und den Josef Streitteufel mit dem Baby Christoph und seinen – hmmrr – drei Beinchen.
HANS: Und unten im Wagen hatte er das andere mißgestaltete Baby mit drei Brustwarzen, das Ihre Schwester wurde.
FRANZ: Hier sollte ganz groß eine Geburtstagsfeier sein, die ersten Retortenkinder vom laboratorischen Fließband.
REGINA: Stattdessen kam mitgeliefert der Preis für den Fortschritt in der Molekularbiologie. – *Sie betont:* Fort. Schritt.
RENATUS: Darüber ist schon hundertmal gesprochen worden. Eine Frau verschwindet geisterhaft aus diesem Salon. Dreihundert Kinder sind spurlos von Madaskar entführt worden. Beschwören wir jetzt die Geisterstunde? – Was ist, kommt der Herr Landgraf nun her? Trotz seines komischen Faktors über den Humanitätsquotienten hätte ich einige Fragen an ihn.
HANS: Er kommt hierher. Ich habe sogleich mit Ihrer Frau Mutter telefoniert. Sie möchte seinen Bericht hier entgegennehmen.
REGINA: Was willst du denn von ihm wissen?
RENATUS: Was Wissenschaftliches.
REGINA: Natürlich, was Menschliches wohl kaum.
RENATUS: Ich möchte wissen, ob er noch andere Wirte in der Gentechnik für möglich hält als die Escherichia coli. Seine damalige Grundlagenforschung beruhte darauf.
REGINA: Er lehnt euch moderne Molekularbiologen samt und sonders ab.
RENATUS: Ist das ein Grund, nicht mit ihm zu reden?
REGINA *herausfordernd:* Du willst von ihm wissen, was dir an dem perfekten Homunculus sapiens noch fehlt.
RENATUS: Stimmt. Wir müssen mit einigen besseren Menschen ein Gegengewicht schaffen zum Ungeist der Zeit.
REGINA: Mit Ungeist meinst du die Labor-Liaison zwischen deinem Vater und der Frau Pamela?
RENATUS: Ja. Und du weißt ganz genau, was Papa und seine Konkubine mit ihrer Ozonforschung planen. Eine äußerst gefährliche Angelegenheit.

REGINA: Deine Forschung ist nicht weniger gefährlich. Ihr seid alle total überzüchtet. Schlampig und leichtsinnig obendrein. Ein Gen wird aus dem Labor geschleppt, weil die Kerle es zwischen den Schränken miteinander taten. Ein Atomreaktor fliegt in die Luft, weil sie Geburtstag gefeiert haben. Eine ganze Region wird unbewohnbar. Jetzt sind Professor Adams und seine Schmalspurassistentin dabei, die Luft in ihre Bestandteile zu zerlegen und zu riskieren, daß bei einer erneuten Schlamperei mit Saufgelage und dergleichen in Sekundenschnelle die gesamte Erde ohne Sauerstoff ist.

RENATUS: Du übertreibst wie ein Utopist. Du verstehst dich gut mit Papa, besser als Christoph und ich. Laß dir von ihm deine panische Angst zerstreuen.

REGINA: Von deinem Vater? Der hält uns Evers für total halbgebildet.

RENATUS: Und wie wäre es mit Pamela? Sie kommt heute abend.

REGINA: Pamela kommt hier ins Haus?

RENATUS: Gesellschaftlicher Umgang der Wissenschaftler.

RENATUS: Und wenn sie mit deiner Mutter zusammentrifft?

RENATUS: Meine Mutter denkt als Spitzenpolitikerin und in höchsten Ämtern in anderen Kategorien wie ehelicher Treue. Jeder dritte Mann mit Erfolg hält sich heute eine Konkubine. In der Regel ihre Sekretärinnen oder jugendliche Mitarbeiterinnen. Bloß, was die heimlich tun, geschieht bei Papa und Pamela sozusagen öffentlich.

REGINA: Dann wundert mich nicht, wenn dein Bruder die Hosen runterläßt und seine halbkünstlichen Genitalien vorführt.

Man hört draußen die Stimmen von Dieter Adams und Pamela. Hans und Franz erheben sich und gehen ab in die Küche.

STIMME DIETER: Es könnte sein, daß Herr Landgraf da ist.

STIMME PAMELA: Wunderbar! Dann kann ich mich mit ihm über seine Humanitätsquotienten unterhalten. – Wie sieht denn das hier aus? Was sind das für Kisten?

DIETER *tritt ein:* Ah, Besuch. Guten Tag, Regina.

PAMELA: Tag, Renatus. Fräulein Evers, ich freue mich, Sie zu sehen.

REGINA: Guten Tag.

DIETER: Was sind das für Kisten und Kasten in der Diele?
RENATUS: Tag, Papa. Das Fernsehen war da.
DIETER: Ist Mama denn im Haus?
RENATUS: Nein. Mama hatte im letzten Augenblick abgesagt, aber da waren die Kerle schon da. Stattdessen hat sich Christoph prostituiert.
DIETER *entsetzt:* Was?! Nicht möglich!!
PAMELA: Hat er – Hmmrrr! – etwas vorgezeigt?
RENATUS: Nicht hier im Salon. Vielleicht aber derzeit im Fernsehstudio, womöglich zusammen mit Beate.
REGINA: Renatus, ich bitte dich! Indem du es immer wieder sagst, könnte man glauben, du wünscht das.
RENATUS: Warum suchst du denn so dringend deine Schwester?
REGINA: Weil ein Amisoldat hinter ihr her ist, der keine Ahnung von ihrem Innenleben hat.
DIETER: Das gefällt mir nicht. Können wir solch ein Interview verhindern?
RENATUS: Nicht, ohne daß es hinterher in der Zeitung steht und dann so lange darüber geredet wird, bis es auf einem anderen Kanal doch gesendet wird. Für Mama wäre das ein Skandal.
PAMELA: Das wird es in jedem Fall. *Zu Dieter:* Gertrud hätte das Ministeramt nicht annehmen dürfen. So erfährt die Öffentlichkeit wieder einmal, daß sie damals eines der ersten Retortenbabys bestellt hat und daß Christoph sich hat operieren lassen. Womöglich wird dem Fernsehvolk ein Koitus studiosus vorgeführt.
DIETER: Du redest heute mal wieder sehr drastisch. – *Zu Renatus:* Und du hast ihn nicht daran gehindert?
RENATUS: Papa, soll ich meinen älteren Bruder verprügeln? Er, der seine Lebenslüge immer nur mit Fäusten und Tritten an seinen kleinen Bruder ausgelassen hat, nur weil der echt auf die Welt gekommen ist?
DIETER *zu Regina:* Und deine Schwester?
REGINA: Die tut so was nicht.
RENATUS: Aber sie hat auch ein Interview gegeben.
REGINA: Sie hat es selbstverständlich abgelehnt, die Bluse aufzuknöpfen.

RENATUS: Aber jetzt weißt du nicht genau, ob sie es nicht doch mit Christoph im Studio macht.
REGINA: Beate ist ein anständiges Mädchen. Meine Eltern waren ehrenwerte Leute.
PAMELA: Waren? Sind sie nicht mehr da?
REGINA: Nein.
PAMELA: Wir hatten nie Gelegenheit, sie kennenzulernen. Und wir beide haben uns immer nur einen guten Tag oder einen guten Abend gewünscht, obwohl Sie seit ihrer Kindheit mit Christoph und Renatus im Garten gespielt haben.
REGINA: Gespielt, Sie sagen es richtig. Aber irgendwann hört das alles auf. Manche Beziehungen eignen sich nicht zum Spielen. Ich habe meinen Beruf, mein Auskommen, das Haus, – *lächelt:* – und Wagen und Bankkonto.
PAMELA: Fehlt nur noch der Mann?
REGINA: Mir nicht.
PAMELA: Anders?
REGINA: Fragen Sie das Renatus. Ich denke einfacher im Bereich menschlichen Zwischenlebens. Aber wenn Sie meine Meinung interessiert? – Die Mann-Frau-Beziehung muß heute nicht mehr von Dauer sein. Auch nicht, wenn der da – *sie zeigt auf Renatus* – den fast vollkommenen Menschen erschaffen will – in-Vitro.
PAMELA: Aber Sie sind ein hübsches Mädchen, mit angenehmer Ausstrahlung und Gefühlen.
REGINA: Woher wissen Sie das? Von Renatus?
RENATUS: Müssen wir heute darüber sprechen?
PAMELA: Warum sind Sie so abweisend?
REGINA: Weil es mir an der Toleranz mangelt und an –
RENATUS *fällt Regina ins Wort:* Entschuldige. Entschuldige, Papa, ich sollte dich daran erinnern, daß auch Herr Landgraf noch zu einer Unterredung mit Mama herkommt.
DIETER: Ich weiß. Wir müssen das dritte Nicht-Ergebnis über die dreihundert verschwundenen Mädchen über uns ergehen lassen.
PAMELA: Vielleicht sind seine Ausführungen interessant?
DIETER: So wie ich ihn kenne, wird er es kurz machen und den restlichen Abend darüber reden, daß die Wissenschaft heute die Grenzen der Natur überschritten hat.

RENATUS: Und daß es den vollkommen molekularbiologischen Menschen schon deshalb nicht geben kann, weil er die Auswirkungen seiner Desoxyribonukleinsäure-Entdeckung für einen ungewollten Ausrutscher in der Menschheitsgeschichte hält.

REGINA: Wenn man euch so anhört, scheint mir das doch erklärlicher als eure Sucht nach Vollkommenheit. *Zu Dieter:* Ist es zuviel verlangt, Herr Professor, einem Laien zu erklären, wie man die Luft in seine Bestandteile zerlegen kann? Und welches diese Bestandteile sind, die so gefährlich sein sollen?

DIETER: Ich freue mich, daß es dich interessiert, Regina. Setzen wir uns? – Also, gefährlich ist in der nuklearen Natur jeder Stoff, wenn er zuviel wird. Bindet man aber den Stoff, kann er materialisiert werden und die sauberste Energie schaffen, die allen nützlich ist. Fälschlich nennt man das Antimaterie, die es nicht –

Das Telefon unterbricht Dieter. Franz kommt aus der Küche und nimmt den Hörer ab. Dieter horcht hin, als erwarte er den Anruf.

FRANZ: Hier bei Adams. Guten Tag.

STIMME HEINRICH: Bist du es, Franz?

FRANZ: Ja, Herr Faust. Bitte einen Augenblick, ich stecke um. *Zu Dieter:* Ihr Schwiegervater.

Pamela und Dieter stehen auf, Franz geht mit dem Telefon in die Diele.

PAMELA: Soll ich gehen?

RENATUS: Der hat uns gerade noch gefehlt.

DIETER: Allerdings, – aber nein, Pamela, bitte bleibe hier. *Zu Renatus und Regina:* Euch möchte ich auch bitten, zu bleiben. Wenn genügend Gesellschaft da ist, wird Opa nicht so ausfallend. *Zu Pamela:* Früher oder später erfährt er es doch.

REGINA *sarkastisch:* Beichten. – Ich bleibe gern, Herr Professor. Vielleicht haben Sie noch die Zeit, mir die Antimaterie zu erklären.

RENATUS *spöttisch:* Willst du den Beruf wechseln und Physikerin werden? – *Zu Dieter:* Sie möchte auch mit Herrn Landgraf über den Humanitätsquotienten sprechen.

FRANZ *tritt wieder ein:* Die Herrschaften haben aus dem Intercity angerufen und darum gebeten, daß Kollege Hans sie mit dem Wagen vom Bahnhof abholt.

DIETER: Dann haben wir noch eine kurze Verschnaufpause. Und es wird wieder ein voller Abend, – *Zu Franz:* Sind wir entsprechend vorbereitet?

FRANZ: Sind wir, Herr Professor. Ich werde für Herrn Professor Landgraf ein Hotelzimmer reservieren lassen. *Ab.*

DIETER *zu Regina:* Also, – die Ozonisierungstechnik, die als Basis für die Sauerstoff-Trennung gilt, ist inzwischen so sicher –

Dieter wird erneut unterbrochen, von draußen hört man die Stimmen von Gertrud und Hans.

STIMME GERTRUD: Was sind denn das für Kästen? Sind die vom Fernsehen doch hier gewesen?

STIMME HANS: Ja, und sie haben sich benommen wie die Axt im Walde.

Gertrud tritt ein. Begrüßung mit Handschlag und Küßchen.

REGINA: Frau Doktor, ich möchte ganz herzlich gratulieren.

GERTRUD: Mir Beileid zu wünschen ist angebrachter. – Guten Abend allerseits. Ist Professor Landgraf schon da? Wo ist denn Christoph?

DIETER: Unser Sohn hat statt deiner ein Interview gegeben.

GERTRUD *erschrickt:* Doch nicht etwa – – seinetwegen?

RENATUS: Doch. Ich habe ihn nur mit Mühe davon abhalten können, vor der Kamera die Hosen runterzulassen.

GERTRUD: Ich habe ihm das verboten!

RENATUS: Vielleicht haben ihm die Fernsehleute mehr Geld geboten, Mama. Vermutlich ist er jetzt im Studio und zeigt von da der Öffentlichkeit seine nicht mehr vorhandene Behinderung.

GERTRUD: Nein! Das muß rückgängig gemacht werden.

DIETER: Beruhige dich, das ist nur eine Vermutung.

PAMELA: Es gibt doch andere Mittel, eine solche Sendung zu verhindern.

FRANZ *kommt mit Tablett, Tassen und Teekanne:* Guten Tag, gnädige Frau.

GERTRUD: Tag, Franz. Hat Professor Landgraf angerufen?

FRANZ: Ja. Ich habe für ihn bereits ein Hotelzimmer reservieren lassen.

GERTRUD: Abmelden, Franz. Der Professor schläft im Gästezimmer.

DIETER: Oma und Opa sind unterwegs zu uns.

GERTRUD: Nein, so was! Sicher wollen Sie mir zur Ernennung gratulieren.

RENATUS: Opa kann dir besser geistlichen Beistand leisten.

GERTRUD: Sei nicht so zynisch.

RENATUS: Hast du nicht selber gesagt, daß man nicht ungestraft Minister wird?

DIETER: Sie hat allerbeste Staatssekretäre, und die haben genügend wissenschaftliche Bildung. Den Rest besorgen wir beide.

PAMELA: Ja. Wir können in Kürze mit einem Ergebnis aufwarten, das der neuen Ministerin sehr zugute kommt. Das wird ein Donnerschlag in der Menschheitsgeschichte, der die Atomspaltung zu einem Kinderspiel werden läßt.

GERTRUD: Vielen Dank für den Trost, Frau Pamela. Aber unseren Opa beeindruckt d a s nun gerade nicht. Er wird auf die riesengroße Gefährlichkeit hinweisen und den fehlenden geistigen Zusammenhang bemängeln und die naturnotwendige Schöpfung hervorheben.

DIETER: Dem bin ich durchaus gewachsen. Und das andere ist ein Lieblingsthema von Herrn Landgraf. Ich glaube, wir können durch das zufällige Zusammentreffen der beiden Herren aufatmen, denn die werden sich die halbe Nacht hindurch daran delektieren.

REGINA: Und wenn der Herr Faust sich an der Gefährlichkeit festbeißt?

DIETER: Ah ja. Regina, wir sind wieder beim Thema. Also, die Versuche sind total abgesichert. Letztenendes haben w i r nicht die Absicht, die Menschheit auszurotten oder zu vervollkommnen. Wir sind weder Atomiker noch Weltverbesserer.

REGINA: Das könnte Albert Einstein gesagt haben. Aber wenn Ihnen die Industrie, das Kapital, die Politik den Vorgang aus der Hand nehmen, weil es das große Geschäft ist?

DIETER: Das kann ich allerdings nicht verhindern, aber dann bin ich auch nicht mehr verantwortlich. Es ist – –
GERTRUD *unterbricht Dieter:* Kinder, ich möchte mich ein wenig entspannen. Wer von euch ist so gut und ruft beim Fernsehen an, daß ich mein Interview nur gebe, wenn sie Christophs Lümmelei zu senden unterlassen?
DIETER *zieht Pamela mit netter Geste hinaus:* Wir werden das tun.
GERTRUD *trinkt Tee:* Ich muß diese schlimmen ersten Tage durchstehen. Und ich muß einige kleine Probleme hinter mich bringen. Deshalb habe ich mir den Professor Landgraf herbestellt.
RENATUS: Der Auftrag, der nichts Neues bringt, liegt dir der so schwer im Magen?
GERTRUD: Schon morgen kommt eine der widerlichen Industrielobby zu mir, um einen Beitrag des Bundes für ihre Forschung zu verlangen.
RENATUS: Ich weiß, die Hochtechnologie der Genforschung.
GERTRUD: Ich muß vorher noch etwas über die Voraussetzung von Professor Landgrafs Desoxyribonukleinsäure-Entdeckung wissen.
RENATUS: Die kann ich dir auch beibringen, Mama.
GERTRUD: Du? Welche Bedeutung hat die Escherichia coli?
RENATUS: Das ist eine Bakterie und dient als Wirt für die Zerlegung der Zelle.
GERTRUD: Ist das schon alles? Ich hatte nach der Bedeutung gefragt und nicht nach der Definition.
RENATUS: Muß ich dir als frühere Apothekerin noch die Grundlagen des Chemieunterrichtes beibringen?
GERTRUD: Das hast du mir eben angeboten. Mein Junge, ich bin schon einmal gutgläubig gewesen. Dein Bruder Chris und – *zu Regina* – und deine Schwester Beate sind das Ergebnis.
RENATUS: Kenne ich. Aber der Fehler hat den Staat nicht ins Wanken gebracht.
GERTRUD: Du umschreibst unsere Familie mit Staat? Du bist ein Zyniker, und Chris ist auf die schiefe Ebene unseres Bewußtseins gekommen. Der Junge steht zwar allein mit seiner Verwachsung, nicht aber mit einer Auffassung vom Leben,

die mit Gott und der Welt nicht mehr in Einklang zu bringen ist.

RENATUS: Warum hast du dann ein so hohes Amt angenommen?

GERTRUD: Um noch Schlimmeres zu verhüten.

RENATUS: Du hättest Familienministerin werden sollen.

GERTRUD: Der Posten war besetzt.

RENATUS: Und was hast du mit der Forschung vor?

GERTRUD: Daß wir erst einmal darüber nachdenken, wer wir sind. Dann, ob wir uns alles herausnehmen dürfen, was uns in den Sinn kommt, weil damit Geld zu verdienen ist. Das Ministerium ist heruntergekommen zu einer Geldverteilungsstelle für Aufträge, die uns Menschen nur noch mehr zerstören.

RENATUS: Du hältst mich auch für einen Zerstörer? Ich arbeite am besseren Menschen.

REGINA: Dann solltest du mal bei dir zuerst anfangen. *Zu Gertrud:* Frau Adams, Sie erwecken bei mir den Eindruck, als wäre die heutige Menschheit jener Hans im Glück, der am Ende nichts mehr hat als einen wertlosen Stein.

RENATUS: Das schreibt der Landgraf in jedem seiner Bücher. Man lacht doch über den armen Irren.

REGINA: Ihr dummen Kerle lacht, weil ihr keines seiner Bücher richtig gelesen habt. Aber die sein letztes Buch gelesen haben, lachen nicht mehr. Warum steht es denn auf der Bestsellerliste? – Frau Adams, ich war gekommen, weil ich annahm, meine Schwester sei hier. Da hörte ich, daß Professor Landgraf kommt. Und mit ihm möchte auch Renatus sprechen. Würde es Sie stören, wenn ich dabei bin?

GERTRUD *zu Renatus:* Willst du das nicht?

REGINA: Immerhin betrifft es mich. Oder uns beide.

GERTRUD: Habt ihr was angestellt? Was Kleines unterwegs?

RENATUS: Nein. Ein harmloses Experiment.

REGINA: Für mich war es das nicht.

GERTRUD: Da Oma und Opa gleich kommen, könnt ihr denen das beichten.

RENATUS: Beichten? Regina meint was anderes. Mama, ich werde dir sagen, was uns beide in letzter Zeit zur Überspannung gebracht hat. Wir haben fast dasselbe Experiment vollzogen, was vor drei Jahrzehnten meinem älteren Bruder und ihrer jüngeren Schwester vorausging.

GERTRUD *steht entsetzt auf:* Was?!

REGINA: Und ich wußte vorher nichts davon.

Eben will sich Gertrud „ihren Sohn vorknöpfen", da kommen Dieter und Pamela hereingestürzt.

PAMELA: Am Stadtrand ist eine fliegende Untertasse gelandet.

DIETER: Ich sprach gerade mit dem Fernsehen, die haben es bestätigt.

RENATUS: Da fahren wir sofort hin! – Kommt ihr mit?

REGINA: Nein.

GERTRUD: Ich habe was Vernünftigeres zu tun, ich nehme ein Bad.

Alle außer Regina gehen ab. Sie schaltet den Fernseher ein, aber da ist Werbung. Sie versucht es mit dem Radio: Wellensalat. Sie schaltet beide Geräte ab. Dann klopft es an der Tür zur Diele. Regina geht hin und öffnet: draußen steht Edmund Landgraf.

EDMUND: Guten Abend, ich bin Edmund Landgraf.

REGINA: Guten Abend, Regina Evers. Bitte treten Sie ein. Die sind soeben alle auf und davon, weil am Stadtrand angeblich eine fliegende Untertasse gelandet ist.

EDMUND *überrascht, freundlich:* Was für ein Zufall! Oder ist es ein Omen?

REGINA: Das muß ein Zufall gewesen sein. Seit ich Ihr Buch gelesen habe, sehe ich einerseits die Menschheit skeptischer und bin andererseits selber bemüht, ehrlicher und bewußter zu leben.

EDMUND: Ich wäre sehr angetan, wenn Sie das nicht nur aus einer Zeitungskritik über mein Buch entnommen haben.

REGINA: Das habe ich herausgelesen. Der Zeitung entnehme ich, daß Sie dafür den Nobelpreis erhalten müßten.

EDMUND *lächelt:* Der mir schon einmal entgangen wäre?

REGINA: Es wurde angedeutet. Es ist typisch für eine so entseelte Zeit, daß zwei dumme Schaumschläger sich nicht schämen, einem Mann wie Ihnen das geistige Eigentum zu stehlen.

EDMUND: Nun, junge Frau, dafür haben die die Verantwortung. Es sind inzwischen genügend Dummheiten damit gemacht worden. – Sind Sie eine Mitarbeiterin aus dem Forschungsministerium? Eine Kollegin von Frau Adams?

REGINA: Nein, ich war nur mit dem Sohn der Frau Adams befreundet.
EDMUND: Mit welchem Sohn? Christoph oder Renatus?
REGINA: Dem natürlichen Renatus. Jedenfalls glaubte ich bisher, daß er natürlich sei. Mir kommen aber immer mehr Zweifel.
EDMUND: Warum? Der Junge macht einen sehr guten Eindruck. Er hat eine Karriere vor sich.
REGINA: Das letzte glaube ich auch, aber das erste täuscht. Der Junge ist kein Mensch, sondern droht ebenso ein Verbrecher zu werden wie die Rassenmediziner der Nazis.
EDMUND: Einen so schlimmen Vergleich behaupten Sie?
REGINA: Ich hoffe nicht, daß Sie damals mitgewirkt haben. Die überlebenden Täter fühlen sich noch heute im Recht.
EDMUND: Ich wäre nur als deren Opfer in Frage gekommen. Aber bitte sagen Sie was über Renatus. Immerhin ist er mein Patenkind.
REGINA: Warum ließen Sie dann zu, daß er Molekularbiologe geworden ist?
EDMUND: Weil ich meinte, daß die Erziehung Sache seiner Eltern wäre. Sie lieben Ihn? Und er sie nicht?
REGINA *nach kurzer Pause:*   Soll ich Ihnen sagen, wozu er mich mißbraucht hat?
EDMUND: Hat er Sie vergewaltigt? Wozu hat Sie mißbraucht?
REGINA: Das eine sind Worte, die man unterschiedlich auslegen kann. Das andere sind Verbrechen an der Natur. Kapitel sechs in Ihrem Buch „Der menschliche Faktor".
EDMUND: Dann hat Renatus es nicht gelesen? Sagen Sie mir bitte, warum Sie ihn für einen Faschisten halten?
REGINA: Es klingt sentimental, aber – – erst hat er mir was ins Weinglas getan und wild gemacht. Unter einem Vorwand hat er mir Blut abgezapft und dann – – ins Bett mit mir.
EDMUND: Das ist nicht fein, aber nicht ungewöhnlich. Was sollte denn das Blutabzapfen?
REGINA: Er hatte in der Küche ein Minilabor eingerichtet. Mit Petrischälchen, Pipetten und Lösungen. Er wollte die erste Stufe für seinen angestrebten Homunculus erproben.
EDMUND *entsetzt:*   Gehen die jungen Wissenschaftler heute so weit?! War das sein erster, sein einziger Versuch?

REGINA: Nein. Er hat sich in Discos andere Objekte geholt. Mit und ohne Anwendung des Intelligenzquotienten. Darum wollte er auch Ihr Buch nicht lesen. – Sie staunen? Dann frage ich Sie, was ist anders an den Heutigen als damals an Himmlers Leuten und seinem Lebensborn? Wo in gewissen Häusern schöne junge Frauen schönen jungen SS-Helden zugeführt wurden, um eine nordische Rasse zu züchten mit der Hingabe, dem Führer ein Kind zu schenken?

EDMUND: Ich weiß davon. Also macht es die Medizintechnik möglich, daß man kein gewisses Haus mehr dazu braucht? Kommt so der Ungeist der Nationalsozialisten zurück in unsere Gesellschaft?

REGINA: Durch die Technik und Industrie, die Geld damit macht. Ich suche nach einem höheren Zusammenhang, wieso das Schicksal eine Apothekerin und einen Korrektor ausgesucht hat, um mit der Unmenschlichkeit der in-Vitro-Züchtung wieder das Volk zu vergiften?

EDMUND: Ich bin entsetzt. Die Apothekerin kenne ich. Und der Korrektor ist Ihr Vater?

REGINA: War. Nur bin nicht ich der gentechnische Unfall, sondern meine jüngere Schwester. Wenn Christoph Adams, das Pendant zu Beate, solche absurde Menschheitsforschung betreiben würde, kaschiert als Molekularbiologie, dann könnte ich das als Rache der Natur verstehen. Aber der Renatus ist ein hochgebildeter Hohlkopf, in dem solche neonazistischen Ideen vom Herrenmenschen reifen.

EDMUND: Schrecklich. Ich muß mich mit ihm auseinandersetzen. Wo ist er denn?

REGINA: Vorhin sind sie allesamt wie die Irren davongefahren, um die fliegende Untertasse zu sehen. Ich wette, daß die halbe Stadt in ihre Autos gestiegen ist, und alle haben vergessen, daß just in diesem Augenblick das Fußballspiel zuende ist.

EDMUND: Darum der plötzliche Lärm auf den Straßen.

REGINA: Gibt es den Unfug wirklich?

EDMUND: Sie meinen die fliegenden Untertassen vom Mars?

REGINA: Ja. Können Sie schon darüber sprechen, ob Sie was Vernünftiges herausgefunden haben?

EDMUND: Ja. Aber das ist total Unvernünftig. Ist denn Frau Staatssekretärin Adams auch losgefahren?

REGINA: Ich glaube das nicht. Sie wollte ein Bad nehmen. Übrigens ist sie seit gestern die neue Ministerin für Wissenschaft und Forschung.

EDMUND: Pardon, natürlich. Das sagte mir schon der Butler am Telefon. Ja, eine bemerkenswerte Karriere der Frau Adams.

REGINA: Finden Sie? *Sie lacht:* Da gibt es in der Politik einen Personalunfall, einer redet gar zu dummes Zeug, muß zurücktreten, man steht zufällig neben dem Regierungschef und schwupp, ist man Ministerin.

EDMUND *lacht mit:* So einfach ist das geworden? – *Zeigt auf die Teekanne:* Ist da noch ein Schluck drin?

REGINA: Ach, verzeihen Sie, daß ich so unaufmerksam bin. Herr Franz!

FRANZ *kommt aus der Küche:* Ah, Herr Professor! Guten Abend. Ich habe Sie gar nicht kommen hören.

REGINA: Bei dem Massenstart von Autos kann man das nicht hören. Können Sie Herrn Professor eine Tasse Tee bringen? Und Frau Adams sagen, daß ihr Besuch eingetroffen ist?

FRANZ: Sofort. *Ab.*

EDMUND: Muß ich befürchten, daß auch Sie eine Molekularbiologin sind?

REGINA: Nein, ich bin etwas ganz bürgerliches. Sie fragen sicher wegen Renatus?

EDMUND: Es hat mich nachdenklich gemacht, wie er mit Ihnen experimentiert.

REGINA: Er arbeitet an Ihrer damaligen Entdeckung weiter.

EDMUND: Schlimm! Sie ist mir zufällig über den Weg gelaufen. So wie anderen Kollegen, die nach der Weisheit suchten und dabei herausfanden, daß Dummheit ein Primat des menschlichen Daseins ist. Will Renatus etwa den perfekten Menschen industriell herstellen?

REGINA: Genau. Für erheblich weniger Geld, als sein Bruder seinerzeit gekostet hat. Daß sich die Menschheit damit selber ausrottet, dafür mangelt es ihm an Phantasie.

Gertrud tritt von der Küche her in den Salon, im Bademantel. Edmund begrüßt sie sehr herzlich.

GERTRUD: Ich freue mich, Sie zu sehen! Wie geht es Ihnen?

EDMUND: Guten Abend, Frau Minister! Mir geht es gut. Und Sie selber?

GERTRUD: Wenn wir den Minister beiseite lassen, kann ich nicht klagen.

EDMUND: Sie sehen gut aus.

GERTRUD: Danke, aber der Schein trügt. Draußen ist ein Rummel, weil angeblich eine fliegende Untertasse gelandet ist. *Spöttisch:* Oder haben Sie die Dinger doch noch gefunden und sind damit angereist? Dann muß meine erste Amtshandlung die Errichtung eines Lehrstuhles für die wissenschaftliche Zufallsforschung sein.

REGINA: Ich bewerbe mich mich schon jetzt für das Referat Ahnungsvolle Schicksalslehre.

GERTRUD: Regina, du nimmst immer mehr von dem Zynismus an, den mein Sohn zu seinem Nachteil pflegt. *Zu Edmund:* Warum sind Sie nicht gleich im Garten gelandet? Und Sie wissen noch nichts von dem Super-Zufall, daß jeden Augenblick unsere Eltern eintreffen.

EDMUND: Ihre Eltern oder die Ihres Mannes?

GERTRUD: Heinrich Faust und seine Frau.

Franz kommt aus der Küche: mit einem Tablett, der Teekanne und Tasse.

EDMUND *spottet:* Sicher sind die mit der fliegenden Untertasse angereist. Und sie bringen nicht nur Kaffee und Kuchen mit, sondern auch meine Frau Charlotte.

FRANZ *hüstelt:* Denn man weiß weder den Tag noch die Stunde, da der Herr kommen wird.

REGINA *heiter vorwurfsvoll:* Franz, das ist Gotteslästerung!

FRANZ: Möglich, aber Frau Professor verschwand damals auch auf so gotteslästerliche Weise.

GERTRUD: Wollen wir uns nicht setzen? *Zu Edmund:* Da gleich ohnehin nur über den Humanitätsfaktor gesprochen wird: könnten wir kurz zur amtlichen Seite unserer Begegnung kommen? Was haben Sie über die dreihundert Mädchen und die unbekannten Flugobjekte herausgefunden?

EDMUND: Genau so viel wie meine beiden Vorgänger: Nichts. Aber das lesen Sie bitte in einer ruhigen Stunde in dem ausführlichen Bericht, den ich geschrieben habe.

REGINA: Werden Sie den Bericht veröffentlichen?

EDMUND: Mit dem Titel „Die Welt will betrogen sein".

GERTRUD: Allein dafür müßten Sie ohne jede Diskussion den Nobelpreis erhalten. Die Humanitätsquotienten sind ja bereits in der Diskussion –
Draußen wird es unruhig, man hört in der Diele Heinrich und Gretel.
STIMME HEINRICH: Es wird höchste Zeit, daß ich damit anfange. Die Menschen werden von Tag zu Tag böser.
STIMME HANS: Herr Faust, wir müssen heutzutage mit den Staus auf den Straßen leben.
STIMME GRETEL: Was sind denn das für dumme Blechkisten?
Franz ist zur Tür gegangen und öffnet. Die anderen erheben sich, als Heinrich und Gretel in Mantel und Hut eintreten. Gretel drückt Gertrud an sich.
HEINRICH: Also so sieht eine Ministerin aus. Ich hatte noch nie Gelegenheit, solche Übermenschen auf Erden kennenzulernen.
GRETEL: Hast du dir das gut überlegt, Gertrud? Wissenschaft und Forschung sollte man eigentlich Leuten überlassen, die was davon verstehen.
EDMUND: Es sind schon Menschen Minister geworden, die ihren Beruf verfehlt haben.
HEINRICH: Das hat Bismarck von den Journalisten gesagt. –
Zu Edmund: Ich verneige mich vor dem einzigen Menschen auf Erden, der die dritte Sintflut ohne Einschränkung überleben sollte.
GRETEL: Guten Abend, Herr Professor!
EDMUND: Guten Abend, Frau – – Frau – – Frau Gothe oder Frau Faust? Als ich Sie zuletzt sah, stand die Frage noch offen.
HEINRICH: Wir waren inzwischen auf dem Standesamt und haben bereits die silberne Hochzeit hinter uns.
EDMUND: Guten Abend, mein Herr Verleger.
Die beiden Männer umarmen sich.
HEINRICH *heiter:* Da mich alle Welt Heinrich nennt und mich auch für einen dummen Heini hält, sollten Sie sich nicht ausschließen, Professor.
GERTRUD: Ihr könntet bei so großer gegenseitiger Wertschätzung eigentlich Brüderschaft trinken.
GRETEL: Mich eingeschlossen? Aber ich habe keinen Titel.
HEINRICH: Warum nicht?
GRETEL: Zu meiner Zeit hatte die Emanzipation keine Chance.

EDMUND: Besiegeln wir das mit einem Schluck Tee?
FRANZ: Ich werde eine Flasche Sekt holen. *Ab.*
REGINA *ruft ihm nach:* Und irgend so ein Zauber-Elixier, Franz! Das geht hier zu wie bei einer Faust-Aufführung.
GERTRUD *kopfschüttelnd:* Ein Abend der Gotteslästerungen!
GRETEL *zu Regina:* Wer sind Sie denn?
REGINA: Das Mädchen von nebenan.
GRETEL: Ach du liebe Zeit? Das mit den drei Busen etwa?
REGINA: Nein, nur zwei. Mit dreien ist meine Schwester.
GRETEL: Ich kann mich entsinnen. Ist das arme Ding etwa auch so hübsch geworden und macht Probleme?
REGINA: Hübsch ja, aber was macht keine Probleme? Ich habe die täglich vor Augen.
GRETEL: Probleme? Täglich? Was tun Sie? Ich meine am Tage, wenn Sie nicht schlafen?
REGINA: Ich habe Theologie und Biologie studiert und bin Religionslehrerin. Ich erkläre den kleinen Kindern, woher die Babys kommen und den großen Kindern, daß sie solche nicht fabrizieren sollten ohne Gottes Segen.
HEINRICH: Wenn Sie in diesem Hause verkehren, darf ich davon ausgehen, daß Sie mit einem meiner Enkel verlobt sind?
REGINA: Ich hatte gelegentlich daran gedacht, mich an Renatus zu binden. Aber als er durchblicken ließ, daß für ihn nur in-Vitro-Kinder in Betracht kämen, habe ich unsere Beziehung auf das naturnotwenige vermindert. Und selbst dabei hat er mich reingelegt. Angesichts der Übervölkerung der Erde möchte ich nicht zum kommenden Chaos beitragen.

Franz kommt mit einer bereits geöffneten Flasche Sekt und fünf Gläsern. Gertrud schenkt ein und reicht Heinrich und Edmund die Gläser. Die Herren umarmen sich in der bei Verbrüderungszwecken üblichen Art, trinken und küssen sich auf die Wangen.

HEINRICH: Ach, Ede!
EDMUND: Oh, Heini!
HEINRICH: Dein Buch ist nicht nur großartig, es verkauft sich wie ein Bestseller. Meine Frau hat gesagt, ich hätte bereits im frühen Mittelalter einen Autor beauftragen und öffentlich er-

klären sollen, daß die Humanitäts-Quotienten anstelle der zehn Gebote rechtskräftig seien.

EDMUND: Wenn sie das so sieht, hätte dein Werk schon zu Moses Zeiten novelliert werden müssen.

HEINRICH: Moses! Der hat den Fehler gemacht, daß er die Gesetzestafeln im Zorn am goldenen Kalb zerschlagen hat statt das Kalb an meinen steinernen Tafeln.

EDMUND: So wie später Bücher und Autoren verbrannt wurden, weil die Menschen sie nicht lesen wollten.

HANS: Pardon, Herr Faust, wenn ich mir erlauben darf, zu dem Problemkreis eine Frage zu stellen? – Wie konnte ein Moses den Fehler machen, das Volk ohne strenge Aufsicht zu lassen, wo er doch genügend Satrapen hatte?

EDMUND: Dein Chauffeur hat nicht so unrecht. Und soll ich dir was sagen, Heini? Es könnte uns beiden auch so gehen.

HANS: Man findet eben kein ideales Volk vor, wenn man auf seine alten Tage in die Politik geht.

GERTRUD: Meinen Sie mich mit Politik und die Bevölkerung so wenig ideal?

HANS: Meine Erfahrungen sprechen für die Annahme. Sieg und Sturz liegen ohne Zucht im Volke nahe beieinander.

HEINRICH: Soll das heißen, daß im Sieg schon der Keim der Niederlage enthalten ist? Weil ich zu selten die Zuchtrute geschwungen habe? Und ich hätte also auf Erden so gut wie alles falsch gemacht? Nein, meine Herren, man muß sich schon um die Menschheit bemühen, und um das Volk und – *lächelt:* – auch um die Kundschaft. Ich bemerke das beim Verkauf deines Buches „Der menschliche Faktor". Ohne zu klappern, meint ja auch der Volksmund, gedeihen weder das Handwerk noch die Leser. Vox populi, vox dei.

EDMUND: Du sprachst damals von einem Eklat, mit dem du mein Buch herausbringen wolltest. Beachtlicher als seinerzeit Alfred Nobel.

GRETEL: Der Eklat kommt, Ede. Er verhandelt gerade mit den Fernsehgewaltigen. Er will drei Samstagabende ankaufen, mit Entertainer und ganz großer Schau. Und je drei deiner Humanitätsfaktoren werden zu Sketchen dramatsiert und von der Spitze deutscher und internationaler Schauspieler wirkungsvoll vorgetragen. Ein Sketch in weißen Schwarzwaldkitteln auf akademische Art, einer wie Dallas und Denver mit viel

Kapital und Intrigen und der dritte im Lindenstraßenmilieu mit sozialem Einschlag.

EDMUND: Ob das gut oder niveaulos ist, darüber möchte ich gar nicht erst nachdenken. Stimmt es, was die Zeitungen berichten, du habest wegen meines „Menschlichen Faktors" an den König von Schweden geschrieben?

HEINRICH: Das habe ich. Weil sich die Akademien in Oslo und Stockholm nicht einigen können, ob sie dir den Preis für Literatur oder als Friedensnobelpreis geben sollen. Die stehen noch immer im Trauma, deine Desoxyribonuklein-Säure-Entdeckung übersehen und den Falschen den Preis gegeben zu haben. Man muß doch nicht jedesmal –

Heinrich wird durch den Lärm in der Diele unterbrochen. Gleich darauf tragen Pamela und Renatus Dieter Adams in den Salon, mit wirren Haaren und Blut im Gesicht.

GRETEL: Oh Gott! Was ist denn jetzt passiert?

RENATUS: Halb so schlimm, Oma. Eine Karambolage von links. Auf der Straße ist der Teufel los.

DIETER *vorwurfsvoll:* Der andere hat die Vorfahrt nicht beachtet.

Gertrud geht mit Dieter in die Küche. Die folgende Begrüßung ist äußerst frostig.

PAMELA: Guten Abend, Mama. Ich freue mich, dich wiederzusehen. – Guten Abend Papa? Habt ihr eine gute Reise gehabt?

Nur widerwillig lassen sich beide von Pamela umarmen.

HEINRICH *zu Gretel:* Du könntest dich vielleicht auch um deinen Schwiegersohn kümmern?

RENATUS: Guten Abend, ich freue mich, daß ihr da seid. – Guten Abend Herr Landgraf. Ihr Buch ist gut ausgefallen.

EDMUND: Guten Abend. *Ironisch:* Du hast es gewiß mehrmals gelesen? – Ich habe den Eindruck, daß Herr Faust etwas mit seiner Tochter zu besprechen hat.

RENATUS: Gut, gehen wir in die Bibliothek. Da habe ich gleich die Bücher zur Hand. – *Zu Regina:* Kommst du mit?

REGINA: Nein, ich übernehme ein wenig Küchenarbeit.

Sie folgt Gretel in die Küche. Im Salon stehen sich Heinrich und Pamela gegenüber.

PAMELA: Ganz plötzlich hieß es, Papa, daß eine fliegende Untertasse gelandet ist. Da sind wir sofort losgefahren. Seid ihr damit gekommen?

HEINRICH: Nein, ich sah im Intercity in einer Schlagzeile, daß Gertrud Ministerin geworden ist. Da wollte ich eben gratulieren.

PAMELA: Hast du Nachrichten von Petronius? Und Josef und Charlie?

HEINRICH: Nein. Aber ich habe Gerüchte gehört über deinen Lebenswandel.

PAMELA: Gerüchte? Mein Lebenswandel? Papa, der entspricht nur dem Zeitgeist. Und der heißt: man lebt nur einmal.

HEINRICH: An Orten, wo es Sekt und Betten gibt, wo Geld und Moral keine Rolle mehr spielen. Wo man vergißt, wozu man auf Erden ist.

PAMELA: Das ist auf der Erde alles etwas anders gelaufen, als du dir das vorgestellt hast.

HEINRICH: Ich bin also auch für dich der dumme Heini, was? Ich habe dich zu höheren Zwecken hierher geschickt als herumzuhuren. Du solltest ein vernünftiges Menschengeschlecht gebären, damit ich die Schöpfung neu beginnen kann.

PAMELA: Das ist bei der derzeit politischen Lage absolut nicht durchsetzbar.

HEINRICH: Papperlapapp! *Wird pathetisch:* Ich habe über alle deine Jugendtorheiten den Mantel der Güte und des Verzeihens gesenkt. Ich habe dir frühzeitig wie nie zuvor ein Richteramt gegeben. Und ich habe dich ziehen lassen für die schönste Mission auf Erden. Dieses Haus sollte die neue Arche sein, um die dritte Sintflut in Ruhe einzuleiten, daß ich danach endlich mein Ebenbild schaffen kann in einer neuen Welt. Und was finde ich hier vor? Ein Hurenhaus!

PAMELA: Papa, du hast zuviel von mir verlangt. Ich bin auch nur eine Frau der Gegenwart.

HEINRICH: Du bist eine Konkubine geworden und hast aus meinen Geboten einen Luxusartikel gemacht. Nicht genug damit, Ehebruch und Kinderschändung zu treiben, bist du auch noch massenweise zu den Militärs ins Bett gestiegen. Oder etwa nicht?

PAMELA: Ich weiß, du hattest an Renatus gedacht. Aber sein Vater wollte – – Dieter nahm mich, – und dann –

HEINRICH: Wenigstens schämst du dich nicht, so etwas auszusprechen. Trotzdem bist du eine Hure der Wissenschaftler geworden, um militärische Aufträge zu besorgen. Jetzt willst du noch mit dem Hurenbock, der nicht mal richtig Autofahren kann, die Luft zerstören.

PAMELA: Erstens ist das keine Zerstörung, sondern eine Lebensnotwendigkeit für die Energieerweiterung der Industrie. Zweitens habe ich die nötige Intelligenz dazu, denn die Frauen auf der Erde sind emanzipierter und intelligenter geworden.

HEINRICH: Eine größere Dummheit konnten sie auch nicht begehen.

PAMELA: Drittens habe ich ein Intelligenz-Quotienten-Diplom mit der höchsten Zahl erworben.

HEINRICH: Erschlafen! Mein Freund schreibt das Jahrtausend-Werk zur geistigen Erneuerung und des Gottesglaubens, und meine Tochter hurt herum, als ob es das sechste Gebot nie gegeben hätte. – *Pathetisch:* In diesem Lande waren es die Genies, die sich an meine Geheimnisse wagten. Dann kamen die Politverbrecher, um mit deren Erkenntnissen die Welt zu zerstören. Mit der Entdeckung der Mikro-Biologie wurde eine Übervölkerung eingeleitet, und mit der Atombombe wollen sie das Chaos bremsen, und mit der biologischen Kriegsführung wird die Weltrevolution der Dummheit und des Niedergangs beginnen. Und wer steht immer und überall für das Bett bereit? Pamela Faust!

PAMELA: Wenn wir die Forschung nicht betreiben, dann machen es unsere Feinde. Und die sind nicht so zimperlich.

Es klopft, dann treten Renatus und Edmund nach kurzem Zögern ein.

RENATUS: Opa, bitte entschuldige, deine Lautstärke war nun mal nicht zu überhören. Ich möchte zu den Vorwürfen gegen die Wissenschaftler –

HEINRICH *unterbricht:* Kommt ruhig rein. Das persönliche habe ich Pamela gesagt, und das andere geht auch dich an.

EDMUND *will vermitteln:* Mein Freund, denke an deine unendliche Barmherzigkeit.

HEINRICH: Mein Bruder, da bin ich kaum noch zu bremsen. Aber es gibt doch Grenzen! – *Zu Renatus:* Wie bist du an das Geld und den Forschungsauftrag gekommen zur biolo-

gischen Kriegsführung? Den du damit tarnst, du wolltest den perfekten Menschen erschaffen! Kannst du dir nicht denken, daß du damit meine Interessen berührst?
RENATUS: Opa, ich habe –
HEINRICH *fällt ihm ins Wort:*   Durch wen?!
RENATUS: Pamela hatte gute Beziehungen. Opa, der Zweck –
HEINRICH *böse:* – heiligt die Mittel?
RENATUS: Ja. Und der Erfolg gibt mir recht.
HEINRICH: Recht nennst du die Experimente, die du in Küche und Schlafzimmer mit der Religionslehrerin betreibst?
RENATUS: Willst du mich auf geographische Punkte und einem nicht alltäglichen Beruf festlegen?
HEINRICH: Auf den Mißbrauch von Gefühlen und der verbotenen Erkenntnis der Schöpfung. Die Natur gehört dir nicht. Recht, sagt er, Ede. Ist es Recht, wenn dieser junge Mann mich auf die Seite zu drängen versucht?
EDMUND: Möglich, daß der junge Mann einen Menschen nach seiner Vorstellung erschafft. Das ist dann einer, der mit dem Auto zusammen auf die Welt kommt, das kraftstoff-frei fährt. Das ist einer, der keine Krankheiten mehr hat und der so charakterfest ist, daß er weder lügt noch stiehlt. Kurzum, das Paradies auf Erden mit den gebratenen Tauben.
HEINRICH: Und warum zum Teufel ist mir das nie gelungen? Warum mußte ich zweimal den Versuch unternehmen, die mißratene Menschheit auszurotten?
PAMELA: Weil du mit deiner reaktionären Einstellung die neuen Menschen mit den alten Fehlern und deinen utopischen Traumvorstellungen geformt hast.
HEINRICH: So wie dich? So wie du lebst?
PAMELA: Ich bin deine Tochter, du hast mich geschaffen und nicht umgekehrt.
   Sie sind laut geworden, so daß Gretel, Regina und auch Dieter aus der Küche in den Salon kommen und zuhören. Dieter trägt einen Kopfverband; auch Hans und Franz und Gertrud treten ein.
HEINRICH: Dann bin ich wirklich allein an allem Schuld? Hilf mir, Ede! Sonst verstehe ich die Welt nicht mehr.
RENATUS: Ich gehe nach den wissenschaftlichen Erkenntnissen vor und bin mir keiner Schuld bewußt. Wir brauchen zuerst einen besseren Menschen von seiner biologischen Substanz

her, und erst dann können wir an seine geistige Regeneration herangehen, meinetwegen mit deinen Faktoren.

EDMUND: Darf ich dich mal fragen, mein Junge, auf welcher biologischen Basis du den perfekten Menschen zu konstruieren versuchst?

RENATUS: Auf derselben Basis wie du damals, Escherichia coli.

EDMUND: Also auf meine Entdeckung des Ursprungs, die ich nicht veröffentlichen wollte, in meiner Schwatzhaftigkeit zwei Schaumschlägern verplaudert habe. Heinrich, weißt du auch, was die Escherichia coli zu deutsch heißt?

HEINRICH: Ist das Latein?

EDMUND: Deutsch und Latein, aber ein Deutscher hat die Bakterie erstmals gefunden und ihr seinen Namen gegeben. *Zu Dieter:* Wollen Sie es übersetzen?

PAMELA *erschrocken:* Nein!

HEINRICH: Und warum nicht?

DIETER: Es ist eine Bakterie aus unserem täglichen Stuhlgang.

GRETEL: Ach du Scheiße!!!

HEINRICH: Ist das wahr???

GRETEL *setzt sich hin:* Du hast wenigstens noch sauberen Lehm genommen für Adam.

EDMUND: Erinnerst du dich, Heini, als ich dir damals das Glas Sekt zeigte und als eines der Beispiele für meinen Humanitätsquotientengedanken anführte?

RENATUS: Onkel, daß die Erde ein schöner blauer Planet ist, kann man als Kind den Astronauten glauben. Es ist eine Auffassungssache, die je nach dem Bildungsfaktor gut oder schlecht angesehen werden kann. Was den Menschen selber angeht, hat es seit damals eine ganze Menge gesunder in-Vitro-Babys gegeben.

GERTRUD: Von Christoph und Beate mal abgesehen, die du in deinem ekelhaften Zynismus den Preis für den Fortschritt nennst.

REGINA: Welch ein beschissener Trost für alle die armen Seelen, die warten müssen, bis die Menschheit durch die Escherichia-coli-Scheiße regeneriert worden ist.

HEINRICH *zeigt auf Dieters Kopfverband:* Schmerzt es? Bist du noch einmnal davongekommen?

DIETER: Ich bin nicht schuld an dem Unfall. Der andere hat die Vorfahrt nicht beachtet.

HEINRICH: Du betreibst mit Pamela zusammen ein Forschungsprojekt. Zu welchem Zweck?

DIETER: Wenn man den Sauerstoff bei Mega-Hochdruck in die Bestandteile Ozon, Argon, Helium und die übrigen Gase zerlegt, haben wir nicht nur das Brennmaterial für die sauberste und billigste Energie, sondern wir können auch schlagartig die verpestete Luft von anderen Rückständen reinigen. Das Ozonloch wäre in kurzer Zeit wieder dicht, und alles Grünwachstum auf der Erde ist in einem Jahr wieder gesund.

EDMUND: Und die kleinen Rückstände bei der Ozonisierung, die über Jahrtausende nicht verfallen?

DIETER: Ein anderes Forschungsteam ist jetzt dabei, die zu binden. Wir könnten sie zusammen mit den Fluorchlor-Kohlenwasserstoffen auf den Mars schießen, wo deren Flora in kürzester Zeit soviel Sauerstoff-Rückstandswerte von Fluorchlor aufnehmen, daß erdliche Bedingungen entstehen. Dann ist auch daran zu denken, die Übervölkerung der Erde dorthin zu bringen.

EDMUND: Wenn ein Mega-Hochdruck-Reaktor versagt und birst, ist die Erdhülle in Sekundenschnelle weg. Jede Atmung ist dann unmöglich.

DIETER: Das ist reine Theorie.

GRETEL: So wie damals die Relativitätstheorie?

DIETER: Das Restrisiko ist geringer als im Nuklearbereich.

HEINRICH: Und du glaubst, daß die Marsmenschen den Dreck der Erde bei sich aufnehmen?

DIETER: Es gibt den Marsmenschen nicht.

GERTRUD: Können Sie das bestätigen, Professor?

EDMUND: Nicht mehr, nachdem ich mich drei Jahre mit deren fliegenden Untertassen beschäftigt habe. – *Zu Dieter:* Was wollen Sie denn eigentlich auf dem Mars? Ist es denn nicht viel einfacher, mit der modernen Technik gegen die Wüsten vorzugehen, die sich immer mehr ausbreiten?

REGINA: Herr Professor, das würde eine grenzüberschreitende Politik voraussetzen. Solange noch ein Staat dem anderen den Garaus machen, ein Menschheitsdrittel das andere Menschheitsdritel ausrotten will, ist es eher möglich auf dem Mars zu landen als auch nur einen Quadratkilometer Wüste auf dieser Erde zu kultivieren.

GRETEL: Haben Sie denn Grund zu der Annahme, daß sich die Menschheitsdrittel selber ausrotten wollen?
REGINA: O ja. Dabei brauche ich gar nicht mal aus dem Fenster zu sehen.
RENATUS: Meinst du mich?
REGINA: Deinen Vater. Nennen Sie doch mal den vollen Wortlaut Ihres Forschungsauftrages.
DIETER: Ich weiß nicht, was du damit bezweckst?
PAMELA: Da ich ihn hereingeholt habe: Durch Raketenbeschuß eine partielle Luftauflösung in einer anderen Region zu erreichen.
HANS: Das ist ja noch schlimmer als die Neutronenbombe!
FRANZ: Hätte eine andere Region den Umfang meines früheren Staatsgebietes?
REGINA: Es ist anzunehmen.
GRETEL *zu Gertrud:* Und du als Ministerin finanzierst die Möglichkeit menschlicher Ausrottung?
GERTRUD: Ich bin erst seit gestern im Amt, Mama.
GRETEL: Red dich nicht raus! Du bist dort seit Jahren die leitende Staatssekretärin gewesen.
HEINRICH: Das genügt! Ich bin mal wieder schwer hinters Licht geführt worden! Ich bemühe mich um die Sintflut und muß feststellen, daß in meiner eigenen Familie weit grausamere Ausrottungsmethoden vorbereitet werden.
GERTRUD: Papa, du siehst das zu düster.
HEINRICH: Zu düster? Es ist ein Skandal, wie ihr mit dem Leben und der Natur umgeht, mit dem Boden und dem Wasser, mit der Luft und dem Licht.
Da flackert das Licht erst, dann ist es für drei Sekunden dunkel im Salon. Wenn es wieder hell ist, stehen Petronius und Josef da, sitzt Charlotte in demselben Sessel wie damals vor dreißig Jahren. Aller drei Haare sind rot, die Kleidung ramponiert. Zufällig steht Edmund Landgraf neben dem Sessel von Charlotte.
EDMUND *überrascht:* Charlie!
GRETEL *verwundert:* Bist du Petronius?
HEINRICH *sieht Josef an:* Du hast mir gerade noch gefehlt. Wo kommt ihr denn her?
PETRONIUS: Vom Mars. Du hattest uns drei zur Erkundung dorthin geschickt.

PAMELA: Seid ihr mit der fliegenden Untertasse hinten am Stadtrand gelandet?

JOSEF: Ja. In der Innenstadt war alles voller Autos. Es sah so aus, als wäre ein Gladiatorenkampf zuende gewesen.

EDMUND *streichelt Charlottes Wangen:* Da bist du ja wieder.

CHARLOTTE: Hast du mich auch nicht vergessen?

EDMUND: Nein. Ich wußte immer, daß du nur an meinen Freund und Bruder ausgeliehen warst. Geht es dir gut?

CHARLOTTE: Ja. Bis auf das Trauma, das mich auf dem Mars befallen hat.

EDMUND: Da wird dir sicher ein Psychiater helfen können.

CHARLOTTE: Ich bin nur durch die Sünde wider den Geist des Schöpfers freigekommen. Ich mußte enorm lügen, um die beiden Kerle aus ihrer mißlichen Lage zu befreien.

DIETER: Gibt es Menschen auf dem Mars?

CHARLOTTE: Ja, aber das sind keine solchen Lebewesen wie wir.

DIETER *zu Heinrich:* Aha! Du bist wohl doch nicht so allwissend und so vollkommen.

HEINRICH *seufzt:* Daß ich nicht vollkommen bin, weiß ich. Sonst hätte ich Pamela nicht in euer Haus geschickt. Daß du nicht vollkommen bist, ist dir momentan um den Kopf gewikkelt. *Höhnt:* Ein Autounfall!

DIETER: Der andere hat die Vorfahrt nicht beachtet.

HEINRICH: Charlie, ich begrüße dich! Und alle deine Sünden sind dir vergeben.

CHARLOTTE *verwundert:* Ehe ich sie gebeichtet habe?

HEINRICH: Ja. Eine Frau wie du ist grundsätzlich ein anständiger Mensch.

CHARLOTTE: Sie sollten mich aber lieber zuerst fragen, Herr Faust, was es gekostet hat, daß wir –

HEINRICH *unterbricht sie:* Bitte nicht jetzt. Dein Mann und ich haben uns angefreundet, persönlich und geschäftlich. Trinkt doch erst mal einen Schluck Sekt. Dann könnt ihr berichten. Wo sind die Butler?

Franz und Hans kommen aus der Küche.

HEINRICH: Sekt, Freunde! Sekt! Meine verlorenen Kinder sind wieder da!

Franz geht eilig in die Küche.

REGINA: Könnte es sein, Herr Professor, daß das unbekannte Flugobjekt am Stadtrand identisch ist mit einem von Anno dazumal, seit die in Madagaskar nicht mehr gesehen wurden?
EDMUND: Ich kann die Möglichkeit nicht ausschließen, wenn ich beginne, das Undenkbare zu denken. Aber wir sollten, ehe wir zu einem schlüssigen Ergebnis kommen, erst einmal die Heimkehrer anhören.
JOSEF: Dann will ich mal anfangen, denn ich habe die Untertasse zurückgeflogen.
GRETEL: Nein, der nicht, Heinrich. Der hat zwar geflogen, aber uns damals schon die Hucke vollgelogen.
HEINRICH: Wenn er wieder was angestellt hat, werde ich ihn mit einem vollen Leben als Politiker auf der Erde bestrafen.
GRETEL: Aber in einem Wüstenstaat, oder als Hinterbänkler.
PETRONIUS: Soll ich dann reden?
HEINRICH: Ja, mein Sohn. Sprich. Was hast du Gutes getan auf dem Mars?
PETRONIUS: Wir starteten von der Erde und flogen zum Mars. Josef, sagte ich, jetzt wird die Weltgeschichte um ein bedeutendes Kapitel erweitert. Und wir können von uns sagen, wir sind an vorderster Front dabei gewesen.
CHARLOTTE: Um eingesperrt zu werden.
HEINRICH: Was? So siehst du auch aus! Rede nicht so saudumm daher, sonst erteile ich Charlie das Wort.
GRETEL: Also, wie sehen die Marsbewohner aus?
PAMELA: Haben Sie zwei Beine? Oder drei?
PETRONIUS: Vier Beine.
HEINRICH *erstaunt:* Vier? Gibt es auf dem Mars etwa auch Molebil– – Molekol– – Wie heißt das Wort, Renatus?
RENATUS: Molekularbiologen, Opa. Das glaube ich nicht. Die Marsmenschen dürften noch in der tierischen Phase ihrer Entwicklung sein, mehrere Glieder hatte auch der Frühmensch.
PAMELA *lüstern:* Sind die Marsianer reizende kleine Äffchen? Mit großen Kulleraugen?
HEINRICH: Unterbrich deinen Bruder nicht.
PETRONIUS: Wenn sie laufen, sind sie etwa 75 Zentimeter hoch plus dem, was man auf der Erde Kopf nennt. Wenn sie sitzen, was einfacher ist als bei uns, sind sie durchweg 95 Zentimeter hoch inklusive des sogenannten Kopfes. Sie sitzen auf den Hinterbeinen und legen dabei ihre Vorderen sanft

übereinander, außer wenn sie ihre Mahlzeiten zu sich nehmen. Sie essen und sprechen wie bei uns mit dem Mund, aber der ist sehr viel spitzer geformt und ist zugleich ihre Nase. Sie haben zwei Augen und zwei Ohren, aber letztere sind größer als bei uns. Wenn sie sich unterhalten, spricht immer nur einer wenige Sätze. Dann entsteht eine Pause in genau der Länge, wie er gesprochen hat. Wahrscheinlich denkt der nächst Sprechende über das, was er zu sagen hat, nach.

JOSEF: Das ist entsetzlich langweilig. Zu einer richtigen Debatte nach unserer Art, dazu sind die Schweinsviecherl viel zu träge.

Bei dem Wort Schweinsviecherl entsteht Unruhe im Salon. Franz ist gerade mit einem Tablett voll gefüllter Sektgläser aus der Küche gekommen. Fast siegesbewußt stellt er das Tablett auf den Tisch.

HANS: Schweinsviecherl? Wie richtige Schweine hierzulande?

FRANZ: Das haben wir geahnt! Wir haben deren Eigenart toleriert. Jeder soll nach seiner Intelligenz leben.

GERTRUD: Sind die Schweinsviecherl denn intelligent?

CHARLOTTE: Ja. Es stimmt, was der amerikanische Präsident Truman erfahren hat: „Wer ein Schwein nicht versteht, darf niemals ein hohes Amt bekleiden."

HEINRICH *zu Franz:* Du hast Schweine toleriert? Wann warst denn du auf dem Mars?

CHARLOTTE, *nachdem Franz nicht antwortet:* Ich schätze den mittleren Intelligenzquotienten der Marsianer so hoch ein wie den meines lieben Mannes.

GRETEL: Dann wäre der Mars voll edler Männer?

CHARLOTTE: Und auch ebensovieler edler Frauen. Sie vermehren sich fast so wie bei uns – *zu Renatus und Dieter gewandt:* – wie bei uns früher.

PETRONIUS: Sie haben nur einen Fehler: ihre Ernährung ist extrem einseitig. Und zum Nachtisch essen sie eine Delikatesse: Menschenfleisch.

Erneute Aufregung im Salon, man fragt erregt halblaut untereinander.

GERTRUD: Aber – ihr seht nicht so aus, wie – aufgefressen.

GRETEL: Wie kommen die Marsmenschen an Menschenfleisch?

EDMUND: Ich ahne Grausames! Es hat die Untertassen gegeben!

JOSEF: Sie züchten die Delikatesse in Sauställen.
HEINRICH: Verstehe ich nicht. Menschen leben in Häusern.
JOSEF: Sie haben die Maderln von der Erde gestohlen! Das ist übelster Kolonialismus! Verbrecherischer Sklaverei! *Zu Heinrich direkt:* Können Sie sich erinnern, als wir den Auftrag erhielten, auf dem Mars nach dem rechten zu sehen, da flog doch was vorbei, nicht wahr?
HEINRICH: Wir dachten, die Astronauten wären mit einem Raumschiff gestartet.
JOSEF: Nein. Das waren die schweinischen Untertassen von Madagaskar, die in Indien und Kenia dreihundert junge Mädels geraubt haben. Auf dem Mars hielten sie die unglücklichen Dinger in dunklen und fensterlosen Ställen mit automatischer Fütterung, wo die armen Fräuleins nie einen Auslauf hatten. Es ist ein Saustall, der zum Himmel stinkt!
PAMELA: Dreihundert Menscherln müssen doch in dreißig Jahren längst von den Schweinderln verzehrt worden sein?
CHARLOTTE: Nein, die dreihundert Frauen wurden künstlich am Leben erhalten. Nur ihr – – *sie beginnt zu weinen* – – alle vier Monate kommender Nachwuchs diente als Delikatesse.

Unruhe, Mitgefühl mit der weinenden Charlotte.

CHARLOTTE: Es war für mich so schrecklich, weil mir immer die Gefahr drohte, wenn ich etwas gesagt habe, was ihnen nicht paßte, auch in den Menschenstall eingesperrt zu werden, um gegebenenfalls von einem der beiden – – *sie zeigt auf Josef und Petronius* – – oder auch nacheinander – – *sie schluchzt kurz auf* – – ja, man kann es nur so sagen: von Petronius oder Josef gedeckt zu werden.

Entsetzen: „Das ist doch nicht möglich?" usw.

PETRONIUS: Doch! Es blieb uns gar keine andere Wahl. Gleich nach unserer Ankunft wurden wir eingesperrt und dazu gezwungen.
JOSEF: Anfangs dreimal täglich, dann steigerte man das bis zu vierundzwanzigmal bei Tag und Nacht. Und das alle die Jahre hindurch. Zuletzt bekamen wir Hormonspritzen, damit wir nicht schlapp machten.
PETRONIUS: Nach neuesten wissenschaftlichen Erkenntnissen, die sie von der Erde erhielten, wurde die Schwangerschaft auf vier Monate herabgesetzt.

HEINRICH: Wer hat denen die Erkenntnisse verkauft?

JOSEF: Die Geheimdienste, die beschafften sich auf die Weise ein geheimes Zubrot.

GRETEL: Und die kleinen Babys – – *auch sie weint.*

REGINA: Delikatessen wie Gänseleberpasteten. *Zu Edmund:* Jetzt verstehe ich: das konnten Sie allenfalls herausfinden, wenn Sie selber auf den Mars geflogen wären.

EDMUND: D i e Reisespesen konnte mir auch die Frau Adams nicht beschaffen. Ich stelle fest, daß ich zum zweitenmal im Leben den Fehler gemacht habe, und die Erkenntnis des Alles-zum-Nichts weitergegeben habe. Frau Ministerin, ich bitte Sie, den Bericht nicht zu veröffentlichen.

HEINRICH: Und auch diese Schweinerei bleibt geheim!

REGINA *zu Renatus:* Und wo nichts ist, da hat auch der Molekularbiologe sein Recht verloren.

RENATUS: Ich bin doch nicht an solchen Schweinereien beteiligt!

REGINA: Darüber sollte dein Opa das letzte Wort sprechen. Ich bin ziemlich sicher, daß dir so was mit deinem perfekten Menschen und – *zu Dieter* – Ihnen mit der zerteilten Luft früher oder später genau so ergehen wird. Am Ende gibt es einen zweiten Mond im Sonnensystem, und wir können von uns sagen: wir Homunculi technici molecular haben das herbeigeführt.

HEINRICH: Danke, junge Frau. Sie sprechen aus, was ich schon lange befürchte.

GRETEL: Du wirst sofort eingreifen müssen, Heinrich. Wäre nicht die Forschung von Renatus, die Rückentwicklung zum Einzeller, die sauberste Lösung?

HEINRICH: Weißt du, wie lange die Rückentwicklung dauert?

GRETEL: Wer so was erfindet, kann doch auch das Tempo beschleunigen. Die Akzeleration bei den in-Vitro-Babys war doch auch nur ein Nebenprodukt der Forschung. Denke daran, keiner kann dir später mehr vorhalten, du hättest die Regenmengen falsch berechnet oder atomare Apokalypsen herbeigeführt.

HEINRICH: Gretel, sage mir: Wer bleibt für die Arche übrig? Wir beide, und meine Freunde Charlie und Edmund sind zu alt. Meine Tochter Pamela ist eine Hure und mein Sohn Petronius taugt nur noch was – – – nein, das spreche ich nicht aus.

Soll ich denn die Zeit nach der dritten Sintflut den ewigen Politverbrechern überlassen? Die sich immer vorher rechtzeitig ins Trockene bringen und die Unschuldigen büßen lassen? Sieh dir die armseligen Kerle an: Hans mit seinen Doktorhüten zweitklassiger Universitäten taugt eben noch zum einem Chauffeur. Franz hat nicht einmal die höhere Schule besucht und war bei den Untertanen umstritten. Mehr als ein Butler ist doch nicht drin. Josefs Skandalleben ist es nur noch wert, für das Krimifernsehen didaktisch aufbereitet zu werden. *Er seufzt:* Soll ich mich den Wissenschaftsverbrechern ausliefern und mich von deren lächerlichen Militärs in einen Krieg der Sterne drängen lassen? Sieh sie dir nur an: der eine kann nicht mal ordentlich Autofahren, will aber aus der Luft noch die Energie für seine vier Räder rausholen! Ein Windmacher ohne Geist und Verantwortung! Der andere hat zwar den wohlklingenden Namen eines Mole – Molkebar –

RENATUS: Molekularbiologen.

HEINRICH: Molé und so weiter. Aber er maßt sich an, den perfekten Menschen aus dem täglichen Stuhlgang herzustellen. Das kriegt dann einen lateinischen Namen, ändert aber nichts an der Tatsache, daß das Leben beschissen ist. Was soll ich denn tun?

RENATUS: Du hast vergessen, die Damen abzuqualifizieren.

HEINRICH: Das muß ich nicht! Deine Mutter zählt zu den Politikern, deine Braut ist ein anständiges Mädchen, Charlie ist meine Freundin und mit meiner Frau streite ich nicht.

FRANZ: Aber uns altgediente Politiker so einfach Verbrecher zu nennen, das – verzeihen Sie, Herr Faust, – das halte ich für ein starkes Stück. Ich bin keinmal in meinem Politikerleben verurteilt worden.

HANS: Ich habe Zeit meines Lebens dem Volke gedient und die längste Friedenszeit der letzten Jahrhunderte eingeleitet. Ich hätte längst vor dem Herrn Professor für den Friedensnobelpreis nominiert werden müssen.

JOSEF: Mein Land würde niemals einen Verbrecher zum Ministerpräsidenten ernennen. Die Strafe, ein zweites volles Politikerleben über mich ergehen zu lassen, nehme ich an. Ich bin, der ich war, ich bleibe, der ich bin. *Zu Gretel:* Auch in einem Wüstenstaat, Allergnädigste, oder als Parteivorsitzender der Ananaspflanzer in Alaska!

HEINRICH: Dann werde ich mich wohl noch ein wenig gedulden müssen. Gut, ich gebe Hans und Franz die Chance, unter Josefs Präsidentschaft zwei Ministerämter zu leiten. Und wenn du – *er wendet sich an Josef* – eine Quotenregelung willst: ich stelle dir gerne meine Töchter Pamela und Gertrud zur Verfügung.

GERTRUD: Papa, ich bin noch nicht zurückgetreten.

HANS: Ist das ein Befehl, Herr Faust, unter Josef Streitteufel Minister zu werden?

FRANZ: Mein gegenwärtiger Job gefällt mir eigentlich ganz gut, Herr Faust.

PAMELA: Papa, ich verspreche dir, artig zu sein und mit einem anständigen Mann brave Kinder zu erziehen.

JOSEF: Hier auf Erden ist es üblich, daß sich ein Poltiker seine Freunde und Mitarbeiter selber aussucht.

GRETEL: Merkst du was, Heinrich? Die Damen und Herren wollen ihn nicht und er will die auch nicht, weil sie schon im vorigen Leben nicht seine Spezis waren.

JOSEF *heftig*: Das haben Sie gesagt! Die Männer kann ich sehr wohl gebrauchen.

GRETEL: Schade, daß ich nicht das Strafrecht habe. Ich würde Josef Streitteufel zum Ehemann von Pamela machen.

HEINRICH: So sehr verachtest du die Politiker, daß du unsere Tochter ihnen zum Fraß vorwirfst? Nein, die Strafen bestimme ich!

JOSEF: Was heißt hier Strafe? Ich möchte mal wissen, wann ich es euch da oben je recht machen kann. Ich bemühe und bemühe mich, ich rede und rede und überzeuge auch noch dabei. Ich rackere mich ab. Und da werde ich Verbrecher genannt? Kruzitürken, was soll ich noch alles tun? Das sage ich euch, ihr werdet alle noch was erleben! *Zu Hans und Franz:* Ihr seid weder Verbrecher noch die Chretins für diese Bourgoisie! Ich bezahle euch nach Tarif. Hans wird Weltraumminister und Franz Verteidigungsminister.

HANS: Der Herr Faust braucht mich noch.

FRANZ: Wer soll dieses Haus in Ordnung halten?

JOSEF: In diesem Saftladen laufen genügend Strolche herum. Die beiden in-Vitro-Bastarde können die Autos waschen und den Staub wischen. Es wird höchste Zeit dafür.

Josef stößt Hans und Franz recht unsanft auf die Diele. Er geht hinterher und knallt die Tür zu.

HEINRICH *aufatmend:* Den sind wir endlich los!
GRETEL: Sei vorsichtig. So ein Stehaufmännchen war Luzifer auch. Der findet immer eine Gefolgschaft von Dummen und Klugen, Intellektuellen und Verbrechern.
DIETER *räuspert sich:* Wir waren mit dem Abwasch noch nicht ganz zuende. Du nanntest mich und Renatus Wissenschaftsverbrecher. Das bedarf einer Erklärung.
HEINRICH: Seid ihr das etwas nicht? Ihr wollt eine Erklärung. Bitte, Ede, gibst du sie ihnen?
EDMUND: Gern. Die erste Büchse der Pandora war die Physik, war die Überschreitung der natürlichen Grenzen. Die zweite Büchse wurde zur Großchemie. Seitdem wird vergiftet, verdient, bestrahlt und gepfropft wie nie zuvor. Sie reden von Evolution, seitdem haben sie es nur dazu gebracht, jeden Tag jahrmillionen alte Tiere und Pflanzen auf ewig verschwinden zu lassen. *Zu Dieter und Renatus:* Ist das etwa kein Verbrechen?
GERTRUD *nach einer Pause betretenen Schweigens:* Trotzdem würde ich gern wissen, Herr Professor, da ich Ihnen den Auftrag zur Untersuchung der unbekannten Flugobjekte gab, ob es denn nun wirklich fliegende Untertassen gibt?
EDMUND: Darf ich die Frage an unsere Überraschungsgäste weitergeben?
PETRONIUS: Es gibt auf dem Mars die Flugobjekte. Sie haben sogar die Form von zwei zueinander gedeckten Tellern. Sie aber Untertassen zu nennen, ist eine sehr gefährliche Untertreibung, denn es gibt auch Waffen an Bord.
GRETEL: Hast du etwa den armen Schweinen die fünf fliegenden Untertassen gestohlen?
PETRONIUS: Als Offizier muß man taktische Vorteile nutzen. Ich entdeckte, daß die Beweglichkeit der Marsianer ihre hervorragende Schlankheit hervorrief und diese beiden Tatsachen ihre höhere Intelligenz bewirkte.
HEINRICH: Mehr oder weniger, gut gut. Meine Lebewesen sind eben unterschiedlich gebildet.
PETRONIUS: Papa, die Marsianer werden dir dieselben Schwierigkeiten machen wie die Menschen auf der Erde.
HEINRICH: Warum? Das mußt du mir erklären.

PETRONIUS: Zum Beispiel kannten sie nicht das Rad.

GRETEL *macht mit den Händen Drehbewegungen:* Dieses Rad? Ohne Rad fährt kein Zug, kein Auto. Die haben keine Fahrzeuge da oben?

PETRONIUS: Jetzt ja. Ich habe es ihnen gezeigt. Ich habe damals Papa zugeschaut, wie er das bei Adam und Eva versucht hat und es nicht schaffte, ihnen zur Erleichterung des Fortkommens zwei Räder anzupassen.

HEINRICH: Dummer Kerl! Das war eine Einsicht von mir! Wie sollen die Gefäße der fleischlichen Räder durchblutet werden? Die Adern verdrillen sich und reißen, wenn es mal schnell gehen muß.

PETRONIUS: Du hast das erkannt, Papa. Und darum hast du damals auch verzichtet.

HEINRICH: Der Klügere gibt nach. Waren die Marsianer klug genug, dir nicht zu folgen?

PETRONIUS: Sie waren es auch nicht. Ihr Untergang kommt.

HEINRICH: Warum?

PETRONIUS: Wir wollten doch zu euch zurück.

HEINRICH: Was hast du da oben wieder verbrochen?

PETRONIUS: Ich rollte einen runden flachen Stein den Abhang hinunter. Dann ließ ich die Marsianer ein Loch in die Mitte bohren und einen Stab durchstecken. Sie erkannten blitzschnell die Fliehkraft, die – gebannt! – zur fast kostenlosen Bewegungsenergie wurde.

DIETER *zu Heinrich:* Auf die Idee bist du nicht gekommen? Wo es Steine genug auf der Erde gibt?

HEINRICH: Zugegeben, nein. – Und weiter, Petronius.

PETRONIUS: Keine schwere Last mußte mehr getragen oder gezogen werden. Entgegen den Desoxyribonukleinsäure-Bausteinen brauchten die Räder nur noch die Trägheit nach dem Stillstand überwinden. Von da bis zum Benzin war es nur noch ein Gedanke. Seit dieser Zeit wird meine Anregung von den Marsianern als Lebensqualität gepriesen. Jetzt sind sie dabei, das Rad in Massen zu produzieren. Und ich schlug gleich drei Fliegen mit einer Klappe: ihr Lebensraum wird sich schnell verengen, ihre Beweglichkeit schränken sie ein, und zwangsläufig vermindert sich dadurch ihre Phantasie und ihre Intelligenz. Dann werden sie Fehler über Fehler machen und eines Tages beginnen, sich aus Habgier und Neid selber umzubringen.

DIETER: So ein Unfug! Das Rad ist Leben!

REGINA: Bis auf die Verstopfungen der Straßen und die daraus folgenden Karambolagen.

DIETER: Der andere hat die Vorfahrt nicht beachtet.

PETRONIUS: Das, Papa, ist das Rezept, mit dem du deine dritte Sintflut einleiten mußt: Du drehst ihnen den sogenannten Fortschritt an, dessen Verderben sie nicht sehen, wohl aber als d i e Lebensqualität feiern.

HEINRICH: Da ist was dran, mein Sohn. Kannst du das noch konkretisieren?

PETRONIUS: Ich werde dir sagen, was ich noch getan habe. Ich habe ihnen den billigen Rechenapparat für jedermann gezeigt, der ihnen das Gehirntrainig abnimnmt. Und den Bildapparat, der ihre Phantasie schneller vermindert. Wenn dann der Nullpunkt erreicht ist, schickst du ihnen eine Minikatastrophe, auf die sie nicht mehr reagieren können. *Er zeigt auf Dieters Kopfverband:* Wie war das bei Ihnen? Autostau, Verstopfung, Vorfahrt, Karambolage, schwerer Unfall, Beschädigte, Tote. Erst wenige, dann immer mehr.

CHARLOTTE: Das allein machte es nicht, es fehlte das, was Petronius eben schon sagte, die Habgier und der Neid. Denn bei der Intelligenz kommen die Marsianer schneller als die Menschen auf die Fehlentwicklung und werden, – da heute schon so oft vom Auto die Rede ist – den Rückwärtsgang einschalten. Nur damit, was Petronius ihnen beibrachte, hatten wir keine Chance. Ich habe ihnen den Virus des Neids beigebracht, und darauf sind sie voll und ganz eingestiegen.

EDMUND: Wie hast du denn das angefangen?

GRETEL: Haben Sie den Sauen unterschiedlich schöne Kleider angezogen?

PAMELA: Sie hat ein Schwein sehr schön geschminkt und das andere überhaupt nicht.

CHARLOTTE: Weder noch. Ich habe zwei unterschiedlich starke Eber zu einem Wettrennen animiert und wußte genau, daß der schwächere Eber unterliegen würde. Zugleich habe ich die Mars-Schweinheit aufgefordert, dem Rennen zuzusehen, wofür sie kostenlos frische Abfälle erhielten.

REGINA: Panem et circenses, Brot und Spiele. Erdenlaster auf den Mars importiert?

CHARLOTTE: Ja. Und ehe der schwächere Eber zuletzt am Ziel ankam, hatte ich schon den saudummen Slogan ausgegeben: Geschwindigkeit muß sich wieder lohnen! Und dann habe ich durchblicken lassen, daß man so etwas am besten in Rudeln bewerkstelligen kann. Eine ganz clevere Sau sagte dann spontan zu den Freunden: Sie hat recht. Die Gleichmacherei bringt uns überhaupt nicht weiter, wenn wir den Fortschritt wollen. So enstanden in Null Komma Nichts die Geschwindigkeitspartei und wenige Tage darauf die der Abalisten.

HEINRICH: Was sind die Abalisten?

GRETEL: Welche Ideologie haben die Abalisten?

CHARLOTTE: Abal ist die Abkürzung für Alles beim alten lassen. Und so etwas bedarf keiner Ideologie, da genügt die geistig-moralische Lebensauffassung der Gegenwart.

GERTRUD: Ich bin entsetzt! Sie haben einem glücklichen Volk derart sündhafte Moralvorstellungen beigebracht?!

PETRONIUS: Frau Ministerin, war es denn kein Verbrechen der Marsianer, daß sie für ihre Fleischeslust dreihundert Mädchen von der Erde geraubt haben? Die sie drei Jahrzehnte vergewaltigen ließen, deren Babys schlachteten und auf Sparflamme brieten und genußvoll verzehrten?

REGINA: Wenn ich ein Mann wäre und in meinem Beruf die Beichte hören müßte, würde ich Ihnen angesichts unserer Schweinefabriken ohne jede Sühne vergeben.

CHARLOTTE: Und das war meine Langzeitstrategie: Als die Gründerin einer dritten, einer kleinen freiheitlichen Partei, hatte ich die Möglichkeit, Josef und Petronius aus ihrem Joch zu befreien. Mit letzten Kräften haben die beiden die Wachmannschaften an den Menschenställen und die Soldaten an den Startrampen getötet.

EDMUND: Mich würde interessieren, wieso ihr mit fünf Flugobjekten zurückgeflogen seid. In den Berichten meiner beiden Vorgänger war immer nur von drei unbekannten Untertassen die Rede.

CHARLOTTE: Denk mal nach, Edmund: in die drei Flugobjekte vor dreißig Jahren paßten dreihundert junge Mädchen. Aber im Laufe der Zeit sind auch die in die Jahre gekommen und ein wenig umfangreicher geworden. Da brauchten wir eine Untertasse mehr. Die fünfte war für uns.

EDMUND: Das eine Flugobjekt ist am Stadtrand gelandet. Wo sind die anderen vier geblieben?

CHARLOTTE: Wir haben sie gleich nach Madagaskar fliegen lassen. Die Frauen erinnerten sich, daß sie damals von da entführt worden waren. Es ist der kürzeste Weg zurück zu ihren Eltern nach Kenia und Indien.

PETRONIUS: Nun zur Sache! Es ist zu befürchten, daß die drei Parteien auf dem Mars eine Kriegskoalition bilden und einen Rachefeldzug zur Erde in Marsch setzen. Wer den Marsianern die Technik und Gewalt beibringt, den Neid infiziert und ihnen die Delikatessen nimmt, darf nicht damit rechnen, daß sie friedlich bleiben und Dankeschön sagen. Mit ihrer Intelligenz sind sie uns auch in der Kriegstechnik weit überlegen. *Zu Heinrich:* Wir sollten uns schleunigst in Sicherheit bringen.

GRETEL: Du Verräter! Glaubst du, wir lassen die Menschheit in ihrer Bedrohung allein?

PETRONIUS: Wie soll ich das verstehen, Mama? Seit Jahren denkt Papa über einen Plan nach, die Menschheit auszurotten. Früher oder später muß er sich entscheiden: für die Menschen, – – oder für die Schweine.

HEINRICH: Willst du mir mein Handeln aufzwingen?

PETRONIUS: Die Zeit zwingt sie dir auf. Und von der bleibt nicht mehr viel. Stündlich können die hier sein.

DIETER: Ganz recht. Die Entscheidung muß in dieser Stunde fallen. Petronius, wie ist die Anflugrichtung zur Erde?

PETRONIUS: Es gibt für die Marsianer nur den Weg über den Südpol, durch das Ozonloch hindurch.

DIETER: Das trifft sich gut, da könnte man gleich doppelt was machen. Ich könnte in kürzester Zeit einen Neutronen-Bombenbeschuß auslösen und partiell die Luft teilen. Dann ist den Aggressoren exakt in der Stratosphäre der Sauerstoff entzogen. Und zugleich regeneriert sich der Ozonschirm von der Weltallseite her.

PETRONIUS: Hervorragend! Ich ernenne Sie mit sofortiger Wirkung zum Chef des Stabes. Einige Raketen werden wir mit Desoxyribonukleinsäure geimpften minderwertigen Lebens befrachten und sie direkt auf den Mars schießen. Die

Schweine, dem Menschenfleisch entwöhnt, werden sich darauf stürzen, fressen, vollfressen und in wenigen Stunden platzen.

DIETER: Das ist meines Sohnes Fachgebiet. Schafftst du das, Renatus?

RENATUS *begeistert:* Aber sicher, Herr Feldmarschall! Er-nennen Sie mich bitte zum General. Ich werde mit der dritten Rakete zum Mars fliegen, um den Angriff der Soldaten zu leiten. Wir werden den noch nicht verreckten Schweinen den Garaus machen. Der Mars muß für die neue Menschheit er-obert werden. Und auf Erden wird es bald keine Arbeitslosen mehr geben, wenn wir gleich nach der Landung die Reichs-autobahnplaner hochschießen.

Musik aus „Les Preludes" (frühere Wochenschau).

PETRONIUS: Sie sind ernannt, meine Herren Wissenschaftler! Für die Zeit nach der Endlösung brauchen wir den Josef Streit-teufel mit seinem politischen Können und Hans und Franz für die Staatsaufgaben. Schnell hinter ihnen her!

Petronius, Dieter und Renatus stürmen hinaus.

GRETEL *besorgt:* Heinrich! Ruf Petronius zurück! Der macht wirklich Krieg, und wenn er ihn wieder verliert, sprengen die Kerle die verbrannte Erde in die Luft.

PAMELA *ist aufgestanden, stampft zur Tür:* Zu spät! Eure Macht ist zuende! Ihr habt keinen Mumm in den Kno-chen. *Ab.*

HEINRICH: Es nützt nichts, Gretel. Ich muß die Menschheit opfern, um alle Teufel in der Welt loszuwerden.

GERTRUD: Und wir?

HEINRICH: Mitgefangen, mitgehangen, liebe Frau.

Das Licht dimmert. Heinrich tritt an die Rampe. Die Damen gruppieren sich im Hintergrund; Edmund ab.

HEINRICH: Tatsächlich schossen sie die Raketen durch das südliche Ozonloch. Aber sie explodierten am Tage zwischen Mond und Sonne, weil sie die Temperatur im All nicht berück-sichtigt hatten. Und die Marsianer sagten: Krieg? Nein. Der Klügere gibt nach. Denn wir haben Unrecht getan und gegen Gottes Gebot der Völlerei verstoßen. Ich blieb unschlüssig, mit welchen Mitteln ich die dritte Sintflut einleiten sollte, als Renatus Adams mit der Gentechnik der ganz große Durch-bruch gelang: der Homunculus sapiens wurde lebendig und als Krone der Schöpfung angesehen und als neues Weltwunder von der Großchemie in Angriff genommen.

Bald waren alle meine früheren Fehlentwicklungen ausgemerzt. In der Zukunft – in etwa drei Jahrzehnten – wird es überhaupt keine schlechten und kranken Menschen mehr geben.

Es wird wieder hell. Am Tisch sitzen mit vollen Sektgläsern Gretel, Gertrud, Pamela, Regina und Charlotte.

HEINRICH: Ihr feiert?

GERTRUD: Dein Freund Edmund Landgraf wurde heute zu Grabe getragen.

HEINRICH: Ach! Und das ist euch Sekt wert? Ich habe meines Petronius Heldentod noch nicht überwunden.

PAMELA: Papa, die Zeiten haben sich grundlegend geändert. Der Tod ist jetzt wieder das Tor zum ewigen Leben, das jeder so gestalten kann, wie er es will.

GRETEL: Setz dich zu uns, Heinrich.

Gretel reicht Heinrich ein Glas Sekt. Sie sagen alle „Prost". Als Heinrich sich gesetzt hat, ertönt draußen ein vielstimmiger Gesang: „Es zittern die morschen Knochen – – ". Charlotte, noch das Sektglas in der Hand, steht auf und tritt an die Rampe (jetzt als Fenster zur Straße gedacht).

CHARLOTTE: Das ist eine Demonstration! Sie zieht hier an der Villa vorbei. Mit Fackeln, die die Finsternis erleuchten.

Alle stehen auf, treten an die Rampe, sehen hinab.

HEINRICH: Ist das da ein Transparent? Ich sehe so schlecht. Was steht darauf? Wer demonstriert? Für was?

PAMELA *überrascht:* Ist das die Möglichkeit? Ich erkenne an der Spitze unseren Josef Streitteufel. Er und Hans und Franz tragen zusammen das große Transparent.

GRETEL: Ich kann den Text nicht entziffern. Habt ihr ein Opernglas? Die wackeln auch zu sehr.

REGINA: Da steht drauf: „Lebensrecht und Arbeit für Alle".

HEINRICH: Was hat denn das nun wieder zu bedeuten?

CHARLOTTE: Ich denke mir, die wollen weiterleben wie in früheren Zeiten. Seht mal, wer da alles demonstriert! Sie fürchten um ihre Arbeit, steht da. „Der perfekte Mensch nimmt unser täglich Brot von heute".

HEINRICH: Sie sollen im Schweiße ihres Angesichtes arbeiten?

CHARLOTTE: Wofür denn? Sehen Sie mal genau hin, Herr Faust. Da unten laufen jetzt die Juristen, die Richter und die Gefängnisaufseher vorbei, weil keiner mehr Unrecht tut. Und dahinter laufen die Ärzte, Krankenschwestern und die Apotheker, denn keiner ist mehr krank. Und die Bäcker, die Konditoren und die Fleischer, denn die perfekten Menschen bakken ihr Brot selber, essen kein Fleisch mehr und keine Kuchen. Und da sind die Bauern! Ist's möglich! Allen voran ihr freiherrlicher Berufsdemonstrant! Denn alle guten Menschen züchten ihre unvergifteten Lebensmittel im eigenen kleinen Garten.

GRETEL: Regina, du hast noch gute Augen. Wer sind denn die da?

REGINA: Das sind – ? Ah, die Philologen, denn die Eltern erziehen ihre Kinder lieber selber. Oh je, dann bin ich auch bald arbeitslos. Das laufen schon die Theologen, alle Welt denkt jetzt uneingeschränkt an ein und denselben Gott. Und keiner sündigt mehr.

HEINRICH: Wer geht denn noch in Uniform? Orangefarben?

PAMELA: Das sind die Müllologen, weil keiner mehr Abfälle wegwirft. Und gleich dahinter die Spione, Agenten und die Verfassungsschützer, weil es nichts mehr zu schnüffeln gibt.

HEINRICH: Aber jetzt! Endlich! Meine Sorgenkinder, die Behinderten in ihren Rollstühlen.

REGINA: Nein, Herr Faust, das sind nicht die Behinderten, das sind Sessel mit Rädern. Und die da sitzend rollen und geschoben werden, das sind die Politiker, die auf den Sesseln festgeklebt sind.

CHARLOTTE: Dann hatte mein Mann recht. Wenn es den perfekten Menschen gibt, hat er gesagt, dann stirbt die Politik aus.

HEINRICH: Und wer sind die Leutchen da in den weißen Kitteln mit umgehängten Kanistern? Nach ihnen strecken sich die Hände der Demonstranten aus. Geben sie denen Geld dafür, daß sie hier protestieren?

PAMELA: Nein, Papa, das sind die Würstchenverkäufer und die Manager von Cocacola. Sie verkaufen den Demonstranten Speise und Trank, und verdienen gut dabei.

HEINRICH: Dann kann ich nur noch sagen:
Wer immer fleißig sich bemüht,
kann noch am Weltenend verdienen.
*Das Licht flackert wieder mal. Dann treten Josef,
Hans und Franz auf in gewalttätiger Pose. Josef hat
eine Pistole in der Hand.*
JOSEF: Alle raus! Auf den Flur! – *Zu Heinrich:* Nein, du bleibst hier!
Die Frauen gehen hinaus, Regina eilt in die Küche.
HEINRICH: Was soll das Theater?
JOSEF: Es ist aus mit deiner Macht! Du hast zu oft versagt!
HEINRICH: Was willst du dummer Kerl? Meinen Stuhl etwa?
Von der Diele hört man zwei Maschinenpistolen rattern, dann einige Schreie.
JOSEF: Der nächste Tote bist du.
HEINRICH: Führst du hier das Jüngste Gericht auf?
JOSEF: Mach deine Rechung mit dem Himmel, Faust.
HEINRICH: Habe ich noch ein Schlußwort, nur einen letzten Satz?
HANS: Ja. Wir sind nicht die Verbrecher, für die du uns gehalten hast.
HEINRICH: Dann bitte ich darum, mit eigener Hand aus dem Leben zu scheiden, denn ich kam freiwillig auf die Erde.
Heinrich streckt die Hand aus, Josef gibt ihm die Pistole.
HEINRICH: Wie funktioniert die Mörderwaffe?
Franz führt Heinrichs Hand mit der Pistole an die Schläfe.
FRANZ: Zugreifen, – zielen, – drücken, – bumms!
Heinrich tritt einen Schritt vor. Dann dreht er sich ruckartig um und erschießt Josef. Der bricht sterbend zusammen:
JOSEF: Weh! Ich bin umgebracht!
Als Hans und Franz das Weite suchen wollen, erschießt Heinrich auch die beiden.
HANS *sterbend am Boden:* Dies Leben hat sich nicht gelohnt.
FRANZ *stirbt auch:* Der Rest ist Schweigen.
Regina kommt aus der Küche in den Salon.
REGINA: Sie haben es getan! Alle sind tot, auch Ihre Frau.
HEINRICH: Schrecklich! Warum leben Sie noch?

REGINA: Ich konnte mich in der Küche im Besenschrank verstecken. Diese Kerle – *zeigt auf die Toten* – haben Sie die erledigt?

HEINRICH: Es war Notwehr. Die oder ich. So sieht das Ende aus. Ob strahlender Atomtod, biologisches Dahinsiechen oder plötzlich keine Luft mehr: dieser Menschheit habe ich die Lust am Untergang nicht nehmen können.

REGINA: Bin ich würdig für ein neues Leben?

HEINRICH *bietet ihr lächelnd den Arm:*   Gnädiges Fräulein? Darf ich's wagen – – –

ENDE

Literatur: (zu „Die dritte Sintflut")
Erwin Chargaff: „Kritik an der Zukunft", 1983
Freeman Dyson: „Die zwei Ursprünge des Lebens", 1985
Erwin Chargaff: „Das Feuer des Heraklit", 1981
DIE ZEIT – Gespräch 13. Mai 1988 Erwin Chargaff mit Mathias Greffrath: „Wir brauchen wüste Pessimisten".